竞攀系列教材
上海市高校085内涵发展专业建设资助项目

体育赞助

沈 佳 编著

复旦大学出版社

内 容 提 要

本书以体育赞助为对象，将体育赞助的发展、类型及其实务运作进行了详细的梳理及深度剖析。全书共分为11章，第1~3章为体育赞助综述，包括体育赞助概述、发展及目标；第4~8章为体育赞助类型，分别就体育赛事赞助、体育联盟赞助、职业体育俱乐部赞助、体育明星赞助、体育场馆赞助进行了逐一分析；第9~11章为体育赞助实务，包括体育赞助营销创新和体育赞助管理及评估。本书对于体育赞助的发展、特征和管理进行了较为全面的描述和分析，并引入了大量的最新案例及数据，以便于读者在阅读本书时思路清晰、通俗易懂，并在学习中加深对体育赞助的理解以及提高实际运作的能力。

本书的读者对象为体育产业管理、体育营销、体育经济、体育赛事运作等相关专业的本科生和研究生，体育营销和体育赞助领域的相关从业者及对体育赞助感兴趣的读者。

前　　言

2008年北京奥运会的成功举办,广大民众对于奥运会的热衷和追随,国际赞助商们丰富新颖的营销活动,让中国的企业认识到体育赞助这一新兴的营销手段背后所蕴藏的巨大的商业价值。根据普华永道公司2010年发布的预测报告显示,全球体育产值的年均增长率为3.7%,至2015年产值将达1 453亿美元,而体育赞助以每年5.3%的发展速度,2015年达到453亿美元的全球产值,并首次超越门票收入,位列各细分市场第一位。体育赞助在我国的起步较晚,在体制、运作模式和效果评估等方面都存在着较大的差距。纵观世界体育赞助的发展,体育赞助的未来将不断向产业化、专业化、多元化和人性化的方向发展,而我国在这些方面的准备和经验还非常欠缺,尤其是缺乏对体育赞助实践经验的总结,希望本教材的出版可以为提升我国体育赞助的管理和运作水平做出一定的贡献。

体育赞助是一门典型的交叉学科,其理论基础来源于体育管理、市场营销及公共关系等多个学科。关于体育赞助的学术研究,国外早于1981年在西班牙马洛卡举行的欧洲体育部长研讨会上,就已有人开始涉猎。而国内对于体育赞助的研究则起步较晚,早期较为有影响的专著是由蔡俊五编著的《体育赞助——双赢之策》于2001年正式出版。鉴于对体育赞助全面总结和分析的教材、专著比较缺乏,显然与飞速发展的体育赞助实践不相符合,这也在一定程度上促成了本教材的编写和出版。

本书在撰写时,力图突出以下特点。第一,脉络清晰,将关于体育赞助的相关理论进行梳理与总结,力图使理论脉络清晰,通俗易懂。第二,操作性强,尽量穿插较多的案例与数据,使从事体育赞助的实务工作者有最直接的借鉴与参照。第三,结构严谨,在力图内容完整的同时,保证理念的前沿性。本书在撰写的过程中将体育赞助的起源发展及对象进行一一详解,同时专门列出体育赞助营销创新章节,将最新的赞助营销理念介绍给读者。第四，内容丰富，国内外理念相结合。鉴于国内外在体育方面的合作与交往日益频繁，且与国外相比中国体育产业的发展相对滞后，本书引入大量国外案例使读者可以了解国外赞助运作现状。

全书共分为11章，第1～3章为体育赞助综述，包括体育赞助概述、发展及目标，其中详细列举和总结了体育赞助的定义及特点，明确了体育赞助的运行体系。体育赞助发展部分着重介绍背景及理念的转变，并将伏击营销的产生原因及表现形式进行详解。体育赞助目标部分与实务工作结合更为紧密，就赞助工作中最核心的潜在赞助商寻找及定位、体育赞助目标确定及体育赞助目标筛选三大问题进行了深入剖析。第4～8章为体育赞助类型，将体育赛事、体育联盟、职业体育俱乐部、体育明星、体育场馆的赞助进行逐一分析。这一部分中，各种赞助类型都是从介绍其发展和现状开始，并梳理其特征及形式，分析其优劣势之后确定相应的选择及推广策略。第9～11章为体育赞助实务，包括体育赞助营销创新、体育赞助管理及评估。在体育赞助创新部分，从概念、特点及策略3个层面介绍了激活营销、联合营销、公益营销及草根营销3种较为新颖的赞助营销方式。体育赞助管理部分重点介绍了体育赞助提案的一般结构及重点、体育赞助的回报内容、定价方法及注意事项，最后就体育赞助的谈判方法进行简单总结。在第12章体育赞助评估中，首先分析了体育赞助评估的难点，在此之后就体育赞助的销售、传播、沟通效果的评估方法进行了一一详述，帮助读者学会运用科学的赞助评估方法来决策赞助方案的效果及续约可能性。

最后，衷心感谢上海市高等教育内涵建设"085"工程对本教材出版的资助；感谢上海体育学院市场营销及公共事业管理专业近10年的毕业生在教学过程中提出的困惑和问题，以及在工作实践过程中给予的反馈；感谢我的学生骆晶晶、魏光、刘其武、刘雷、谷冰旸、俞悦、蒲洲、孙健、牛洁如、周进、何庭宇等，为本书搜集资料所做的大量工作；感谢复旦大学出版社的大力支持及编辑为本书出版所付出的辛勤劳动；教材编写过程中引用了大量学者的研究成果，由于条件限制无法一一联系作者，在此一并感谢。

虽然编者在编写过程中殚精竭虑、力求尽责，然而体育赞助作为国内一门相对较新的学科，其内涵和外延都随着时代的进步在不断变化之中，难以穷尽其所有内容。加之时间紧迫、水平有限，难免有疏漏之处，恳请各位读者指正。

作者

2012年9月

目 录

第一章 体育赞助概述	1
第一节 体育赞助的概念和特点	1
第二节 体育赞助的运行体系	6
本章小结	12
本章思考题	13
推荐阅读	13

第二章 体育赞助的发展	**14**
第一节 体育赞助发展的背景	14
第二节 体育赞助市场的发展	17
第三节 体育赞助理念的发展	19
第四节 伏击营销	23
本章小结	30
本章思考题	30
推荐阅读	30

第三章 体育赞助的目标	**31**
第一节 赞助商的定位和分析	31
第二节 确定体育赞助的目标	35
第三节 体育赞助项目的筛选	39
本章小结	48
本章思考题	48
推荐阅读	48

第四章 体育赛事赞助	**49**
第一节 体育赛事赞助的发展和现状	49

第二节　体育赛事赞助的特征和形式 ·· 53
　　第三节　体育赛事赞助的优势和劣势 ·· 57
　　第四节　体育赛事赞助的策略 ·· 59
　　本章小结 ·· 68
　　本章思考题 ·· 68
　　推荐阅读 ·· 69

第五章　体育联盟赞助　70
　　第一节　体育联盟赞助的发展和现状 ·· 70
　　第二节　体育联盟赞助的特征和形式 ·· 73
　　第三节　体育联盟赞助的优势和劣势 ·· 75
　　第四节　体育联盟赞助的策略 ·· 77
　　本章小结 ·· 83
　　本章思考题 ·· 83
　　推荐阅读 ·· 84

第六章　职业体育俱乐部赞助　85
　　第一节　职业体育俱乐部赞助的发展和现状 ····································· 85
　　第二节　职业体育俱乐部赞助的特征和形式 ····································· 88
　　第三节　职业体育俱乐部赞助的优势和劣势 ····································· 94
　　第四节　职业体育俱乐部赞助的策略 ··· 99
　　本章小结 ·· 104
　　本章思考题 ·· 105
　　推荐阅读 ·· 105

第七章　体育明星赞助　106
　　第一节　体育明星赞助的发展与现状 ·· 106
　　第二节　体育明星赞助的特征和形式 ·· 109
　　第三节　体育明星赞助的优势和劣势 ·· 113
　　第四节　体育明星赞助的策略 ·· 117
　　本章小结 ·· 122
　　本章思考题 ·· 123
　　推荐阅读 ·· 123

第八章　体育场馆赞助　124
　　第一节　体育场馆赞助的发展与现状 ·· 124
　　第二节　体育场馆赞助的特征和形式 ·· 126
　　第三节　体育场馆赞助的优势和劣势 ·· 131

第四节　体育场馆赞助的策略 ………………………………………… 134
　　本章小结 ……………………………………………………………… 138
　　本章思考题 …………………………………………………………… 138
　　推荐阅读 ……………………………………………………………… 138

第九章　体育赞助营销创新 ………………………………………………… 139
　　第一节　激活营销 …………………………………………………… 139
　　第二节　联合营销 …………………………………………………… 144
　　第三节　公益营销 …………………………………………………… 148
　　第四节　草根营销 …………………………………………………… 152
　　本章小结 ……………………………………………………………… 158
　　本章思考题 …………………………………………………………… 158
　　推荐阅读 ……………………………………………………………… 158

第十章　体育赞助的管理 ………………………………………………… 159
　　第一节　体育赞助的提案 …………………………………………… 159
　　第二节　体育赞助的回报 …………………………………………… 165
　　第三节　体育赞助的定价 …………………………………………… 169
　　第四节　体育赞助的谈判 …………………………………………… 171
　　本章小结 ……………………………………………………………… 176
　　本章思考题 …………………………………………………………… 176
　　推荐阅读 ……………………………………………………………… 177

第十一章　体育赞助的评估 ……………………………………………… 178
　　第一节　体育赞助评估的难点 ……………………………………… 178
　　第二节　体育赞助评估的发展 ……………………………………… 180
　　第三节　体育赞助评估的方法 ……………………………………… 182
　　本章小结 ……………………………………………………………… 197
　　本章思考题 …………………………………………………………… 197
　　推荐阅读 ……………………………………………………………… 197

第一章

体育赞助概述

"高尔夫球被称为最优雅的体育运动,而奥迪被誉为是最优雅动感的高档汽车品牌,奥迪与高尔夫球之间的合作至今已经持续了近二十年。我们希望通过与高尔夫世界杯的合作,奉献给中国奥迪用户和媒体朋友们一种优雅、进取而又充满激情的生活方式,并与国内顶尖高尔夫球员携手,共同开创中国高尔夫运动的新纪元。"

——一汽-大众奥迪销售事业部总经理唐迈

本章要点

- 体育赞助的定义和要素
- 体育赞助的特点
- 体育赞助运行的体系

第一节 体育赞助的概念和特点

一、体育赞助的概念

国外对体育赞助的定义最早要追溯到1917年英国体育顾问委员会(Sport Council of the UN)对赞助的界定。当时他们是这样认为的,赞助是一种以提供方便和特权为回报,以出风头为目的的物质或金钱捐赠。这一概念从赞助目的出发,将其描述为"出风头",可见当时赞助基本仍等同于捐赠,较之现在的环境显然是比较片面和不成熟的。

20世纪80年代末,萨赫农(Sahnoun,1989)首先提出赞助是一种营销沟通工具,通过赞助企业可以将自己的品牌与一个具有吸引力的赛事或者特殊的受众进行关联。

鲁斯(Roos,1996)认为:"赞助是一种沟通和市场交易的商业手段,具有短期和长期目标。目的是提高市场销售额;赞助应使所有参与者获利,其结果可与预定的目标比较。"这一定义不仅包含了赞助本质特征,同时也提到了赞助评估,相对比较全面①。

国内对赞助的概念也是众说纷纭,总结起来主要分为两派。一派认为赞助就是企业免费向社会公益事业和文化事业提供物质、技术、资金和人力等方面的资助。如康永华(1992)及刘念宁(1991)②认为,赞助是旨在增进社会福利及提供公共利益,通过提供金钱或劳务,对他人表示善念或对社会作出贡献。其形式可能是与环保、教育、社会福利、体育、文体艺术、保健等相关的活动。

另一派认为赞助是一种资源交换关系,是企业的一种营销活动。目前,越来越多的学者开始更加认同于这种说法。如蔡俊五等认为赞助是一种由企业(赞助商)与公益事业单位(被赞助者)之间以支持和回报的等价交换为中心的平等合作、共同得益的营销沟通手段。然而值得注意的是,这一定义只是把被赞助者限制在公益事业单位中,这已经与现代经济的发展不相适应了。

我国学者俞诚士(瑞典籍华人,2004)也在其专著《体育赞助攻略》中对体育赞助的概念提出了自己的观点,他认为体育赞助是一方为实现其预定的商业或社会目标,向另一方提供物质支持,并期望获得回报的一种现代市场交易方法。他将赞助的理念运用到体育赞助中,从体育赞助者的角度,点出体育赞助本质是一种互动的交换过程。

综上所述,体育赞助的定义是以体育为主题,以赞助双方的目标为基础,以支持和回报为内容,以利益的等价交换为形式的商业交易行为。全面的体育赞助应包含以下几个要素。

第一,赞助的中心是"等价交换"。赞助者提供资金、实物、技术或服务以支持换回报,被赞助者便授予一些权力和其他可使赞助者获得商业利益的条件作为回报,通过回报换支持。赞助双方实行等价交换。

第二,赞助目的是"共同获益"。赞助者不惜花重金提供资金、实物、技术或服务给被赞助者,是为了达到其商业目的。而被赞助者给赞助者各种"回报"也是有一定目的的,是为了从赞助者那里获得资金、实物、技术或服务等"支持",以解决自身组织和运作的问题。通过赞助实现各自的利益追求,这是赞助双方追求的共同目的。如果赞助双方不可共同获利,则赞助就很难形成,即使形成了,也难以持久。

第三,赞助的前提是"平等合作"。赞助者与被赞助者的关系是互惠互利、平等合作的双赢关系。"平等合作"是赞助的重要前提,双方没有高低之分,才能实行赞助双方等价交换和共同获利的目标。

第四,赞助的性质是"商业交易行为"。赞助者与被赞助者的各自利益都是通过"支持"(资金、实物、技术或服务)和"回报"(冠名权、广告、资源和促销等权利)之间的等价交换而获得的。因此表明了赞助既有使用价值,又有交换价值。从而它具有商业交易行为的性质。

二、体育赞助的特点

(一) 商业性

体育赞助对于企业来说,除非是匿名的捐赠,否则一般情况下,企业终究是希望这种捐赠行为可以为企业带来消费者的认知和好感,而这种社会大众对企业的好感,必将会为企业

---

① 俞诚士.体育赞助攻略[M].石家庄:河北科学技术出版社,2004
② 杨晓生.程绍同.体育赞助导论[M].北京:高等教育出版社,2004

带来相应的商业收益。2010年2月3日,英利绿色能源控股有限公司赞助南非世界杯,成为世界杯历史上首家中国赞助商。第二年,它再次成为2014年巴西世界杯官方赞助商,同时与德甲著名球队拜仁慕尼黑签约。足球为英利带来了丰厚的回报,使得在行情惨淡的2011年末,欧洲客户还指名要英利组件。有报道称,世界杯期间英利收到的客户次年意向订单远超其一年产能,达数倍之多,且产品价格上涨了3%~5%。优秀的体育赞助营销把英利从一个中国第二梯队的光伏企业瞬间拉升为一流大厂。

(二) 隐含性

从赞助传播的过程来看,体育赞助具有隐含性。体育赞助可以说是一种间接的软性广告传播行为,可归属于广告范畴,其商业目的隐含于赞助行为之中,隐蔽而含蓄。赞助活动虽说都怀着商业目的,但大多在非商业状态下进行,一方面不会招致人们的反感;另一方面又是一种非常自然而又带有强制性的软广告。人们在观看比赛以及参与赛事的过程中,会无意识地接受到赞助商的广告和营销信息,从而使企业在消费者的认知中留下更深刻的印象。在2011年NBA全明星周末的扣篮大赛中,热门选手麦基在每轮扣篮之前都要换一双鞋。在与超级新人格里芬的对决中,麦基甚至两脚穿不同配色的匹克球鞋完成扣篮。他频频换鞋的举动自然也吸引了导演的注意,在他为最后一轮扣篮做准备时,导演给了他脚上的匹克球鞋一个长达3秒钟的特写镜头,这是连NIKE都未曾享受过的待遇,而参加扣篮大赛的4名球员中,除了麦基,其他人均穿着NIKE的球鞋。在全明星周末的前一天,匹克董事长许志华现身匹克在洛杉矶的分公司,宣布2011年匹克将全面进军美国市场,而麦基在扣篮大赛上的惊艳表现无疑为匹克在美国的推广开了个好头。

(三) 针对性

从赞助对象的受众方面看,体育赞助具有针对性的特征。体育的受众面非常宽,几乎是国际和国内无所不在。相对于其他媒体撒网式的宣传,体育赞助的受众则直接吻合于企业的目标人群,可以很容易使他们最终成为企业产品的消费者。泰康人寿认为F1这项科技含量最高的赛车运动,不但是速度和激情的代名词,而且体现了汽车与体育中所蕴含的青春、健康、活力等最时尚的内容,同泰康人寿所代表的青春、健康、时尚、充满活力的品牌内涵和新生活理念正相吻合。不仅如此,拥有稳定的职业和收入、家庭和谐、追求高品质生活的白领阶层占据F1观众群的主导地位,这一群体和泰康人寿服务于工薪白领消费群体的客户定位有很强的一致性,牵手索伯车队、进军F1,将有效提升泰康人寿在目标人群中的知名度,凸显其品牌形象。

(四) 关联性

从赞助商的赞助目标来看,体育赞助具备关联性的特点。赞助商在选择赞助目标的过程中,会首先考虑目标与企业之间的吻合程度,这种吻合可以表现在目标市场、品牌形象以及业务形态等方面。奔驰中国市场营销副总裁毛京波说:"与李娜的合作,奔驰主要是从赞助和推动中国网球事业的角度来考虑的。其赞助网球涵盖3个方面——赛事、顶级球员以及'明日之星'。李娜不断突破自我,将亚洲的网球事业带入了历史性的新起点,是对奔驰'惟有最好'理念的完美演绎。李娜作为中国面孔站上世界舞台,可以通过她不断提高的国际影响力进一步促进国内网球事业的发展,这正是奔驰一直以来的目标。"

(五) 整合性

从赞助营销的过程来看,体育赞助具有整合性特征。体育赞助可以通过整合广告、促销和公关等其他沟通手段来完成对赞助者品牌及其产品的宣传。

实践链接

"安踏亚运营销,侧重点就在于,它是基于以领奖装备赞助权益为核心的整合营销,这是和其他运动用品品牌不同的地方。"安踏副总裁张涛表示。首先,安踏签约中国水上运动管理中心5支国家队。此后,又签约乒乓球世界冠军王皓和网球明星郑洁,其中的中国赛艇队与中国乒坛一哥王皓、网球金花郑洁合拍了"这一刻,为中国"的亚运会主题广告。

安踏与中国奥委会自温哥华冬奥会开始合作建立"中国之家",本届亚运会仍然设立,与主场馆天河体育中心仅一墙之隔。每一天,当日夺金的运动员均在此接受媒体访问;11月27日亚运闭幕当日,更是在这里举办了盛大的中国体育代表团庆功活动。通过一系列的赞助、代言、广告,安踏成为广州亚运会上曝光率最高的体育用品品牌。

劳力士一直是马术和高尔夫运动的主要赞助商之一。在赞助马术和高尔夫赛事时,劳力士精准定位了其目标消费群体,有效地将企业产品或品牌的理念和文化元素,进行有效地"融资"。通过整合,劳力士表达出产品"高超的技术质量"、品牌"彰显尊贵"的特质,不仅稳固了品牌的知名度,同时还增加了品牌的美誉度。定位的精准,传播主线的连贯和专一,使劳力士"彰显尊贵"的品质明晰地保留在其目标消费群体中。

(六)依附性

从赞助的负面影响来看,体育赞助具有依附性的特征。赞助体育和企业自身营销最大的区别就在于,企业需要依附于体育赛事、运动员或俱乐部等客体进行营销推广活动,因此这些客体对于企业营销的配合程度也会直接影响到整个体育赞助的效果。

实践链接

在与法国汤姆逊结盟的1年后,TCL坐上了全球彩电业的第一把交椅。2005年其销售的2 300万台彩电中,超过一半销往海外市场。为进一步扩大在全球的市场地位,提升在全球范围内的品牌影响力和国际化形象,TCL想到了世界杯营销。因为时间问题,TCL不可能去争赞助商的席位,于是退而求其次——选择参加2006年德国世界杯的顶级足球明星作为品牌形象代言人来代言产品。TCL看中的是夺标热门之一巴西队的主力前卫罗纳尔·迪尼奥。小罗凭借在欧洲顶级联赛和各种国际赛事中的出色表现,连续当选最近两届的"世界足球先生",可谓如日中天的世界级球星。TCL认为这样的巨星才与自己全球化的形象相匹配,并不惜付出高达1 000万欧元的代价"押宝",折合人民币1.3亿元。此举堪称中国企业世界杯营销历史上的最大手笔。但人算不如天算。2006年世界杯的结果相信很多人都知道,巴西队早早止步于八强,而小罗表现也大失水准,成为"最差11人"之一。对小罗所代言的产品而言,无疑也产生了一定程度的负面影响。

本节案例

361°的体育营销之路

【背景】

从1997年起,361°的前身——别克,就开始探索体育营销路线,成为国家羽毛球队的赞助商。借助中国羽毛球队在国际赛场上的辉煌战绩,长达8年的合作也使361°在国际体育界声名鹊起,从中受益良多。

相对单一的赞助模式,对品牌形象的提升作用只是一元的。随着公司的迅速发展,羽毛球这样一个小众化运动已经不能满足361°日益增长的胃口,361°对多达3亿人的篮球运动者群体产生了浓厚兴趣,这似乎有与同城企业的杰出代表安踏较劲的味道。

但是361°并不这么看,因为相对于更倾向挖掘品牌内涵中"草根精神"的安踏来说,361°显然更愿意以一种"轰轰烈烈"的方式进行体育营销。但要采取这种方式,有两个前提:一方面是活动本身的创意要足够好;另一方面是要与强势的资源体结盟,具有足够强大的影响力。

【与央视的合作】

当中央电视台2005年为其创新性的策划活动"娱乐篮球大赛"寻找赞助厂商时,361°觉得时机来了,它很快便做出了回应。2005年12月8日,361°与CCTV-5正式签约,结为战略合作伙伴关系,试图以中央电视台这一强势宣传平台打造中国全民娱乐的篮球运动与最受瞩目的篮球赛事。据相关人士透露,包括投入在冠名权、产品研发、市场推广等项目上的费用,361°娱乐篮球成为CCTV-5有史以来最大手笔的赞助活动。

2006年3月15日,"CCTV-5-361°娱乐篮球全国大赛"首发仪式举行,随后在中国多个城市进行了路演,并在北京、辽宁、山东等地的10个城市举行了初赛。10月中旬,娱乐篮球全国大赛决赛正式举行。整个赛事历时6个多月,参与者覆盖全国各地,涉及不同社会层次、多个年龄段的人群。更为重要的是,全国共有12家电视台参与此项赛事,CCTV-5对赛事进行全程播放。361°娱乐篮球活动在篮球爱好者中已经形成了很强的影响力。

"商业投资不可能没有风险,但投资'篮球公园'显然是有价值的,拥有巨大商机。"361°营销总监夏友群说。据他介绍,此次361°与CCTV-5合作期为3年,累计投入将超过6 000万元现金,包括节目冠名权、15个单项擂台赛冠名权,以及唯一装备提供和场地、活动费用等。娱乐篮球这个项目是以电视节目的形式,由中央电视台以及20多个赛事举办城市电视台共同转播。这种转播对企业来说,就是同中央电视台合作所收获的无形资产,折合成广告费将是一个可观的数字。

【赞助效果】

这一活动对于361°品牌知名度和销售的提升作用非常明显。自"CCTV-5-361°娱乐篮球全国大赛"开赛以来,361°春秋季新品订货会呈现销售"井喷"态势,短短3个月就完成了全年2/3的预定销售额;至同年9月广州秋季订货会时,销售更是实现了突破,最终其当年的产品订单数量增加了60%。

第二节 体育赞助的运行体系

一、体育赞助运行体系的结构

体育赞助体系的结构是由体育资源、企业、媒体和经纪公司组成,可以说体育赞助为体育事业的发展带来活力,是体育和经济之间的一个平等互助的结合点,起到促进体育和经济共同发展的双重作用。同时,体育赞助也是企业重要的营销活动,可帮助企业创造巨大的经济和社会效益,同时也为媒体的发展打开了空间。

然而在目前国内渐渐形成的赞助氛围中,部分赞助商,尤其是国内品牌的赞助策略仍停留在简单的通过为赛事提供资金以获取其中的曝光机会及赞助权益的传统赞助关系中。对于体育赛事、媒体、赞助商三者紧密相连的战略关系的认识不明确、充分利用三者资源的意识不强烈等因素,使得他们盲目跟随体育赛事的赞助潮流而未能达到理想的赞助目标和赞助效果(图1-1)。

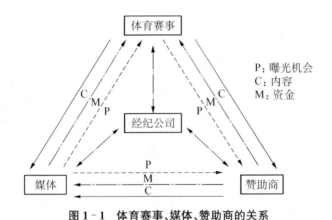

图1-1 体育赛事、媒体、赞助商的关系

(一)资金的提供者——赞助商

企业是体育的赞助者,即体育赞助的买方,是构成体育赞助的一大主体。由于体育赞助市场目前普遍供大于求,属于买方市场,因而赞助方是矛盾的主要方面。赞助商在体育赞助中的任务是向被赞助方提供金钱、物质、劳务、技术或通过广告投放的形式,将资金通过媒体的电视转播权转移支付给体育资源,获取广告、冠名、专利和促销等回报权利,达到扩大和加强与目标受众之间的沟通,提高企业和品牌的知名度和美誉度,以及顾客对企业和品牌的忠诚度等目的。体育赞助对赞助商的功能，主要体现在以下几个方面：①扩大企业和品牌的知名度；②美化企业和品牌形象扩大财源，增强活力；③重新塑造商品个性特征，使商品差异化改善体育的社会形象；④针对性地与目标顾客沟通，提高体育的社会地位；⑤突现赞助者的实力与地位，激活各类比赛；⑥展示企业先进技术和产品；⑦激励本企业员工。

实践链接

当恒大地产宣布投入1亿元进军足球行业时，外界感觉到的是震惊。人们可能无法想象：中国首富、恒大地产董事局主席许家印会选择投资一支"被中甲"的球队。此时的假球事件让广州足球从中超跌入中甲，赞助商抽身，无人接手。但是许家印的想法是，在做大地产、赚取巨额社会财富的同时，以推动广州足球和中国足球职业化以及体育运动进步的方式回报社会。2011年，恒大地产在内外援引进上频频重拳出击，引进了郑智、郜林、孙祥、穆里奇等大牌球员。在恒大地产拿到中甲半程冠军时，其接手球队不到5个月时间就投入了1亿元人民币。目前恒大地产已经成功迈入500亿元俱乐部。

（二）内容的提供者——体育资源

体育资源是指体育赞助资源，包括体育赛事、体育明星、体育场馆等，在赞助商眼中存在着营销宣传（包括公益与商业）价值的体育类商品。他们具有丰富的内容，一场体育赛事中存在着有观赏性的比赛、有个性的体育明星以及渲染氛围的体育场馆等。而一位有个性的体育明星身上，则又存在着球衣、球鞋、球帽、运动器械、腕带、手表等各种各样会受到他们的仰慕者所关注的产品，在赞助商们的加工后，所有的这些产品都将成为现代体育的主要形象展示在观众面前。例如NBA(National Basketball Association)，美国第一大职业篮球赛事，提供了各种各样的体育资源，包括：赛事本身得到佳得乐、ADIDAS等赞助；赛事所产生的一批明星球员，如科比·布莱恩特、勒布朗·詹姆斯、文森·卡特、斯塔德迈尔等都已被NIKE公司赞助，他们的球鞋也由该公司生产出了纪念版等；举行赛事的场馆，如被中国球迷所熟知的休斯敦火箭队主场球馆，也被命名为丰田中心。上述都是体育资源提供给赞助商选择的不同种类的赞助对象，而另一方面，体育资源也提供给媒体转播素材，媒体通过将体育赛事转播期间的广告时段卖给企业，创造可观的收入。

（三）曝光宣传的提供者——媒体

体育赞助运行体系中另一大主体，也是宣传及营销过程中最不可或缺的载体——媒体。他们向社会、受众提供认知体育资源的平台和信息。他们会负责报道、追踪一项体育资源的实时动态。可以说，大多数赞助商都会选择媒体作为主要的宣传手段，而体育资源则会选择媒体作为吸引赞助商的第一要素。

目前，中国本土比较有影响力的体育媒体包括电视媒体、平面媒体和网络媒体。电视媒体方面有：五星体育、CCTV-5，平均收视率都在0.2%上下；平面媒体方面公信力以及影响力最大的则是《体坛周报》，日发行量在160万份以上；近几年比较受大众追捧的网络媒体方面，主要是新浪体育、搜狐体育以及腾讯体育。

实践链接

北京奥运会期间,新浪独家的视频播放通过与凤凰卫视"奥运连环阵"的合作,将每天收视率较低的凌晨评论节目,用视频的方式提供给广大网友,并以短信、邮件的方式,增强了网友与主持人窦文涛的互动,极大丰富了节目的内容,提高了网友对奥运的参与和互动,使新浪奥运报道的角度更加丰富并具有更强的娱乐性。

在奥运会报道中,新浪成功获得了三大国际通讯社(美联社、法新社、路透社)的独家文字和图片的授权,将奥运赛场方最前沿的丰富资讯、文件及图片源源不断地及时更新,极大地加强了新浪网站的独家内容优势。奥运期间,新浪奥运频道每天都为网友提供超过一千张赏心悦目的图片,仅女子网球双打夺金的图片就有100多张,且质量之高也有目共睹。无怪乎一家著名日报的前方采访摄影记者表示:新浪网的图片质量高、数量大,具有很强的观赏性。

(四)催化剂——经纪公司

体育经纪公司,在整个体育赞助运行体系中起着中介的作用,他们是目前赞助商、媒体以及体育资源在彼此进行交易和沟通中最有效的纽带。体育经纪和中介的繁荣,可以提升整个赞助运作的效率,会帮助赞助商、媒体和体育资源在赞助过程中弥补专业知识的匮乏、也就在无形中增加了三方之间达成合作的可能性,是现代体育赞助运行体系中的催化剂。

图 1-2 IMG 的标识

当今世界上,最成功的体育经纪公司是于 20 世纪 60 年代初由马克·麦高域(Mark H. McCormack)先生在美国俄亥俄州克里夫兰市(Cleveland, Ohio, USA)创立的国际管理集团(IMG,图 1-2)。时至今日,IMG 在全球 20 多个国家设有 60 多个办事处,聘用了超过 2 000 名雇员。IMG 的业务大致可以分为以下几项。

(1)运动员代理和经纪业务:旗下拥有伍兹、莎拉波娃、李娜等国际顶级体育明星。

(2)体育赛事或活动经纪和咨询业务:每年,IMG 至少参与 11 项在全球各地举行的盛大活动,这些活动包括奥林匹克运动会、足球世界杯、高尔夫世锦赛和网球四大公开赛和巡回赛等。

(3)媒体版权代理或销售业务:IMG 代理了温网、澳网、NFL 等体育赛事的版权销售业务,还与央视合资成立了央视 IMG 公司,负责相关电视版权的代理业务。

(4)企业体育营销和赞助策略咨询业务:IMG 为美国通用电气、强生、DHL 和大众公司等提供奥运营销咨询和顾问业务。

二、体育赞助运行体系的优化与互动

(一)强化体育资源在运行体系中的核心地位

在整个体育赞助运行体系中,其核心主体依旧是体育资源本身。企业赞助体育资源获得品牌曝光并提升品牌形象,而媒体则通过转播和报道体育资源,赢得受众关注,并在此基础上创造广告收入。无论渠道如何,如果缺少了体育资源,或者对体育资源的选择错误,都将直接影响到体育赞助运行的效果。例如 ADIDAS 的成立虽然比 NIKE 早 30 年,但是目前 NIKE 已经超过 ADIDAS 成为球鞋类第一生产商。两家每年花在赞助上的费用都十分

接近。不论是广告的设计还是投放的频率,都不相上下。但是 NIKE 却早已确立了其行业第一的地位。究其原因,正是在体育资源的选择及占有上,NIKE 都具有迅速的抢占力和独到的眼光。科比、乔丹、C 罗、鲁尼、托雷斯,相较于 ADIDAS 所赞助的罗斯、麦迪、梅西、卡卡,ADIDAS 显然已经输了。从以上可以看出,体育赞助运行的过程中,我们需要意识到强化体育资源的重要性,媒体只是辅助工具,真正决定赞助效用的依旧是体育资源本身。

(二) 激发赞助商在运行体系中所提供的动力

体育赞助体系的运行,其源动力都是来自于企业对于体育资源和媒体的资金投入。越来越多的赞助商意识到体育营销背后所蕴藏的巨大商业机会和价值,然而他们所共同面临的困难主要在于,对于体育资源本身及其与媒体之间关系的特性,都非常陌生。例如,职业体育联赛的全明星赛是集比赛、明星、公益、媒体等关注为一体的,这一极富有商业价值的赞助对象,却往往被缺乏经验的联赛赞助商所忽略。因此作为体育资源本身,应重视研究和开发自身的商业价值,及其在媒体和体育经纪公司的帮助下,是否可以达成放大效应。以上这些都需要体育资源以合适的方式,告知给缺乏专业知识的赞助商们,让他们真正意识并充分利用这些营销的绝佳机遇,在体育赞助方面提高营销预算和加大投入,并最终为体育赞助的运作体系提供更充沛的动力来源。

实践链接

据环法官网透露,每年有超过 250 个城市在展开激烈竞争,为的就是争取环法能把车辙辘转到自家门口。据估计,环法在各城市的承办费一项上就有约 1 000 万欧元的收益。另外,赛事的赞助收入逐年增加,四大赞助商的入门费为 300 万~500 万欧元,其主要的措施包括以下几个方面。

第一,通过设置冲刺环节和积分,提高比赛的不确定性,刺激观众收看和关注赛事。

第二,制作环法赛专题宣传片,其中会出现车队、赛道、城市以及赞助商,包括组委会的服装、车辆以及其他运动装备都会成为观众眼中的焦点。

第三,分段转播和报道,保证赞助商在电视上的曝光时间,如在山区赛段,直播时间可以达到 5~6 个小时。

(三) 发挥媒体在运行体系中的发酵作用

竞技体育之所以能商业化,媒体在其中扮演着决定性的角色。单纯从赛事转播开始,媒体就提供给了大众了解体育资源最直接的平台。赞助商最终也是通过媒体来宣传其赞助的赛事和其产品。媒体的存在解决了体育资源曝光问题,并提供了企业赞助体育资源最简单也是最有力的理由。媒体为体育资源和赞助商提供了各种宣传和曝光机会,如新闻发布会、赛事转播、明星广告、简报等。企业对于赛事的赞助费用,在经过媒体这个中间环节的加入后往往可以达到升值的效果,事实上对于如奥运会和世界杯等国际大型体育赛事,企业通过媒体以购买电视转播权的形式所支付的费用,已经超过了直接支付给赛事的赞助费用。

(四) 通过经纪公司的协调提升体系的运行效率

中国每年举办大量体育赛事,同时也有大量的企业在寻求合适的体育赞助资源,选择的过程非常冗长,大部分赞助商缺乏对体育赞助专业知识的了解,甚至可能出现失误。另外,大部分的体育赞助资源,如体育赛事、俱乐部和明星等,缺乏专业的策划和执行能力去满足赞助商的需要,这就需要体育经纪公司的帮助。体育经纪公司的加入,可以在一定程度上解决体育赞助运行体系内信息不对称的问题,促进体育资源、赞助商和媒体之间的沟通交流,用他们的专业知识提出富有成效的策略建议,促进有效交易的达成,创造更高的经济效益和社会效益,最终使得体育赞助体系得以高速而有效的运行。

实践链接

作为业内第一家进入中国市场的国外公司,国际管理集团 IMG,其运作的第一个项目是 1979 年拳王阿里访华;在之后的 20 多年,IMG 举办了包括网球、羽毛球、体操、排球、高尔夫球等各种不同运动的赛事,并在甲 A 足球联赛(现为"中超")、足协杯、CBA 篮球联赛等大型职业赛事的创办初期的商业开发方面起到了关键性的作用。此外 IMG 还引进了七星国际越野挑战赛等为赞助商量身定做的项目,为我国企业拓宽赞助思路和理念起到了引领性的作用。

2000 年,IMG 被北京 2008 年奥林匹克运动会申办委员会聘任为其全球市场开发顾问。从 2000 年到现在,由 IMG 主办或推广的项目包括:高尔夫世锦赛汇丰冠军赛、世界杯男子乒乓球锦标赛、泰格·伍兹观澜湖挑战赛、玻尔曼在上海、国际滑冰联盟 2003 年四大洲花样滑冰锦标赛、利物浦亚洲之旅、皇家马德里亚洲之旅、大众汽车大师赛(中国)、郎朗钢琴会、马友友大提琴演奏会等。另外,IMG 也为中国的运动员安排企业代言人机会和参加国内外比赛的机会,同时也为在中国举行的比赛安排引进国外运动员。2004 年,IMG 为大众汽车提供奥运赞助咨询服务并为其夺得 2008 年北京奥运会的赞助权。目前,IMG 在我国北京、上海和香港均设有办事处,配合其全球网络和 40 年的经验,为中国市场服务。

本章案例

晃过天空项目

【概况及运营团队】

"晃过天空"、"晃过上帝"英译为"Shemgod",是街头篮球中的一项过人技术的术语。这也是中国第一项以街头篮球为主的大型体育赛事的名称。这项活动于 2010 年,由上海晃动体育文化传播有限公司主办,历经全国 5 大城市寻找中国的街球高手,并邀请来自美国的世界著名街头篮球队 SKY 作为最终全明星赛的对手,与胜出的中国球员展开角逐。这项活动迄今为止已举办两届。

上海晃动体育文化传播有限公司(以下简称晃动体育)于 2008 年由张晋之先生创立,是一个集体育、娱乐与媒体为一体的大型街头篮球赛事和体育运动休闲服饰的品牌。2011 年"晃过天空"与世界第一运动饮料佳得乐达成赞助协议,双方利用共同资源推广街头篮球运动。晃动体育的目标是致力于将"晃过天空"打造成中国乃至亚洲地区最具影响力的体育赛事之一,并更多元化地发展体育娱乐,同时为客户提供专业体育营销服务。

【赛制】

全国地区及网络选拔赛:"晃过天空"在全国选择定点城市进行地区性质的选拔,通过3对3半场对抗、个人篮球技巧Freestyle对比,由评委选择代表地区最佳的参赛者进入下一阶段的全国终极训练营环节。网络选拔赛由"晃过天空"的网络媒体合作伙伴在其网站平台上开设网络赛区,选手上传自己的篮球视频,由网民进行投票选择,得票最高的前几名球员(每年人数不同)进入全国终极训练营。

终极训练营:"晃过天空"将地方赛区和网络赛区选拔出来的球员召集起来,进入训练营。"晃过天空"会邀请国内外著名的篮球教练和名宿作为训练营教练,训练球员,并在最后一天公布参加全明星球员的名单,组成代表中国街头篮球最强势力的Street China街球代表队。

全明星赛:"晃过天空"邀请来自美国的SKY街头篮球队与中国Street China在国内各大城市内进行全明星赛,在比赛结束后,Street China将会诞生出一名MVP(2010年MVP为褚文浩)获得10万元的奖金,并与赞助商签订代言合同。

电视节目:"晃过天空"将在赛事结束之后,将赛事的精彩片段及过程剪辑成电视节目,并在"晃过天空"的媒体合作伙伴中央电视台体育频道中播出,让更多的人能够了解街头篮球,了解中国的街头篮球高手,成为中国另一领域内的造星运动。

【明星】

这项活动2009登录中国上海并大获成功,平面、网络、电视媒体曝光率极高,受到广大篮球爱好者的极力追捧。仅仅上海站最后一项比赛环节就吸引观众5 000多人观赛,而上海东方男篮的CBA比赛场均观众上座也仅近千人左右,可以想象街头花式篮球在中国篮球界的影响力之大。2009年,SKY与"晃过天空"签署了合作协议,将作为参赛球队加入"晃过天空"的阵营。"晃过天空"在引进世界街头篮球最高水平的同时,还将会是全世界唯一一个让草根选手有机会与世界最高水平运动员真刀实枪比拼的舞台。2010赛季的表演赛第一次登录北京这座篮球历史及氛围浓厚的城市,其影响力空前巨大,当然,给各个合作伙伴所带来的经济效益也是相当可观的。

【电视媒体】

《沃特晃过天空》是为"2010沃特晃过天空中国街球之旅"量身打造的电视节目。这是中国有史以来第一项跨地区的平台,有完整赛事运营结构的街头篮球赛事。赛事先是在网络及各大城市内开辟赛区,集中挑选街头篮球高手,随后将他们集中到上海进行为期5天的训练营,最后在训练营中挑选出佼佼者,与美国SKY街头篮球队在北京、武汉和上海举行3场全明星赛,时间跨度为期6个月。同时,还邀请了前上海东方大鲨鱼篮球队的主力小前锋、CBA扣篮王徐咏作为球队领队和教练,同时也作为客串主持出现在节目中。2011年1月4日"晃过天空"在CCTV-5连续每周播出8集电视真人秀节目,平均收视率达到

0.20%,超过同时期的澳网(除李娜赛事)的收视率。2011年8月5日SKY上海赛的五星体育直播,还取得了0.8%超高收视率。

【冠名赞助商】

沃特集团自1993年品牌创立以来,就一直致力于打造篮球运动装备,以篮球运动所体现出的激情、团队、个性等精神作为沃特品牌文化传播的核心,以抢占篮球运动制高点为目标,让更多消费者体验参与篮球、享受篮球的快乐感受。街球在进入中国时间并不长的情况下就已经孕育出大批属于中国本土的街球明星,在他们身上充分彰显了年轻一代的主流价值观,深刻表现了年轻一代渴望成功,不惧挑战的心理状态,以及他们为了理想不断奋斗、实现自我价值的过程。作为国内著名的篮球专业品牌,沃特集团与他们一道,站在草根的立场道出他们的心声,表现出一种励志诉求,让更多热爱篮球的消费者产生热血沸腾的共鸣,激起一股勇往直前的强大力量。

【效果】

沃特以前主攻二三线城市篮球鞋市场,在一些地区的知名度和美誉度还是较高的,但二三线市场的购买力极其有限,同时存在着大量竞争对手,如何使产品差异化明显、并扩大市场份额呢?沃特便选择冠名赞助了"晃过天空",这项刚进入中国市场的国际街球赛事。大连、北京、武汉、上海,从这些城市,我们就可以看出,沃特已将市场延伸至一线城市。街球这一文化,在中国较早传播的是361°娱乐篮球,但是他的街球性质并没有"晃过天空"来得强。在"晃过天空"的帮助下,沃特已经逐渐从一个二三线篮球鞋品牌蜕变为独具个性的街球品牌。它已经逐渐走入了我们的视野,当然这还需要一个过程。而"晃过天空"赛事本身,在其极具特色的本地街球明星、赞助商、专业性的运营团队以及赛事本身的推动下,已经成为国内被街球爱好者所熟知的体育赛事,并已逐步替代了361°娱乐篮球。

案例思考题

1. 沃特赞助"晃过天空",契合点体现在哪些方面?
2. 在这个案例中,赛事、明星、媒体和赞助商之间是如何进行互动的?
3. 沃特和佳得乐作为该项目的两大赞助商,在赞助目标和营销活动方面的差异是如何体现的?

本章小结

继2008年奥运会之后,体育赞助的价值逐渐得到了业界的认可和重视,国外和国内的体育赞助都在快速发展中。体育赞助本身是赞助双方的一种资源交换,而最终是否能够成交以及效果如何,则取决于赞助营销行为为企业所创造的实际经济效益和社会效益。高效的体育赞助运行体系,离不开体育资源、赞助商、媒体和经纪公司的共同努力,在他们之间必须形成良好的互动关系,才可以让资金、内容和曝光在整体体系内得到快速的流转,并创造出真正的商业价值。

本章思考题

1. 体育赞助的定义及其内涵是怎样的?
2. 举例说明体育赞助的特点。
3. 体育赞助体系的组成元素有哪些?它们是如何运转的?

推荐阅读

[1] Beech and Chadwick. The Marketing of Sport [M]. Pearson Education Limited, Essex, 2007

[2] 〔美〕马修编著,董进霞,邱招义,等译.体育营销学——战略性观点[M].北京:清华大学出版社,2003

[3] 蔡俊五.体育赞助[M].北京:人民体育出版社,2001

[4] 耿立中.体育市场——策略与管理[M].北京:人民体育出版社,2002

第二章

体育赞助的发展

"那时候,青岛啤酒作为北京奥运会的重要合作伙伴,成功地踏出了品牌营销战略中最重要的一步。2年过去了,也更加证实了青岛啤酒年轻化、时尚化的品牌战略路线获得了巨大的成功。成功地赞助北京奥运会,青岛啤酒更是将体育营销战略渗透到了更多的体育领域。做完奥运营销战略后,我们和NBA有着5年的合作协议,我们在品牌推广上也希望赞助的赛事有国际化的色彩。过去的几年里,青岛啤酒通过体育赞助取得了巨大成功,2004年青岛啤酒的品牌价值是199亿,2008年上升到258亿,2009年达到了362亿,2011年6月份已经达到了428亿。青岛啤酒的发展离不开体育的发展,今后青岛啤酒将继续做好体育营销。"

——青岛啤酒营销总裁严旭

本章要点

- 体育赞助发展的背景
- 国内外体育赞助市场的发展
- 体育赞助理念的演变过程
- 伏击营销出现的原因和表现形式

第一节

体育赞助发展的背景

一、企业营销观念和经济环境的变化

随着经济的不断发展,企业的营销观念也在不断地发生变化,逐渐从单纯的直接广告曝光营销变为隐性广告和与受众互动的营销模式。这种转变背后的原因在于,传统媒体的传播环境有恶化的趋势,主要体现在媒体数量越来越多,分散了人们的注意力,而且大量的广告充斥在强势媒体上,使这些媒体的空间越来越拥挤,与消费者的沟通造成了障碍。此外,

媒体对广告的要价增高,相比较而言,体育本身作为一个参与性与互动性极强的项目,体育中赛事、明星、俱乐部、场馆等元素,是品牌企业与目标客户的直接而有效的互动点,由于受众广泛且成本相对较低。因此,体育赞助营销自然就成为各品牌企业关注的重点。

二、大众消费和认知习惯的变化

产品信息是人们在购买产品中的重要因素,研究证明,普通消费者会对电视广告上播放的信息产生怀疑,并会有一种随之而来的厌烦情绪,但人们却对赞助表示出了一种相对欢迎的态度。他们认为,如果没有赞助,体育赛事将无法举办,而且赞助商还为他们提供了服务,创造了附加价值。因此,营销人员开始将体育赞助作为一项更有效的营销沟通手段进行大规模利用,这便促使赞助的增长速度超过了广告的平均增长。

以体育赞助为代表的一种新型的、企业和顾客相互影响的沟通体系和强调情感激发的沟通方式,无论在满足人们日益增长的感情投资的需求方面,还是提高知名度和美誉度方面都显示出一定的优越性。所以,这些都增强了企业的体育赞助意识,促使体育赞助持续的、长足的发展。

世界领先的市场调查公司——益普索北京公司曾针对消费者做了一项"北京 2008 年奥运会赞助效果跟踪研究",报告显示赞助北京奥运会的 12 家赞助企业的"社会责任感形象"在认知后比认知前平均改进了 20%,其中改进最多的是 VISA(维萨),改进了 26%;而最低的是可口可乐,只有 14%。同时 12 家赞助企业在消费者心中的购买意愿平均增加了 19%,其中消费者对 VISA 的购买意愿最高,达到 26%。

三、体育商业化的发展

体育赛事、明星、俱乐部或者场馆资源逐步走向商业化,源于其对资金的需求,这也导致了这些体育资源在运作机制和运作机构上更加适应商业化的需求。首先,以体育赛事和国际体育组织为代表的体育资源,纷纷成立专门的市场开发公司,聘请市场营销的专家来运作赛事相关的电视转播和赞助等商业权益,这其中就包括了负责 F1 赛事商业权益开发的公司 FOM,其主席伯尼在市场开发上的一系列举动大大提升了这项赛事的商业价值,吸引了大量顶级赞助商的关注和加入。其次,如今的体育资源已经充分认识到媒体对于赞助商的巨大价值和吸引力,他们开始重视发展和稳定紧密的媒体合作关系,如国际足联先后和新浪体育及《体坛周报》达成合作关系,这些都标志着体育资源、媒体和赞助商的关系,在体育商业化的背景下,发生了质的变化。除此之外,体育商业化对于体育赞助市场的影响还表现在,体育经纪公司在资源整合、资源挖掘和资源推广方面的作用日益明显。

四、体育赛事的繁荣

体育赛事作为体育产业的重要组成部分,近年来在中国得到飞速发展。每年我国国家、省、市各级体育管理部门会举办各级各类体育赛事,数量在 2 000 个以上,单上海市每年就有包括网球大师赛、F1 等在内的 200 多个国际性赛事,并呈逐年上升之势。体育赛事的魅力和光彩离不开庞大的资金支持和社会多元化的参与,体育赞助商不仅是体育赛事的坚实保障,还是赛事文化的传播者。而体育赞助因此成为体育赛事发展的支柱之一,同时也是现代企业在激烈的市场竞争中脱颖而出的重要手段。

体育赞助作为体育和企业之间进行资源互换的一个重要结合点,能起到促进体育和经济共同发展的双重作用,因而备受企业青睐和关注。20世纪末,伴随着奥运会、世界杯、F1大奖赛、英超和NBA等国际顶级体育赛事的迅速崛起和繁荣,使之成为企业营销推广的优良平台。在广告效应和巨额回报的刺激下,企业对体育赞助的需求越来越大。

五、新媒体技术的飞速发展

随着中国信息化的发展,多媒体平台的多元化已经成为信息化发展的主流趋势。对于体育受众而言,报纸、杂志、广播等媒体平台已经远远不能满足受众的需要。手机网络、微博等新媒体的出现不仅给予受众方便快捷的资讯,还能与受众产生良好的互动。ADIDAS以"人人网"为平台,成功推广了其女子系列。消费者在此新媒体上拥有自己的私人健身教练、模拟社区的健身房等虚拟设施。而它软性的品牌植入让消费者在体验功能、体验乐趣的同时,感受到了ADIDAS女子系列的"美"和品牌提供的服务,满足了受众的需求。

对于企业而言,新媒体的出现极大地丰富了体育对企业赞助的回馈方式,这成为吸引企业进行体育赞助的重要因素。据资料统计,3G门户NBA文字直播在湖人对火箭的季后赛第三场中,同时在线人数超过了250万人,这对于NBA官方赞助商ADIDAS、佳得乐、蒙牛等来讲,无疑存在着巨大的商机。3G门户凭借其良好的互动性,满足了赞助商利用新媒体扩大企业知名度的需求,提升了其对于赞助商的回报价值。

实践链接

2008年北京奥运会,Facebook只有1.7亿用户,各种云技术还在争议之中,移动互联网没有出现,智能手机仅有一款iPhone,应用商店刚起步……2012年,Facebook已拥有8亿用户,成为全球第一大媒体,云平台、移动互联网、智能手机、iOS与Andriod的应用程序已达百万种,47亿个电视屏之外,是85亿只屏的其他终端(手机、平板电脑、电脑等)。

最重要的改变是,全球观众可以与现场运动员、媒体记者及社会化媒体平台上的网友进行"实时互动",在全球是Facebook和Twitter,在中国是新浪、腾讯微博等社会化媒体。也就是说,2012年的伦敦奥运会,不仅是全球观众在电视屏前等待被消费,而且是可以在上述平台上实时与赛场或身在各地的朋友分享交流观赛感受。

2012年4月,可口可乐启动"加入中国节拍,助威2012伦敦奥运会",跑步声、尖叫声、呼吸声、击球声、弓箭中靶声等一切与运动有关的元素都可以作为"中国节拍"参加活动,除"iCoke会员账号"之外,参与者还可以凭借"开心网账号"、"腾讯微博账号"、"人人网账号"和"新浪微博账号"登录官网参加活动。可口可乐通过与其他应用广泛的社会化媒体实现横向跨界联合,实现了传播效应的扩散。4月18日~5月1日,在不到一个半月的时间里,活动官网就搜集了超过5 200万个"中国节拍",大有超越2008年火炬在线虚拟传递创造6 200万人参与纪录的苗头。之所以呈现几何级数的参与人数,不仅是可口可乐一贯"年轻、运动、时尚"的品牌形象与目标受众精神的成功对接,更是企业在营销4.0时代整合现有社会化媒体的效应使然。

上述三大变化,是营销 4.0 时代媒体、传播、联系的新形态,这些变化让 2012 年伦敦奥运营销注定了是世界营销史的一个分水岭。正如每一次重大的营销都伴随新媒体的崛起,伦敦奥运会将是"社交化媒体"成为主流媒体、"社会化营销"成为主流营销模式的分水岭。

第二节 体育赞助市场的发展

一、国外体育赞助市场的发展

体育赞助作为现代营销的重要手段,其发源远比人们想象得要早。据史料记载,体育赞助最早源于古罗马帝国竞技场角斗比赛,而首次现代意义的体育赞助活动则是 1852 年 8 月 3 日美国新英格兰铁路运输公司赞助哈佛和耶鲁大学举行的划艇比赛。在此后的 100 多年里,体育赞助在实现手段、投入规模和运用范围上都得到了迅速的发展。

Davies 和 Quattrocchi 认为赞助市场可分为 3 个部分,形成金字塔模式。在金字塔顶端的是超过 100 万美元的大型交易,这部分的数量相对较少,占到全球赞助支出的 20%。中间一层的交易数量最多,交易金额在 5 000～100 万美元,这一部分占到总支出的 75%。最后一个部分包括了成千上万家进行 5 000 美元以下交易的公司,占总支出的 5%。当然只有相对较少的公司有能力占据金字塔的上半层,尤其在赞助费用更高的情况下,开发费用也相应增长,占据上层的公司更是少之又少。

在赞助体育的行业门类中,食品、汽车、体育用品、啤酒和非酒精饮料仍然是体育赞助的主要行业,而烟草行业作为最早的和最大的赞助行业之一,已经于 2005 年 7 月起被排除在外。在将烟草行业排除在外的这几年时间,对于斯诺克、板球等项目,尤其是赛车项目冲击很大,他们担心产生的资金缺口难以填补。因为据估算,2003 年烟草行业仅在国际赛车运动上就投入了 2.22 亿英镑。然而,高新技术、金融和媒体企业迅速填补了这一空白,同时进一步发展出多元化的赞助目标。

实践链接

以奥运会赞助为例,现代奥林匹克运动为了维护奥运会的纯洁性和参赛运动员的业余性,严格规定举办奥运会的一切费用只能来自于政府拨款、社会捐赠、发行彩票和增值邮票以及门票的收入,禁止一切商业赞助行为。但办赛资金的问题从第一届开始就困扰着奥运会的发展。

随着举办奥运会的财政压力和其巨大的商业价值矛盾不断激化,1980 年萨马兰奇开始担任国际奥委会主席后,决定改变奥运会的现状;而紧接着的 1984 年奥运会采取了把赞助商的总数严格限制为 34 个,并规定每个行业只能吸收一个赞助商的排他性原则,使奥运会扭亏为盈,从此走上了顺利发展的道路,成为各国竞相申办的赚钱项目。

在国际奥委会的指导下,1988年汉城组委会、卡尔加里组委会和许多国家奥委会的合作努力下,世界范围赞助商计划(奥林匹克伙伴,TOP计划)开始执行。在世界范围内,TOP计划的9个类别商务限定在特别产品和服务领域,而赞助商也通过奥运会的传播效益取得了巨大的商业利益。

根据普华永道公司2010年12月9日发布的预测报告,未来几年内,全球体育产值的年均增长率(GAGR)将为3.7%,至2015年产值将达1 453亿美元。体育赞助作为体育产业各细分市场中的一个,占据了总体育市场28.8%的份额,位居各细分市场第二。更重要的是,体育赞助将以5.3%的年均增长率,在2015年达到453亿美元的全球产值,增速位列各细分市场第一。与此同时,目前暂居各细分市场产值第一的门票收入,年增长率仅为2.5%,首席地位岌岌可危。可以预见,在未来几年内,体育赞助将逐渐成为全球体育产业各细分市场产值的领头羊,全球体育赞助市场也将呈现持续发展和繁荣的景象。

二、国内体育赞助市场的发展

体育赞助在我国起步相对较晚,直到20世纪80年代才开始出现。1983年在上海举行的第5届全运会首次出现11.36万元赞助性的广告收入,仅占全部赛事支出的1.16%。随着改革开放和市场经济的确立以后,大大加速了我国经济建设,而企业也随之加大对体育事业发展的资金支持。1984年我国首次派团参加洛杉矶奥运会,代表团仅得到总额70万元由"健力宝"和"海鸥表"两家企业赞助的资金和实物。在此之后,健力宝还资助了一支青少年足球队赴巴西训练,并培养出了李铁、李金羽、李玮峰等多名国脚,成为当时的社会热点。我国较早期的体育赞助,大多都是公益性的,以支持体育事业为目的。

随着国家体育总局对于运动项目管理体制的改革,将单项协会实体化和俱乐部制,体育赞助的作用日益明显,为足球、篮球等一批球类项目走上职业化道路创造了良好的条件。此外,当时国内正是职业联赛和商业性赛事兴起的时机,这也在很大程度上刺激了企业对于体育赞助的兴趣。在法律、法规等方面,从体育赞助发展初期就陆续开始出台相应的规章制度,为我国体育赞助工作的开展提供了保障和法律依据。其中1995年颁布的《体育法》规定:"国家鼓励企事业组织和社会团体发展体育事业,鼓励组织和个人对体育事业赞助"以及"在中国境内举办的重大体育比赛名称、徽记、旗帜及广告吉祥物等标志按照国家规定予以保护"。

实践链接

20世纪90年代特别是我国足球职业化后,体育赞助才算真正意义上的在我国兴起。企业不仅赞助实物,还出资赞助队伍出国参赛,而且大力支持国内举办国际比赛,体育赞助经费快速增长,充分显示了体育赞助的魅力。

- 1990年首次举办的北京亚运会,外企可口可乐公司赞助270万美元;富士赞助300万美元;健力宝赞助1 650万元人民币;香港巨商霍英东先生赞助1亿港元。
- 首届职业足球联赛开始的连续5个赛季,国际管理集团(IMG)成为我国职业足球赛事的推广商,负责甲A联赛冠名和场地广告的推广。IMG的运作下,万宝路成为中国职业联赛的第一任冠名赞助商。在这第一个5年合作中,IMG每年都为联赛拍出100万美元的冠名权。1999年开始第二个5年合作时,联赛总冠名权和场地广告价格是过去5年的10倍,达到每年1 000万美元,并以每年10%的比例增长。
- 2006年,在江苏南京举办的第10届全运会赞助收入突破4亿元,比20年前递增了3 500多倍。
- 2008年北京奥运会,在中国经济快速腾飞的时代背景下,中国企业纷纷希望跻身于奥运赞助商的行列,并最终实现了创纪录的12.18亿美元的国内赞助收入,取得了空前的成功。

第三节

体育赞助理念的发展

一、短期性向长期性的转变

在体育赞助发展的初期,大部分企业倾向于短期性的体育赞助行为,他们希望借助体育资源的影响力,短时间内快速提高企业的知名度进而促进销售。这些企业往往缺乏配套的营销活动,而一旦赞助合约到期后就销声匿迹,也没有再出现其他体育赞助行为。这种昙花一现式的企业体育赞助行为还不少见。

随着体育赞助市场的发展,企业逐渐发现短期性的体育赞助行为很难使企业收到长期持续的效益,他们开始寻求更为稳定的赞助营销对象,并延长赞助周期,以寻求累积的赞助效果。根据著名体育调查公司SRI统计报告显示,2000年各种受调查的体育赞助合同期限均超过3年,长于1999年的平均数1.4年。平均赞助金额为180万美元,有44%的合同年价值超过100万美元,超过1 000万美元的合同占8%。

显然,由于体育赞助是以心理效应为主,各种功能只有经过长期不懈的努力方能实现,很难一蹴而就,因此体育赞助贵在坚持,无论是赞助目标,还是赞助对象都要保持相对稳定,否则很难使企业收到好的效益。花巨资投入赞助费建立起来的知名度,是需要通过连续性的营销或赞助活动进行维持的。仅赞助费用通常就是一笔不小的投资,而要使赞助项目真正发挥效用,更需要企业投入资金开展一系列推广、宣传和促销活动。所以,随着企业体育赞助意识的不断增强,企业在进行体育赞助决策前更加注重一个完整的战略规划,尽量杜绝短期性赞助行为。

实践链接

可口可乐在中国的长期奥运赞助策略

可口可乐公司是全球体育运动最长期和最积极的支持者之一,是世界上许多重大体育赛事的长期战略伙伴,如奥运会、世界杯足球赛、NBA等。这些国际性体育赛事所传递的积极向上、追求卓越的精神理念,与可口可乐公司所倡导的品牌精神完美融合。同时,可口可乐公司与这些国际性赛事的长期战略合作,极大地提升了可口可乐的品牌价值,使可口可乐更广泛、更深入、更紧密地与世界各地的消费者联系起来。

从1979～2004年可口可乐重返中国的25年中,可口可乐公司不断支持中国体育事业,先后为40多个中国体育项目提供赞助。同时,可口可乐中国系统也在全国各地主办或协办了许多群众性的全民健身活动,为中国体育事业的全面发展作出了突出贡献。

可口可乐公司与奥运会的渊源始于1928年的阿姆斯特丹奥运会,迄今(2005年)为止已有77年的历史,可口可乐公司一直致力于在全球范围内推广奥林匹克运动、弘扬奥林匹克精神。自从中国成功地重登奥林匹克大舞台后,可口可乐公司就与中国奥运结下了不解之缘,一次又一次以极大的热情亲身参与了众多值得纪念的奥运活动,与国人一起骄傲地见证了中国体育的崛起。以下简述一些历史性的时刻:

1987年:响应国际奥委会的号召,开始赞助中国奥委会。每年举办奥林匹克长跑,10多年来从未间断。

1988年:与中国奥委会合作,挑选两位中国中央音乐学院的学生杨晓萍及袁晨野,代表中国参加在加拿大卡尔加里冬季奥运会开幕礼,与来自30个国家的青年歌手一同参加可口可乐世界合唱团,演唱一曲《你能否感受得到》,成为开幕礼的压轴节目。

1992年:巴塞罗那奥运会圣火传递,与国际奥委会及中国奥委会合作,挑选中国内地6位、中国台湾地区2人代表,前往西班牙赛尔维利亚市,与全世界52个国家代表,参加最后一段的奥运圣火传递到巴塞罗那的奥运会场上。

1995年:与中国奥委会合作在中国举办"可口可乐"奥运民俗雕塑大赛,而且在百年奥运会会期上展出,获奖作品又被制成奥运纪念章,并且与其他优胜作品巡回世界各地展览。

1996年:亚特兰大百年奥运会火炬接力活动是可口可乐第一次成为火炬接力活动的独家赞助商,通过国际火炬手项目从70多个国家选拔的500名国际火炬手是历次数量最高的,这也是第一次美国之外的火炬手在美国的土地上传递圣火。

2000年:可口可乐(中国)饮料有限公司挑选11名中国青年作为"可口可乐奥运先锋"赴悉尼参加"可口可乐奥运青年营"及"可口可乐奥运广播站"活动。

2002年:盐湖城冬奥会圣火传递,通过国际火炬手计划,可口可乐公司从9个国家挑选出45人参与了盐湖城冬奥会的火炬接力活动。可口可乐(中国)饮料有限公司选派了15名中国火炬手和10名圣火卫士参加盐湖城火炬接力。

2004年:雅典奥运会圣火传递,可口可乐(中国)饮料有限公司在中国的29座城市选拔了42名火炬手和9名圣火卫士,参加奥运火炬6月9日在北京的传递活动。

2008年夏天:可口可乐公司首次使用中文标识全球销售。2008年,是可口可乐公司与奥运结缘80年。作为世界上连续赞助奥运会时间最长的公司,可口可乐公司制定了全方位出击的营销策略,要让可口可乐在奥运期间"无处不在"。

二、广告曝光型向策略营销型的转变

体育赞助作为企业的一种营销模式,到目前为止大致经历了两个发展阶段。第一阶段的赞助活动以单纯获得媒体曝光率为目的,很少将其列入企业营销战略组合中去考虑。在多数情况下,赞助商花费巨额投资所获得的仅仅是在媒体上曝光的机会,或者其产品包装上标明赞助商的权利,在比赛场馆、场地周边、运动员服装广告位、大屏幕广告、现场旗帜等位置展示企业品牌的机会。

伴随着体育赞助的发展,企业逐渐发现,对于受众来说,企业广告牌的曝光只是一种单向的、被动的展示方式,在广告无孔不入的当今时代,其对于消费者的影响是有限的,而消费者更愿意接受的是一种看得见、摸得着、感受得到的实际产品或形象特质。因此,企业在进行体育赞助行为时更加注重结合自身的营销策略。这种体育赞助行为具有两个显著特点:首先,将"客户"而非"品牌"作为战略思考的出发点;其次,在做出决策前,他首先考虑的因素是"赞助能够为企业带来多少额外的销售",而不是"愿意花多少钱去投资"。相对过去而言,今天的企业更加注重营销战略的实效与增加股东价值,它与过去那种为单纯获得品牌曝光知名度而大手大脚花钱,置实际收益于不顾的思想和行为方式大相径庭。现在许多企业参与体育赞助活动的目的,不再仅仅是购买一个成为活动指定赞助商的权利,而是强调其与企业自身目标、营销策略的组合,以及对销售额的实质性贡献。

实践链接

中国体育品牌仅靠提高曝光度难以维持增长

高速奔跑近10年的中国体育用品行业已经制动,仍采用过去几年通行的、旨在提高企业品牌曝光率的做法,已很难挽救陷入困境的中国体育用品企业。相同的产品、类似的营销手段带来的是中国体育用品的同质化。安踏分销商马岗表示:"同质化是一大严重问题,不光是运动鞋服品牌,包括休闲品牌,也有严重的同质化现象。中国服装业经过10余年快速发展之后,将迎来调整周期和创新周期,唯此方能继续向前向上发展。"

相比起国内体育用品企业,国际体育用品企业更早地开始注重企业品牌的文化价值建设,以体育文化为纽带提高消费人群对品牌的忠诚度。国内一些体育用品企业在前些年业绩大幅增长的背景下,甚至提出了抢占国际市场的口号,但其采取的营销方式却令人质疑。在马岗看来,"如果从市场占有率的绝对值来看,的确有一两个国内品牌成为国内市场的主导者,并且也有国内品牌进入部分国外市场,但是他们进军国外市场的策略都是基于国外代言人在海外的知名度展开的,而国外消费者对品牌承载的文化、背景以及风格都知之甚少。一个产品要融入当地市场,品牌的文化导入和磨合不容忽视。"

2012年是体育大年(伦敦奥运会),但对于中国体育用品企业来说,却很难再像4年前那样品味一次奥运会的盛宴。不过,寒冬也是春天的前奏。马岗表示,"说寒冬也罢,说洗牌期也罢,都是一个过程,即体育用品业从高速发展期回归到调整期,这并不意味着体育用品的时代结束了,而是意味着体育用品业即将迎来新的开始。"

三、单一营销向整合营销的转变

在体育赞助发展的初期，不少企业在体育赞助行为上表现出急于求成，重视外在运作，忽视与体育运动或者体育赛事的内涵型发展，赞助活动大多是一次性、短期性的合作行为。很多企业期望通过一两次对体育赛事或者体育明星的赞助为其提高品牌知名度。花巨资投入的赞助费建立起来的品牌知名度，需要企业投入资金开展一系列的推广、宣传和促销活动。这种单一的赞助理念缺乏整体战略规划，往往出现高投入低产出的现象，浪费了赞助资源。

伴随着企业营销理念和外部环境的发展，企业开始认识到体育赞助是一个系统的整体，是企业整个品牌战略中的一个环节之一，需要进行科学的创意和策划。体育赞助整合营销的理念主要是指企业要自觉地以体育赞助为龙头和平台，结合广告、促销和公关等其他沟通手段，紧密配合，优势互补地打一场企业沟通战，力争在一定的时间和空间内形成一个企业的沟通高潮，产生轰动效应。

体育赞助的整合营销一方面要求企业内各部门之间的活动要协调一致，另一方面要求企业的各项活动与最初制订的赞助目标相一致。企业首先要明确此次赞助活动需达到的目标，例如，要使本次活动的知晓度达到多少，企业或品牌知名度达到多少，企业美誉度上升多少，以及能够引起多少顾客前来购买和重复购买等，然后需要运用各种营销工具，设计促销活动和传播载体，综合考虑活动方案的可行性，与目标顾客的接触程度，以及活动失败的弥补措施等因素来选择企业所要展开的活动。

在活动的实施过程中，要统筹全局，掌握进度，适时地调整计划。企业很有必要建立系统的监控体系，以协调各部门的活动绩效，各类活动的进展情况及与目标的一致性情况。只有充分重视配套营销活动的整合性，才能促使巨额的体育赞助资金形成提升企业和品牌的强大动力。

本节案例

联想国际化进程中的奥运整合营销案例

2004年3月26日，联想集团与国际奥委会在北京签署合作协议，并宣布联想成为国际奥委会全球合作伙伴，即TOP合作伙伴。联想是国际奥林匹克运动历史上第一个来自中国的企业。

在召开签约发布会不久，联想就在公司系统内全部换了带有奥运五环的组合标志的公司视觉识别形象，启用了统一的广告识别。很快地，从户外广告、公司画册、广告宣传、网站，到门面门楣、产品包装、办公用品、员工名片，都迅速切换为联想与奥运的组合标志。

然而，在更深层次的品牌传播主题上，联想更是迅速地使之浸透了奥运"更快、更高、更强"的精神。联想有一个很重要的奥运推广策略，就是"不同阶段说不同的话"，明确制定不同阶段的品牌推广主线。

在拥有了奥运TOP资源后，联想更是通过内引外联、灵活运用奥运资源，建立了区别于同行业竞争对手的差异化营销优势,营销面进一步拓宽。

2004年12月22日,联想集团与同为TOP合作伙伴的全球最大的支付卡组织——VISA签订了为期5年的奥运战略合作伙伴协议,双方致力于以奥运会为平台建立长期的合作伙伴关系。

2005年夏天,联想与可口可乐开展合作,联合开展暑期促销活动。在此次可口可乐"要爽爽自己,冰火暴风城"的市场推广中,联想向可口可乐公司提供了1 000台定制笔记本作为奖品。

同时,为了提升品牌的亲和力,2004年8月14日,联想签约奥运会女子射击冠军杜丽。随后,联想迅速地与有关部门接洽,理顺流程、快速落实。至9月15日,联想在北京正式发布新的打印机战略,由杜丽代言的联想打印机形象广告全面亮相媒体与户外。

作为TOP合作伙伴,联想搭载主题活动把品牌特质和奥林匹克精神联系起来,充分彰显奥林匹克的独特魅力。2004年6月9日,在北京举办的雅典奥运会火炬传递活动中,杨元庆以个人名义参加了本次传递活动,成为一名特殊的火炬接力手。2004年,联想举办了以奥运会为主题的大中学生夏令营活动,在全国青少年中宣传奥运精神,传递奥运火种,全国各地有200多名大中学生参加了夏令营。

联想在短短的一年半时间里,在奥运营销领域取得的成果非常多。但令人意外的是,联想内部并没有设立专职的"奥运营销部",也没有设立专门的奥运营销基金,所有的项目开支都是在联想每年的整体市场推广费用中列支的。也就是说,联想只花了一笔钱,却达到了奥运推广与常规推广两个目标。联想的作法是将奥运营销完全融进既有的营销推广体系中去,杜绝了国内很多从事奥运营销的赞助商出现的"两张皮"问题。不仅如此,联想集团负责企业沟通、推广的职业部门,将公关、广告、活动、品牌建设、对外合作等诸多资源整合在一起集中管理,统一规划调度;企业推广部门又与各产品/业务部门保持紧密的联系,将产品推广纳入企业推广计划中进行整合管理。这种体系在横向上保证了企业推广部门内部人、财、物各种资源的顺畅流通,保证了各种营销手段可以方便地整合在一起,保证了各种优势资源集中起来为奥运策略所用,这也从根本上为联想奥运营销的成功提供了坚强的保障。

第四节

伏击营销

一、伏击营销的定义及特点

(一) 定义

伏击营销源于体育赞助,指非官方赞助商在未支付权益使用费用的情况下开展的利用体育资源进行宣传和推广的营销行为。

(二) 特点

第一,伏击营销的本质是不向体育资源的管理者付费,但却寻找与体育资源的联系,以混淆赞助商目标受众的视听。目的是为了开展与竞争对手相对的活动,并借助体育提升自己的形象或促进销售。

第二,伏击营销通常是由竞争对手发动的一种行为,具有一定的隐蔽性和不可预测性;当赞助商在具体营销策略中出现疏漏或忽略了一些环节时,竞争对手便可以根据具体的情况来采取灵活的伏击营销策略,赞助商与伏击营销者一明一暗,一方主动进攻,另一方被动招架的境地,决定了伏击营销行为在时间以及具体的策略上具有"隐蔽性"和"不可预测"等特点。正是以上特点也给防御和反击伏击营销的行为造成了一定的难度。

第三,伏击营销者希望以较低的成本来获取最大的利益,它削减了赞助商的赞助效果,对赞助商造成了一定的利益损害。从根本上看,这一行为的本身也是对赛事知识产权的侵犯,同时也违反了市场竞争中的公平性原则。

二、伏击营销产生的原因

(一) 体育巨大的商业价值

体育不仅仅是一种大众媒介传播的聚焦对象,其本身也构成了一种特殊的传播媒介。体育是迄今为止唯一可以激起全人类不同种族不同年龄共同热情的事件。无论是世界性的比赛还是国内赛事,运动员奔跑的身姿、赛车隆隆的轰鸣声,抑或是观众的全身心的投入,无处不散发着体育运动所带来的激情和氛围。体育赛事,由于它的激情、活力、精彩和刺激,受到了全世界不同肤色、种族、性别及年龄观众的普遍理解和欢迎。1998年法国世界杯足球赛决赛期间,全世界17亿不同国家、不同种族、不同区域的人在同时收看比赛,伴随着体育赛事的电视直播、报刊新闻、网络评论等播放的企业广告的传播范围,是传统媒介所无可比拟的。

体育事件往往牵涉面极广,那些全球顶级的体育赛事几乎与地球上的每个人和团体都有关联。以近几届奥运会为例,理论上涵盖了220个国家约40多亿人,因此,成功地与这些事件联系在一起,意味着企业经营成功的巨大潜力。正是由于体育具有最广泛意义的商业价值,所以几乎所有的国际知名企业都希望通过体育最终促进企业业务的发展。

(二) 高额赞助费用

随着体育商业价值的不断扩大,体育赞助的费用也在不断攀升,企业赞助体育资源的门槛也越来越高。以奥运会为例,奥运全球赞助计划被称为"TOP"计划。1984年还没有推出这一计划时,企业赞助奥运会的门槛最低不得少于400万美元,到1997~2000年,该计划的11个成员赞助费平均上升到4 000万美元,到2001~2004年的第五期TOP计划,价格又涨到了5 500万美元。第六期计划的时间周期内,2008年北京奥运会的平均赞助额提高到6 000万美元。据IOC市场部主席表示:2012年伦敦奥运会赞助收益达到了7.5亿美金,由此可见赞助费用不菲。不仅主要事件赞助耗资不菲,而且花在赞助攻势的配套费用更是大得惊人。1996年,可口可乐公司在花费4 000万美元成为TOP赞助之后,又花费了2亿美元去深度介入。其中3 000万用于奥林匹克公园旁的精彩节目,2 500万建立公司好感,6 000万提前购买现场直播。巨额的费用使得一般公司只能望而却步。体育赞助费用越来越高,不少企业开始试图通过伏击营销的方式,以较低的成本来取得与赛事或有关体育组织的联系,从而获取较大的收益。

(三) 法律的漏洞

法律、法规存在漏洞,缺乏对体育相关知识产权和赞助商的保护也是伏击营销盛行的原因。许多国家都制定了有关知识产权保护方面的法律、法规,如美国的《商标法》、《业余体育法》、加拿大的《商标法》和法国的知识产权法典等都是专门针对有关知识产权保护的法案。我国也制定了商标法和专利法等法律,因此对体育赞助相关知识产权的侵害,基本上是有法可依的。

但伏击营销行为大多并不直接表现为伪造和非法使用商标、名称和标识的行为等侵犯知识产权的行为,而更多的则表现在,公司之间围绕赛事或者其他体育资源而展开具有创造性的活动,他们不使用赛事的口号、商标和名称,无需为"官方赞助商"的身份付费,但却又实际让消费者将之与赛事产生联系,利用了赛事的荣誉和价值。当被巧妙使用时,很难找到应对伏击营销的法律根据,因而赛事组委会和法院很难对之进行抗击。对伏击营销的行为,国际上没有统一的判断标准,各国由于历史、文化和传统等方面的原因在法律上的差异也很大,因此对伏击营销是否违法也是众说纷纭。越来越多的公司在寻找法律的空白点,试图绕过法律的雷区来达到自己伏击营销的目的。

(四) 体育赞助的行业排他性

体育赞助一般具有行业排他性。以北京奥运会赞助为例,国际奥委会的全球合作伙伴、北京奥组委的合作伙伴、赞助商和独家供应商都享有奥林匹克市场开发的独家权利。但一般情况下,一个类别的只有一家赞助企业,高级别赞助的列别对于低级别的赞助商享有行业排他权益。

体育赞助的排他性主要意义在于让获得赞助资源的企业可以在行业内树立一定的地位,从而获得突出的企业形象。特别对于具有较高影响力的国际体育赛事,赞助的排他性可以很好地为企业在行业内树立独特地位起到巨大的推动作用。

对于某些一直强调官方地位的企业来说,成为顶级体育资源的赞助商是他们绝不可以放弃的战场。但官方赞助商的竞争是残酷的,同行业的企业最后只能有一家企业成为赞助商,而对于落败者来说,他们往往只能被迫采用伏击营销的方式来达到企业营销的目的。以长期赞助体育的 ADIDAS 为例,其近年来一直致力于成为世界杯、奥运会以及欧洲足球冠军联赛等顶级赛事的官方合作伙伴,其所享有的行业排他性也是企业引以为豪的重要资本,而与之相对应的是,最大的竞争对手 NIKE 则一直致力于明星代言等一些伏击营销手段来进行市场竞争。

三、伏击营销的表现形式

(一) 赞助赛事转播或宣传媒体

虽然大规模的赛事都有种类繁多的赞助项目,但是无论是谁都必须通过媒体将自己的品牌宣传出去,同时大多数消费者也正是通过媒体来了解比赛,因此媒体就自然而然地成为赞助商们竞相角逐的对象。这种伏击营销方式最大的优势在于媒体受众远远多于现场受众,特别是选择作为强势媒体的转播电视台的话,由于电视观众比现场观赛的人数多很多,从而使更多的消费者将其与赛事联系起来。比较经典的案例就是著名的餐饮品牌 Wendy

公司在1988年的冬奥会中成为美国广播公司的电视转播赞助商,取得了很好的宣传效果,而那届奥运会真正的赞助商是麦当劳;1984年洛杉矶奥运会,富士公司是正式赞助商,柯达公司采取巧妙的手段赞助转播奥运会的ABC,成为该媒体转播美国竞赛的赞助商;2004年雅典奥运会,现场观众有350万人,电视转播观众达到了39亿人,累计收视人数更是达到了400亿人次。值得注意的是,最近兴起的数字技术和互联网等新媒体的普及又给伏击者提供了新的机会。

(二) 赞助明星

企业使用赞助明星的方式来提升自己品牌的做法,旨在混淆大众对赞助商的识别。因为每次大型赛事,杰出的运动员总是媒体追逐的焦点,赞助这些运动员也能增加企业标志曝光的机会,所以明星运动员一直都是各企业追逐的宠儿,伏击营销商将公众的关注度从赞助商身上转移,使得官方赞助商投资效果贬值。然而这种伏击方式又不在法律的制约范围之内,是投入小且效果好的伏击营销手法,已被众多非官方赞助商广泛运用。2000年悉尼奥运会上,NIKE是澳大利亚队服装提供商,而ADIDAS却因为赞助天才游泳运动员索普而大获其利,虽然澳大利亚运动员在获得奖牌时都会身着印有NIKE标志的衣服,而媒体关注的焦点却一直是索普。同样,在2004年的雅典奥运会上,NIKE因为赞助中国110米栏选手刘翔而取得了极好的宣传效果。

(三) 购买赛场周边广告牌

在赛事过程中,比赛场地当然是观众注意力的焦点所在。若将伏击营销安排在会场里面,不仅会吸引在场的观众,而且通过电视转播会传达到无限多的电视观众。购买比赛场地周边的广告空间或者将带有伏击者商标的物件偷偷带入赛场内是这一策略的惯用伎俩。

体育用品巨头NIKE在亚特兰大百年奥运期间租下了主赛场附近的一个停车场,建起了一个"NIKE城",并给观看马拉松比赛的观众分发印有NIKE标志的小旗子;他们还把一块块广告牌覆盖在亚特兰大的市中心区域,口号是"你不是赢得了银牌,而是失去了金牌"(You don't win silver, you lose gold)。这次活动使人们把NIKE和主办城市与比赛联结在一起了,而奥运会的官方赞助商是锐步,在后来的一项调查中,NIKE品牌反而以22%的受众认知率高于锐步品牌16%。

(四) 赞助参赛队伍

赞助受欢迎的或者具有潜力的参赛队伍也是伏击营销的常用手段之一,因为这些队伍的媒体关注度相对较高,得到的曝光机会也多,且具有一定的忠诚受众。因此,运动队的良好表现必然会引起媒体和观众广泛的关注,赞助的效益也会随之扩大。

实践链接

1988年第24届奥运会中,柯达公司进入了具有唯一排他性的奥运赞助TOP计划,成为官方赞助商。作为其竞争对手的富士公司则成为美国奥运游泳队的赞助商,并大力开展促销宣传,取得了一定的效果。在2002年韩日世界杯足球赛上,ADIDAS是官方的正式赞助商,同时ADIDAS赞助了10支球队,NIKE则赞助了巴西、美国、韩国等

8支球队,双方所赞助球队各有3支打进8强,就连最终的决赛也是在ADIDAS赞助的德国队与NIKE赞助的巴西队之间展开,最终巴西战胜德国夺冠,NIKE在这场赞助战役收益不菲。同样2012年欧洲杯,意大利(球衣是彪马赞助)战胜了德国(ADIDAS赞助)进入决赛与西班牙(ADIDAS赞助)争夺冠军,ADIDAS官方赞助商的赞助效益被分割缩小化。

(五)与官方赞助商合作

没有获得赞助权的厂商可以和跟自己没有竞争关系的赞助商合作,因为赞助商为了最大限度抑制自己的竞争对手,扩大自己的影响,也需要和非竞争对手合作,达到各取所需的目的。网易公司曾联合联想集团开展了"体育梦想中国行"的"群众体育运动",网易公司为活动搭建了超过10 000 m²的"体育梦想乐园"并向大众免费开放。之后,"体育梦想中国行"历时2个多月,途经上海、武汉、重庆、广州、大连和海南。由于不能直接使用奥运名义和奥运标识,网易在活动中拉上国际奥委会全球合作伙伴联想集团作为共同参与者,"体育梦想乐园"内无处不在的联想奥运五环标志,使得这个活动搭上了奥运大车。

(六)赞助赛事相关活动

此种方法是利用公众对于体育赛事的关注而借助各种媒体进行的自我宣传。柯达公司是1996年奥运会影像胶卷的赞助商,其强劲对手富士公司则赞助开展了一次纪念百年优秀奥林匹克运动员的影像展。该影展自1995年11月从纽约出发,巡回展览于整个美国,并在亚特兰大奥运会开幕之前抵达该城市。富士公司在广播和报纸上大力宣传这次展出,显示该展览有助于增加人们对体育的关注,并给观众无偿提供印有知名运动员如乔丹肖像的系列海报和台历。此次展览历时2年,从选举奥运代表队开始,一直持续到奥运会结束后。另一个例子是通用汽车的"GoldenHolden"案例,Toyota是1996年奥运会的官方赞助商,而通用汽车则开展了声势浩大的"GoldenHolden"奖励活动,许诺将赠送每一位奥运金牌得主一辆金色的"Holden"系列的汽车。最后市场调查显示,许多人将通用汽车当成了官方赞助商。

四、伏击营销的负面影响和发展趋势

(一)伏击营销的负面影响

伏击企业不顾赞助商和体育管理部门的反对,侵害了对手的赞助权益。伏击者们通过不付任何代价或付很小的代价,而使自己与体育赛事或其他体育资源产生关联的方法是目光短浅的,虽然能给自己带来眼前利益,但却在更大程度上损害了体育赛事的荣誉和赞助商的合法利益,从长远来看也损害了自己的发展。

从赞助商角度来讲,伏击营销行为侵犯了体育赛事官方赞助商的排他性特权。伏击行为误导了消费者,从而弱化了主要竞争对手的赞助效果。伏击营销商大都目标明确,都只针对其现实中同行业的竞争对手,但又注意避免直接的正面竞争,他通过间接的方式将企业或产品与体育赛事相关联,取得了本应专属于正式赞助者相同的赞助利益。显然,仅仅希望获得与赞助相同的曝光率并不是伏击营销商的目的所在,因为使用其他与事件无关的常规式广告或者促销方式也可以获得曝光率。伏击营销的主要目的在于造成公众的混淆,这样既可以获得与赛事相关联而形成的收益,同时也削弱了对手专有赞助权的影响力。在现实中,越来越多的公司开始使用伏击营销作为对抗竞争者的策略,来削弱竞争对手作为某一赛事唯一赞助商的影响力。

对体育赛事和承办城市来讲,伏击营销侵犯了体育赛事关于知识产权的排他占有权和使用权,侵犯了体育赛事的品牌形象和财产安全,将减弱体育赛事本身对未来赞助商的吸引力,打击了赞助商赞助体育赛事的积极性,并最终破坏体育赛事的可持续发展。

(二)伏击营销的发展趋势

伏击营销的蓬勃发展已经严重阻碍了体育赞助产业的增长与繁荣。因此,一些长期投入赞助的企业对体育组织者发出了要么抵制伏击营销,要么就干脆退出赞助的威胁。这也是可口可乐公司和IBM为什么要与奥委会反复谈判,为什么又要退出TOP赞助计划的根本原因。因此,从保证收益的角度出发,未来体育管理部门将同样旗帜鲜明地反对伏击营销。

除了体育管理部门在严打伏击营销之外,赞助商也将对伏击营销行为进行有力地还击。一方面,打击伏击营销的法律将会不断完善,赞助商将会更好地利用法律武器保护自身合法权益。另一方面,赞助商还打伦理道德牌,利用公共宣传和舆论制造伏击者不道德的形象,遏制其影响力。

尽管目前一些企业尝到了伏击营销的甜头,但由于体育管理部门和赞助商的共同努力,未来伏击营销的生存空间将会变得越来越小。现实的问题是,随着体育的商业价值不断扩大,体育管理部门和赞助商终究不能控制所有的营销权益,由此也可以预期,在未来的体育赞助竞争中,伏击营销不仅会长期存在,而且会有更多形式和内容的创新。

本章案例

李宁公司北京奥运会营销策略

2005年1月,ADIDAS击败李宁,成为北京奥组委选择的第7家合作伙伴。面对竞标失利,李宁公司不得不重新制定其奥运会营销策略,以期在竞争激烈的运动用品企业的奥运营销中占得先机。

【赞助央视】

2006年12月28日,李宁品牌与中央电视台体育频道在北京举行了隆重的签约仪式,签约内容为2007~2008年播出的栏目及赛事节目的主持人和记者出镜时均需身着李宁公司服饰。此举意味着在北京奥运会期间,只要打开央视体育频道,"李宁"的标识就会映入观众眼帘。而奥运会期间,通过央视奥运频道收看奥运会比赛的所有观众,也将透过屏幕一次次地看到主持人身着李宁品牌的服装。虽然这项协议受到ADIDAS的抗议,于2008年6月被暂停,但时隔一年半,"李宁"的"奥运形象"仍然与央视奥运频道紧密联系在一起。

【赞助国外奥运代表队】

李宁公司抗衡 ADIDAS 的另一方法,则是用精准的眼光选择所要赞助的运动队。2004年2月,李宁公司与西班牙男子篮球队、女子篮球队签订为期4年的合约,成为西班牙篮协的赞助商,依照协议西班牙篮球队在重大赛事时将身着李宁牌服饰进行比赛。2006年,西班牙男子篮球队在日本举行的世界篮球锦标赛中一举夺魁。

2006年9月12日,李宁公司与苏丹国家田径队正式签约,双方将携手奔向2008年北京奥运会。这是李宁品牌签约的第一支国家级田径队。李宁与苏丹队签订的是为期3年的合同,合同期内苏丹队将身着李宁公司为其专门设计的训练服、比赛服及领奖服。

2007年1月11日,李宁公司与2004年雅典奥运会男子篮球冠军阿根廷篮协签约,阿根廷国家男篮与女篮都将身穿李宁牌战袍征战国际赛场。在2008年北京奥运会,身披"李宁"战袍的西班牙男篮与阿根廷男篮分列A和B两组,被认为是"梦八队"之外最大的夺冠热门,男篮奥运冠军与世锦赛冠军都将身着李宁品牌的服饰,最终身穿李宁运动服的西班牙队闯入决赛与美国"梦八队"争夺奥运金牌。

【赞助国内奥运梦之队】

李宁公司与号称奥运"梦之队"的中国射击队、跳水队、乒乓球队、体操队签约,成为这4支队伍比赛期间的服装提供商。在2008年奥运会上,中国代表队需要在最终登上领奖台时身穿 ADIDAS 的运动服,然而根据统计,中国有近一半的获奖运动员都将身着李宁品牌比赛服征战奥运会。

【赞助具有影响力的西班牙奥委会】

"李宁"还是西班牙和瑞典奥运代表团的官方合作伙伴,为其设计、制作参与北京奥运会的各项装备。在这其中,由于在此前的欧洲足球锦标赛、环法自行车赛、法国网球公开赛男单、温布尔登网球公开赛男单问鼎的都是西班牙人,因此西班牙体育代表团也具备了相当的人气,受到了空前的关注,而与其一同受到关注的,势必还包括穿在每一位西班牙运动员身上的李宁品牌服装。这些代表队同样有希望出现在奥运会的最高领奖台上。"李宁"的这些攻略,将会使李宁公司的商标和名号频繁出现在公众面前,从而在奥运赛场上与 ADIDAS 和 NIKE 一争天下。

【活用"李宁"元素】

2008年8月8日晚,举世瞩目的2008年奥运会开幕式在北京鸟巢举行。随着灯光的聚集,当倒数第二棒火炬手孙晋芳将奥运圣火传递给李宁,当李宁高擎火炬,缓缓升到空中,在鸟巢顶端的祥云画卷上奔跑,并最终点燃2008年北京奥运会的主火炬,关于北京奥运会开幕式的最大悬念终于揭开。那一刻,阔别奥运20年的李宁再一次站在了奥林匹克舞台的最中央。而20年后,这两个简单的字眼已经不再仅仅代表着曾经的体操王子、20世纪最伟大的运动员之一,还是一个响亮的中国本土运动品牌——"李宁"品牌的创始人。在全世界的瞩目下,李宁点燃鸟巢的奥运主火炬,不仅让所有人再一次见到了曾经身为运动传奇的他,也不得不令所有人都联想到了他身后的那个同名品牌。北京奥运会主火炬燃烧那一刻,作为中国本土最成功的体育运动品牌——"李宁"也将随之为世界瞩目。

■ 案例思考题

1. 李宁奥运营销策略的核心理念是什么?
2. 李宁奥运营销策略是一种伏击营销吗?为什么?
3. 李宁奥运营销策略有什么值得借鉴之处?

本章小结

随着体育的繁荣和企业营销观念、环境等因素的变化,体育赞助开始出现并逐渐壮大市场规模,体育赞助理念也在发展中不断转变,企业不再单纯追求短期的、单一的、曝光的体育赞助行为,而是更加注重长期性、策略型、整合型的体育赞助策略,同时出现了如伏击营销等体育赞助营销新现象。

本章思考题

1. 体育赞助发展的背景有哪些?
2. 目前体育赞助市场的特点如何?
3. 目前体育赞助理念主要包括哪些方面?
4. 伏击营销通常有哪些手段?

推荐阅读

[1]〔美〕布达伦·G·匹兹,戴维·K·斯托特勒.体育营销原理与实务(第2版)[M].沈阳:辽宁科学技术出版社,2005
[2] 朱小明,张勇.体育营销[M].北京:北京大学出版社,2006
[3] 蔡俊五,赵长杰.体育赞助[M].北京:人民体育出版社,2001
[4] 蔡俊五.奥运赞助谋略[M].北京:经济管理出版社,2004

第三章

体育赞助的目标

"我们坚信马牌轮胎能够继续大幅提高其品牌知名度,特别是在西欧与中欧以外的新兴市场。通过赞助2010年世界杯,我们希望马牌轮胎能够成为东欧、俄罗斯、亚洲、甚至是南非排名前三的轮胎品牌。而且我们希望这种赞助方式比传统的广告方式更能帮助我们尽快达成这一目标。"

——马牌轮胎高级管理顾问Hippe博士

本章要点

- 潜在赞助商的寻找和定位
- 明确赞助目标
- 体育赞助项目的筛选

第一节　赞助商的定位和分析

一、定位潜在赞助商

在体育赞助中,体育资源和赞助商可能存在相互的某种需要,如资金、实物(务),可能需要共同达成某一目标等。然而如何找到真正适合彼此的赞助商和赞助对象,对双方来说往往面临着前所未有的困难。很多有赞助需求的企业,每年都有可能收到成千上万的赞助提案,但他们却很少愿意接受并赞助这些对象,而这些企业反而更加倾向于花钱雇佣那些富有经验的体育营销咨询公司或者体育经纪公司,让这些专业人士来分析研究企业的需求,并在此基础上为企业寻找并洽谈更有价值的赞助资源。据统计显示,全球有近1/4的赞助关系达成是由赞助企业主动出击寻找赞助对象而达成的。

而从赞助资源的角度来看,他们对于赞助商资金的需求更加迫切,这就导致在创造赞助关系的吻合度方面,这些赞助资源需要做更多的工作和努力。对于赞助资源所有者来说,他们需要明确自己可以为赞助商提供哪些回报,这些回报可能包括所有可以让赞助商获得品牌曝光的广告和机会,也可以是对于企业通过赞助树立某种富有社会责任感形象的描述等,然而这些都不应该成为体育赞助资源定位潜在赞助商的起点,而应该首先研究赞助商的需求究竟是什么,至少应该包括3个方面。

第一,利用赞助资源的品牌属性和平台去介绍和推广赞助商的品牌属性,这里需要强调的是,这种属性必须是赞助商品牌真正所拥有的,而非一种相似或者模仿。

第二,与赞助资源的目标市场形成互动,并且这种互动的方式必须是直接而有效的。

第三,通过有效手段可以帮赞助达成更为直接的营销目标,如采集客户数据库,招待重要客户等。

实践链接

> 三星电子欧洲区的总裁兼CEO金寅洙表示:"三星和切尔西俱乐部都是各自领域里在全球范围都拥有巨大影响力的组织。三星是数字技术领域全球领导品牌,同时在欧洲也取得了有目共睹的增长。同样,切尔西俱乐部也在欧洲冠军杯以及英超联赛中一路过关斩将,取得了极其优异的成绩。作为世界足坛上升最快的球队,切尔西已经在世界舞台上占有一席之地。作为一个同样雄心勃勃的企业,三星期望凭借与切尔西之间的合作,进一步拉进与消费者之间的距离,并且促成双方的成功以及品牌认识度的加强。"

然而,我们从众多的企业当中寻找赞助可能性较大的潜在赞助商,在这里,我们需要更加关注的是品牌而非整个企业,主要有以下3个原因。

第一,大部分企业的品牌或者产品都不止一个,而品牌与品牌之间,产品与产品之间,以及他们的目标市场定位,往往存在着较大的差异,而这种差异性也会导致他们在赞助选择方面也必然会有所不同。

第二,大部分的赞助决策是由企业的营销或公关部门做出的,针对单一产品或品牌的赞助提案,有利于降低其所受到的质疑和竞争,而且在很多公司,赞助决策大多主要由品牌推广团队来决定。

第三,品牌推广部门一般都会有单独的营销预算,而对于这些部门的考核多以品牌知名度或美誉度的上升作为指标的,而针对品牌的赞助项目显然可以更加直接地达到这些目标,因此也更容易获得赞助投入。

对于赞助商的寻找和定位来说,最重要的核心词就是"契合度",而这种契合度主要表现在受众、品牌形象以及业务3个方面,当一个潜在赞助商和赞助资源之间有着2个或3个方面的契合度,则赞助的可能性就变得非常大。

(一)受众吻合

赞助活动开始是确保体育组织的活动或者产品定位了一个或者多个赞助商核心受众。体育组织的目标市场与赞助商目标市场越吻合,体育组织越能得到更有实力的赞助。一般来说,赞助商的目标受众包括:①现有顾客;②具备现有顾客特征的潜在顾客;③新开发的潜在目标群体;④中间顾客如零售商、代理商和分包商等;⑤内部顾客,如赞助商员工和股东。

需要注意的是,这里的目标受众指的是那些确实可以接受赞助商所提供营销信息的那部分群体,而非仅仅是指赛事的参与者而已。一方面对于企业来说,有些赛事虽然拥有很多的现场和电视观众,而这些观众也是企业的潜在消费者,但是企业赞助赛事的信息却无法传递给这些消费者,那么这部分受众也并非体育赞助的受众。另一方面,这就促使体育资源要不断挖掘,通过赛前广告投放、新闻发布会等赛事和媒体推广活动以及大量的路边、场馆和赛事广告牌,向赛事受众传递赞助信息。

实践链接

作为亚运会最受瞩目的冠军运动队之一,中国男篮及其比赛是亚运会上最吸引观众的热点之一,这也正契合身为广州亚运会合作伙伴的TCL在亚运周期内的体育营销目标。TCL集团高级副总裁王康平认为,金融危机后,全球经济环境的变化也对企业后奥运时代的体育营销提出了新的要求——在欧美市场陷入经济衰退的情况下,国内及亚太新兴市场增长潜力凸显,而全球消费电子行业的发展重心向中国及亚洲新兴市场转移的趋势逐渐显现。与之相应,中国本土及亚洲新兴市场在TCL企业经营战略上的重要性也进一步凸显。夯实品牌基础,进一步强化与上述重要目标市场消费者的品牌联系,成为TCL品牌战略下一步推进重点。

(二) 品牌形象吻合

如同劳力士公司签约费德勒代言其品牌,赞助商与体育资源之间完美的形象契合,总能造就持久而成功的经典赞助案例。这种契合度,可以很好地帮助企业在赞助对象和赞助商之间,建立非常紧密的品牌关联,并在其目标受众心目中树立牢不可破的联盟关系。品牌形象的契合可以表现在两个层面上,即核心形象和价值以及外在感知的形象。

在赞助商和赞助资源之间寻找契合度可以有两种方法,一种是两种品牌形象之间的对等关系,就如之前提到的劳力士公司赞助费德勒的案例,劳力士手表的优雅、高贵、精准等品牌形象,与费德勒的网球风格和人格魅力都是高度一致的。另一种方法则是赞助商的品牌形象解决了被赞助对象的某种形象,例如F1赛车被认为是一种速度和高风险的运动,而注重行车安全的轮胎赞助商以及提供安全赔付的保险赞助商,与F1赛车则形成了一种相补的形象契合关系。

实践链接

UT斯达康公司华东区总经理说,作为国际化高科技通信公司,UT斯达康公司一向积极支持体育和公益事业。F1摩托艇比赛是速度和实力的较量,赛艇娇娃则是创意、活力的体现,而这些正和UT斯达康公司"锐意进取、追求创新"的品牌形象特征不谋而合。UT斯达康公司希望,通过赞助这样的赛事建立起一个与消费者进行密切沟通的平台,使UT斯达康的品牌形象和产品更加深入人心,同时也想借F1摩托艇世锦赛向世界传达自己作为一个国际化的通信企业追求创新、活力、速度并开拓国际市场的信念,并通过赛事的形象大使——赛艇娇娃展现充满活力和朝气的企业形象。

（三）业务形态吻合

一个赛事的成功举办，各种物资的供应至关重要。现代体育赛事，因为赛事规模的不断扩充，所需用到的产品和服务种类也越来越多。业务形态已经不仅仅局限在服装、软饮等传统产品方面，还包含信用卡、银行、酒店、物流、数据库建设和维护、能源环保解决方案等方面。不同赛事因运动项目、运动形态的不同，所需要的实物形态也不尽相同，例如田径赛事中必不可少的起跑器，在足球比赛、篮球比赛等其他赛事中就不能产生价值。

需要特别提出的是，以体育赛事为代表的体育资源，选择其直接需要的产品或门类的提供者作为赞助商，不仅可以节省办赛成本，更重要的是，可以让利用赛事强大平台展示赞助商的产品设计及技术实力，如 GE 作为 TOP 赞助商为奥运会提供的能源解决方案，这些对于赞助商而言都是非常值得珍惜的宝贵机会。因此，不同的体育资源可以从自己需要的产品和服务门类出发，寻找和开发与其业务形态吻合的潜在赞助商，其成功的机会也会大幅提升。

实践链接

> 株式会社电装常务董事大屋健二表示，日本电装之所以要花大价钱为丰田 F1 车队提供赞助，是希望能借这个汽车顶级赛事的平台，扩大电装产品，尤其是电装火花塞在中国市场上的知名度，并达到进一步推广产品的目的。"在赛车上贴上电装公司的标志，并不是我们的主要目的，主要还是为了进一步宣传、推广电装的铱金火花塞。"

二、分析赞助商

（一）调查潜在的赞助商

获取潜在赞助商的信息和方法有很多种，最常见的是从一些资料库或文献中查阅一些相关企业的年报或相关报纸，以下是一些可以使用的方法和渠道：

- 公司年报或季报
- 财经类媒体或媒体的财经版
- 主流媒体的广告投放和版面
- 专业的营销研究公司及其报告
- 体育经纪公司
- 相同项目或相类似的体育资源的现有赞助商
- 现有赞助商的业务伙伴或由其推荐

（二）制定计划

赞助提案的成功与否，在很大程度上取决于准备是否充分，那么在体育资源准备向潜在赞助商进行提案，应该对这个潜在赞助商进行深入的分析和了解，其内容应该主要包括潜在赞助商的产品、目标市场、营销计划、营销组织架构、竞争对手及过往经历等多个方面，我们建议体育资源在提案前，应了解关于潜在赞助商的以下方面的信息：

- 企业的产品和服务
- 企业的营销组织架构（市场部、公关部、广告部、战略部之间的关系）

- 1年以上的长期市场目标(超过12个月)
- 短期的市场目标
- 经常采取的促销策略
- 产品和品牌属性
- 目标市场
- 需求——必须要达到的要求
- 渴望——希望做好的事
- 排斥——例如,许多公司不会进行明星赞助,或者某些企业会排斥有酒精类的合作赞助商
- 特别重点——新的产品链,新的服务,新的LOGO,与对手的竞争等
- 是否有体育赞助的经历,是成功还是失败？原因在哪里
- 最终的赞助决策者

第二节 确定体育赞助的目标

不同的企业会根据自身的发展状况和策略,制定不一样的赞助目标。但这些目标基本上都围绕着区域市场或国际市场的知名度、品牌形象展开,部分企业还会考虑到业务关系、招待礼遇和员工激励等,这些都和企业自身的发展阶段、面临的市场竞争以及战略转型有很大关系。嘉实多润滑油事业高级副总裁迈克强森表示:"我们在足球事业上的投资取得了巨大的成功,这一成功为我们的业务合作伙伴带来了附加值,为球迷们带来了激情和奖励,为员工带来了动力,嘉实多也就此开发了新的机遇。"

一、提升知名度

企业以提升知名度为体育赞助的目标,是为了在某些特定目标受众的意识中留下印象,并在此基础上创造一部分的潜在消费群体。在现代媒体极为发达的今天,赞助商通常借助网络、电视等现代媒体对于重大体育赛事的转播和报道,提高曝光率以达到提升知名度的效果。因此赞助商所获得权益一般都包括广告权等。

通常,知名度又包括企业知名度、品牌知名度、产品知名度3个方面。

(一) 企业知名度

企业知名度是指受众对于企业本身的认知。例如,一个具有影响力的国际重大体育赛事的赞助可以为刚刚进行过并购或重组的企业提供宣传机会,新成立的企业可以通过赞助这些受到普遍欢迎的大型赛事,向其遍布全球的广大电视和现场观众,告知并宣传新的企业,可以在短期内迅速提高新企业的知名度,从而有效缩短了企业转型的过渡期,并降低在此期间由于人们对于企业认知上的混乱而造成的损失。

(二) 品牌知名度

品牌知名度是指受众对于企业品牌的认知。现在很多跨国企业旗下都会拥有好几个子品牌,而这些品牌的定位和营销策略都会有着很大的差异性。例如可口可乐公司旗下就有

可口可乐、雪碧、芬达、果粒橙等多个子品牌,而在其子品牌推出的初期往往就需要快速提高大众对其的熟悉程度,因此可口可乐作为国际足联全球合作伙伴,在2007年国际足联女足世界杯赛事期间,刚刚推出市场的果粒橙被选择为主要推广的品牌。

实践链接

现代起亚相关人士表示,"足球作为全世界最受欢迎的体育运动之一,与现代起亚品牌年轻、激情、积极向上的理念不谋而合。现代起亚汽车作为国际足联的官方赞助商,运用线上线下相结合的营销手段,将世界杯这一体育盛会与品牌塑造完美结合,利用足球运动的魅力提升现代起亚的品牌知名度,希望将年轻、活力的品牌形象铭刻在全世界球迷的脑海中。继南非世界杯之后,我们还将开展更加灵活多样、富有攻击性的营销活动,值得球迷和其他消费者共同期待。"

(三) 产品知名度

随着某些企业和品牌的发展和壮大,他们在消费者心中的认知度越来越高,然而企业的发展离不开创新,企业创新精神的集中体现则在于产品和技术的不断发展。在这样的情况下,体育追求"更快、更高、更强"的核心精神,无疑为赞助商新产品或者新技术的展示,提供了一个绝佳的平台。

实践链接

NIKE公司综合运用各种形式的赞助以达到其进军美国足球市场的目的,在一系列复杂的营销组合运用中,NIKE公司相继通过赞助福克斯电视网足球专题节目、公司官方网站,和针对当地俱乐部的赞助和广告来进行新产品的宣传。此外,NIKE公司还利用其作为全球最具影响力的英国曼联足球俱乐部赞助商的身份,利用曼联俱乐部的官方网站和在美国国内直播曼联比赛的有线电视网等营销沟通渠道,以及使用曼联俱乐部和美国国家队主力门将雷纳拍摄了一系列的广告,并配合曼联俱乐部分别于2003年和2004年的两次访美商业比赛的机会,力求将NIKE公司的足球产品系列成功打入到美国足球装备市场。

二、美化企业形象

美化企业形象是指企业希望通过将其与某些具有吸引力的体育元素如赛事或明星等进行关联之后,能够将某些积极正面的价值转移到企业自身形象上。良好的品牌形象不仅是取得消费者青睐的重要条件,更是一个企业持续发展的重要因素。

但是,在体育赞助推广里,赞助商单是明白在体育赞助过程中要有品牌形象的目标还是不够的,应该更进一步明确,自己需要借助体育来完成什么样的形象传达。例如可口可乐和百事可乐往往是希望通过体育将可乐的品牌与某种流行的生活方式建立联系。

但随着体育赞助营销的逐渐成熟,大部分赞助商已经不仅仅满足于体育赞助给企业带来的"公益化"等美誉度上的品牌形象,更希望通过与体育的结合传达一些与企业本身共通的品牌文化和形象。

体育赞助可以帮助企业建立的品牌形象主要有以下4个方面。

(一) 承认社会责任

体育以其特有的健康形象深入人心,赞助在实物(务)或者资金上给予体育的支持,往往会被人们认为是在支持高尚的公益事业,企业或者说是品牌在人们心中也会树立起一种由体育传达的健康并且是富有责任感的形象。同时,部分企业进行赛事赞助的过程中事实上是对球迷或者对应的目标群体的一种回馈,更会让受众产生一种归属感和认同感。李宁公司首席执行官张志勇说:"苏迪曼杯只是我们在羽毛球领域迈出的第一步,我们在致力于更好帮助中国羽毛球队的同时,也会不断推广羽毛球运动,也会关注每一个普通消费者对羽毛球专业度的需求。消费者可以在近2 000家李宁专卖店、专业店和场馆店中买到和国家队一样的专业装备,和中国羽毛球的队员们一样,享受李宁羽毛球行业领先的高科技装备。"

(二) 国际化

国际化指企业赞助商为了提升自身的国际知名度,参与体育赞助以获得全球范围内拥有对其品牌认知的受众。BenQ正式赞助欧洲杯后,其欧洲销售总经理曾说过:"BenQ今天走出来,变成一个来自于中国的品牌,第一次有机会参与世界级的国际大活动,而且把中国的品牌在全世界发扬光大,这是我们中国人的一个荣耀,也给中国带来一个信息,让BenQ的品牌变为全世界的品牌。"

(三) 行业领先

当企业在市场发展到有一定规模和影响力的时候,他们会不惜成本地选择诸如奥运会等顶级体育赛事,目标是向消费者强调自己的行业老大地位。例如作为能在国际市场上和NIKE公司在服装和运动装备对抗的企业,ADIDAS一直很重视自己在足球上的领先地位,为了进一步巩固自己在足球装备上的优势,坚持赞助世界杯及欧洲杯等世界顶级的足球赛事来稳固自己的地位。

(四) 年轻时尚

在目前大多数的行业当中,主要的消费群都集中在中青年当中,而体育则存在年轻、激情、活力、速度、专业、现代化、高科技等特点。所以,大部分行业希望通过体育赞助来强化自身年轻活力的形象,以缩短和消费者之间的距离,以时尚的心态去吸引消费者,引发他们的购头欲。

实践链接

联想中国区笔记本营销总经理仪晓辉表示:"高尔夫运动内敛不张扬,倡导自我挑战的特点和ThinkPad品牌沉稳、睿智、典雅的高端商务风范有着高度的契合性。我们也希望借助高尔夫世界杯这个高端赛事平台,在全球范围内向世人展示联想ThinkPad的品牌在新时期的新魅力。"

沃尔沃汽车公司高级副总裁盖里·基尼先生曾说过:"沃尔沃汽车公司一直致力于

对各项体育赛事的支持和赞助,我们已经连续举办了14年沃尔沃中国公开赛以及9年的沃尔沃精英杯比赛。2009年初,沃尔沃环球帆船赛也将首次来到中国,在青岛举办,将使中国观众体验到世界上最具挑战性的帆船赛事。同时,我们希望通过本次沃尔沃中国公开赛上XC90的参与和展示,将沃尔沃'豪华,安全'的品牌形象及其高雅积极的生活方式带给中国高尔夫球迷和广大车主。"

三、促进销售

对于企业来说,其可以利用赞助体育所取得的资源和竞争优势,在市场中宣传和推广产品或服务,这其中产品试用和体验被公认为一种创新的受众也乐于接受的营销方式,而以体育赛事为代表的体育赞助对象为企业提供了一个绝佳的营销平台。德国奔驰公司作为国际顶尖的职业网球赛事ATP的全球赞助商,单向球员出售汽车就超过了150辆,他们还在ATP赛事的主办城市开展了一系列的试乘试驾等促销活动,而这些营销组合的应用被证明对于梅赛德斯奔驰提高其公司产品的销售起到了至关重要的作用。

此外,企业在与赞助对象合作的过程中,也可以发现一些可以实现直接或间接销售的机会,并最终帮助企业获取利润。对于国际大型体育赛事来说,其强大的影响力已经吸引了诸多国际顶级企业加入,而这其中本身就酝酿着巨大的商业机会。例如,UPS利用参加北京奥运会赞助商俱乐部的机会,达成了高额的物流服务合同,使其奥运赞助变得物超所值。

四、提供招待礼遇机会

体育赞助对于赞助商而言还有招待礼遇的功能,这一特殊的礼遇不仅能给供销商一个特别的礼遇感,进一步紧密相互的合作关系,还能提升自身在供销商当中的公信度和影响力,企业形象得到很大的提升,自然有利于以后的合作。众所周知,赛事对于赞助商而言具有重要的招待礼遇功能,这一特殊的礼遇不仅能给供销商一个特别的尊贵感,进一步紧密相互的合作关系,还能提升自身在供销商当中的公信度和影响力,企业形象得到很大的提升,自然有利于以后的合作。例如上海ATP1000网球大师赛、F1大奖赛等大型国际体育赛事都为赞助商提供了优质的招待贵宾的资源和机会——包括环境幽雅的观赛包厢,位置绝佳的门票,五星级酒店供应的自助餐等,偶尔还会有国际球星来到包厢与赞助商们进行互动交流,这些对于企业来说,都是独一无二的资源。

五、激励企业员工

企业自身是发展的主体,企业发展的源动力来自于员工的创造力和自我实现。体育赞助为企业提供了有效的激励员工和企业内部文化建设的绝好机会。无论是体育赛事、体育俱乐部还是体育明星,这些体育赞助资源在社会上都享有较高的知名度和影响力,对于企业内部员工来说,也是非常受欢迎的一种活动方式。企业在赞助体育之后,可以获取到包括赛事门票、包厢招待等特殊的回报权益,可以让企业员工在忙碌工作之余,在体育中得到放松并收获对于体育比赛和企业的荣誉感、归属感与自豪感,这对于企业员工是一种激励与鼓舞,对于企业来说更是一种强大的发展动力。

第三节 体育赞助项目的筛选

赞助商在明确了赞助目标之后,就需要对众多的体育赞助项目进行筛选,为了使赞助提案审查工作规范化和科学化,有必要建立一套完整的且有较强针对性的评价办法,以下将分别介绍几种赞助提案审查方法以做参考。

一、Irwin 体育赞助提案审查法

Irwin 体育赞助提案审查法(表3-1)由评审指标、权重和相关性3个部分组成。其中,评审指标分11类39种,细致而全面地对提案做出比较准确、全面的评价。至于指标的具体数量,各个企业可根据具体情况和要求酌定,不一定要全盘照搬,那些无关紧要的指标可以删去。

表3-1 Irwin 体育赞助审查表

指标	权重	-4	-3	-2	-1	0	+1	+2	+3	+4	合计
预算因素											
负担能力											
成本效益											
管理因素											
活动内容											
筹委会位置											
媒体曝光证明											
合法性											
主办单位位置											
营销代理商背景											
定位/形象											
企业产品与运动项目形象符合性											
企业产品边际效益符合性											
深入市场标准											
现场立即效果											
地理位置吻合性											
规模											
与体育迷结合程度											
媒体报道范围											
地理位置适合性											
幅度											
公共关系											
招待礼遇											
社区领导人出席可能性											
顾客出席可能性											
工作人员体育知识											

续表

指标	权重	-4	-3	-2	-1	0	+1	+2	+3	+4	合计
促销活动的配合性											
其他可供运用的新机会											
销售机会											
销售授权											
免费广告											
广告展示点机会											
竞争因素											
竞争重点											
阻击的预防											
赞助因素											
冠名赞助											
重点赞助											
排他性											
过去该项赞助合作经验											
长期合作机会											
其他赞助方式											
共同赞助											
产品供应											
赞助对象											
代表队											
联合会/组织											
赛事/活动											
场地设施											
总分											

二、IEG 体育赞助提案矩阵评审法

IEG 的审查评估方法与 Irwin 类似,但是指标数量有所减少,且更加重视活动本身的管理能力及其与赞助商的契合度(表 3-2)。

表 3-2　IEG 体育赞助提案矩阵评审表

指标	权重	评分	合计
目标观众的构成	×		=
形象相容性	×		=
排他性	×		=
媒体报到率与支持程度	×		=
行政管理顺畅性	×		=
影响力	×		=
调查研究的能力	×		=
活动延续性和扩展性	×		=
活动效率	×		=
刺激零售商的能力	×		=

三、蔡俊五体育赞助提案审查的指标体系

作为我国最早研究体育赞助的专家学者，蔡俊五在综合了国外体育赞助审查方法的基础上，结合我国体育赞助实践，提出一个比较完整的衡量和审查体育赞助提案的指标体系（表3-3）。

表3-3 蔡俊五体育赞助提案审查的指标体系

1. 实现企业沟通主要目标的可行性
   - 扩大知名度
   - 美化形象
   - 使品牌/产品差异化，增强其个性和竞争力
   - 压倒竞争对手，提高抗衡能力
   - 消除令人不满的印象，重振品牌形象
   - 展示产品/先进技术
2. 曝光度
   - 对赞助活动有哪些新闻报道和电视采访？
   - 上述媒体报道是地方性、区域性、全国性还是国际性的？其范围和产品销售市场是否吻合？
   - 赛事是否另作媒体广告？
   - 此项赞助活动能用于招揽顾客和商业推广吗？
   - 拥有企业产品标识或标识产品赛场独家销售特许权吗？
   - 赞助权益与赞助活动前后的持续时间有多长？
   - 是否包括广告旗帜和其他广告标识？有多少？尺寸多大？在什么地方？电视能见度？
   - 企业名称或标识在赛事推广材料中的曝光度？
   - 赛事路边广告？有多少？
   - 媒体广告？有多少？
   - 门票或门票订单？有多少？
   - 电视广告？次数？哪些电视台？
   - 广播广告？次数？哪些电台？
   - 平面广告？次数？哪些出版物？
   - 企业名称出现在节目单上吗？封面？封底？节目单的企业广告次数与尺寸？节目单的数量？
   - 赞助商是否拥有展厅（台）？什么地方？电视能见度如何？
   - 能提供现场直接销售或试用产品的机会吗？
   - 能否提供知名人士作为产品代言人？能否在赛场或其他市场？媒体？费用如何？
3. 赞助对象的目标受众和自身沟通对象之间的吻合度
   - 目标受众人口学、文化、经济、职业和消费者等方面的特征与产品目标市场之间的吻合度 现场观众情况
   - 该赞助是否与目标顾客之间的有最佳沟通途径？
4. 对象的性质与企业既定的赞助商对象范畴的吻合度
   - 运动项目
   - 体育组织
   - 俱乐部
   - 赛事
   - 代表队
   - 运动员
5. 赛事情况
   - 合法性如何？
   - 卖点是什么？魅力有多大？

- 票房价值多高?
- 水平如何? 居于什么层次? 在同类组织或赛事中是否名列前茅? 其威望能否确保提高企业或产品的形象?
- 赛事的形象是否光明正大、白璧无瑕? 有具有说服力的证明吗?

6. 竞争优势
- 该赛事是否首创?
- 过去有过赞助者么? 如有,获得过哪些成功回报? 各赞助商之间的关系如何? 是否有过摩擦?
- 共需多少个联合赞助者? 其他赞助者与本企业的形象和产品形象是否有不利之处? 本企业是否愿意和他们联合行动? 本企业的产品和他们的产品相比是否占有优势?
- 如果该赛事是采取联合赞助的方式,那么本企业的产品在行业和广告方面是否享有排他性特权?
- 竞争对手在回报、机遇和广告等方面享有哪些特权? 允许他们的产品进行同场销售、竞争吗?
- 如果不是冠名赞助商,那么你有"鹤立鸡群"领先于其他品牌的可能吗?

7. 时间
- 与本企业销售旺季的关系
- 连续性
- 机遇性

8. 赞助活动空间与自身市场的吻合度
- 地域层次性(国际、全国、地区、地方)
- 地带(寒带、热带)
- 地点

9. 回报
- 新颖度
- 广度
- 深度
- 可扩展性

10. 费用
- 赞助总额是多少? 其中是否包括其他沟通、人力、赞助实施和实物赞助的费用?
- 赞助现金的管理和使用是否方便?
- 赞助总额中现金以及实物、技术、人力费用各占多少?
- 还有没有其他附加费用?

11. 体育部门情况
- 主办者的地位、水平、能力、信誉
- 承办者的地位、水平、能力、信誉
- 中介机构的地位、水平、能力、信誉
- 被赞助方能提供办好本赛事或过去曾成功地举办过类似赛事的证据吗? 有能帮助赞助者成功地实现赞助目标的专家吗?
- 被赞助方的威望和形象能足以有助于提高赞助者的威望和形象吗?
- 被赞助方受过其上级主管部门的表扬吗?
- 本企业过去和该体育部门打过交道吗? 有哪些正面经验?
- 该部门过去执行赞助策划特别是实施赞助回报的信誉如何?

四、Stotlar 体育明星赞助选择标准

David Stotlar(2004)在 *Developing A Successful Sponsorship Plan* 一书中提出了一种特别针对明星代言的赞助提案选择标准,包括了:

- 体育明星的影响力

- 目标市场对体育明星的信任度
- 企业与体育明星的形象吻合度
- 企业与体育项目的吻合度
- 体育明星参与赛事的频率与影响力
- 体育明星的参与性
- 体育明星的代言经验
- 体育明星的经纪团队能力
- 已有及潜在的赞助商
- 潜在的负面影响
- 媒体曝光
- 赞助礼遇机会
- 提案质量
- 预算及价值

上述几种评审方法以及所列的评审指标体系,为企业审查赞助项目以及最终确定赞助个案时提供了参考。然而,这些方法尽管非常详细和具体,但不足之处就在于其很难满足企业的个性化需求。因此,我们建议企业应建立一套个性化的赞助项目筛选和审查标准,增设符合企业特殊需求的指标,根据企业的赞助目标调整权重,以期能够选出真正适合企业的赞助对象和项目。

本节案例

LG公司体育赞助决策矩阵

LG公司每年都会收到数以万计的赞助提案,公司建立一个含有23个指标的打分表,并按照专家打分制定了相应的权重(括号内),各区域市场可以根据自身的需要改变权重。体育赞助决策部门将各项得分(满分为10分)乘以权重加总之后就得到了该赞助项目的总得分,而相应的结论如下:

800～1 000分:LG绝对应该追求这个机会。

650～799分:LG绝对应该考虑这个机会。

500～649分:LG应该要所有权解决问题。

低于500分:LG不应该考虑这个机会。

- 赛事影响力(0.93)

9～10分:赛事的影响力在该项目中排名世界前5,赛事的名称主题与LG公司的产品契合度高。

- 赛事管理能力(0.96)

9～10分:赛事管理团队能力出色,拥有丰富的赛事管理经验,在行业中得到广泛认可,赛事经理拥有良好的协调能力,可以和LG公司的工作团队进行有效的合作。

- 赛事管理经验(0.92)

9～10分:赛事管理团队拥有成功运作赛事的案例,团队曾经有和LG公司团队一起工作的经历,赛事管理团队或公司财务状况稳定,赛事得到相关主管部门批注。
- 赛事举办地(0.90)

9~10分:赛事举办地是位于世界主要区域市场,且该市场对LG公司很重要。
- 场馆(0.78)

9~10分:赛事举办场馆按照高标准建造,且成功举办过大型体育赛事。
- 赛事基本情况(0.90)

9~10分:赛事在该项目中影响力位居前5,历年来可以稳定吸引大量观众。
- 形象匹配度(0.90)

9~10:和LG的品牌或产品形象高度契合,赛事可以提升LG公司的品牌在市场中的地位。
- 赛事频率(0.86)

9~10分:一次性的赛事拥有极强的推广力量,或者常规性赛事可以配合LG公司的营销活动时间安排
- 持续时间(0.88)

9~10分:赛事举办时间可以与LG公司的新产品推出很好的配合。
- 受众规模(1.00)

9~10分:现场观众达到50 000以上。
- 受众特征(0.96)

9~10分:受众的人口统计学特征和心理特征,与LG公司的目标市场高度吻合。
- 媒体报道情况(0.91)

9~10分:电视、报纸和广播的报道已经有签约合同作为保障,现场的广告曝光可以有效防止伏击营销。
- 赛事推广计划(0.84)

9~10分:在电视、报纸和广播上有完整的推广计划,在赛事推广中间可以有效体现赞助商元素。
- 互动和体验机会(0.88)

9~10分:在赛事邮件中可以出现LG公司的LOGO,样式、类型、数量、频率以及品牌曝光效果好。赛事数据库建设完善,且对LG公司开放。公共关系活动与受众形成良好的互动,LG公司在活动中拥有重要地位。
- 赞助级别(0.93)

9~10分:关于每个级别的赞助回报有详细的描述,对于产品类别的定义有助于LG公司各位产品的推广,但也可有效防止伏击营销。
- 以前的、现有的和潜在的赞助商(0.95)

9~10分:以前的赞助商没有不良记录,现有的赞助商组合可以防止伏击营销,LG公司有和其他赞助商进行联合营销的机会。
- 赞助回报:标志和信息曝光(0.93)

9~10分:关于品牌标志和信息曝光的机会,有详细的描述。
- 赞助回报:招待礼遇(0.95)

9~10分:招待地点可以很容易地观看比赛,场馆的招待条件舒适。

- 赞助回报:销售机会(0.95)

9~10分:LG公司享有现场的产品试用、体验和销售机会,有机会参与赛前推广活动,赛后为LG公司提供跟进服务,可以获取受众数据库。

- 评估报告(0.93)

9~10分:对赞助的全过程和合同中约定的条款有详细的记录,赛后的效益评价也包括在报告之中。

- 赞助提案(1.00)

9~10分:赞助提案显示出对于LG公司业务的熟悉和了解,可以达成公司目标,并与产品结合紧密。

- 预算和价值(0.95)

9~10分:有合理的预算,且对价值有科学的评价方法。

- 奖励分(1.00)

9~10分:为LG公司提供了一个很好的机会(巨大的市场潜力,目标市场的高度匹配,与对手的战略竞争,优秀的提案)。

本章案例

联邦快递的体育赞助体系

【联邦快递概况】

联邦快递是国际性速递集团,提供隔夜快递、地面快递、重型货物运送、文件复印及物流服务,总部设于美国田纳西州。作为一个久负盛名的企业品牌,联邦快递集团通过相互竞争和协调管理的运营模式,提供了一套综合的商务应用解决方案,年收入高达320亿美元。

联邦快递集团旗下超过2.6万名员工和承包商,严格遵守最大限度满足客户和社会的需求,使其屡次被评为全球最受尊敬和最可信赖的雇主。

联邦快递是全球最具规模的快递运输公司,为全球超过235个国家及地区提供快捷、可靠的快递服务。联邦快递设有环球航空及陆运网络,通常只需1~2个工作日,就能迅速且确保运送时限紧迫的货件。

联邦快递目前拥有5个子品牌,其中"联邦空中快递"和"联邦地面快递"最为突出。

【联邦快递的赞助策略】

随着公司对赛事营销运作的不断成熟,特别是看到赛事不再只是单纯提高知名度后,联邦快递用一种新的眼光看待赛事赞助,并重塑赛事赞助的目标。联邦快递认为不应企图在一个赛事里实现所有的赞助目标,而是应该按照公司自身的情况划分不同的赞助类别,如某一类的赛事赞助主要是为了品牌形象,某一类主要是为了销售等;在同一类别赞助目标中,不应有太多赞助对象。

总结其赞助哲学是:每一个赞助项目并不需要满足所有的赞助目标;赞助项目的选择和评估将被安排在每一个类别中进行;每一个类别中的赞助项目数量需要保持平衡。

因此,联邦快递将赛事赞助分为五大类,分别为旗舰型、销售型、目标市场型、总部型以及招待礼遇型。

第一类,旗舰型
- 体育资源在全国范围内关注度非常高
- 与联邦快递的品牌属性高度契合
- 有助于传播联邦快递市场领先者的品牌形象
- 强大的市场推广平台
- 强大的促销机会
- 高度的排他性

实践链接

2012年2月22日,美联社报道,联邦快递公司已经与美职业高尔夫球巡回赛续签了五年协议。联邦杯于2007年正式推出。它从根本上改变了美巡赛的架构,引入了全年竞赛,而在赛季末的时候会举行4场总决赛。除了这4场总决赛具有高昂的奖金外,联邦杯另外设置了3 500万美元的奖池,其中总冠军可以获得1 000万美元。"自从2007年开始举办以来,联邦杯改变了美巡赛的竞赛场景,我们的权益方全都从中获益。"芬臣说,"每一场联邦杯赛事的意义都增大了,为我们的赛事、冠名赞助商以及电视伙伴增加了巨大的价值。最重要的是,联邦杯让我们的球迷有更多途径参与我们的巡回赛,对我们球员每周的表现更加关注。"

第二类,销售型
- 直接销售机会
- 有助于优化联邦快递的供应链
- 可以有机会让联邦快递展示全球物流的解决方案
- 体育资源拥有一定的社会关注度和知名度
- 对于推广机会不做要求

第三类,目标市场型
- 在区域市场上影响力大
- 对于特定人群具有较高的影响
- 可以与竞争对手形成直接的对抗
- 对区域市场销售和运作形成有效的支持
- 不要求在全国范围内的影响力
- 赞助资源在特定受众人群中享有很高的知名度且很受欢迎

实践链接

2011年10月8日—全球最具规模的速递运输公司之一联邦快递成为2011年劳力

士上海大师赛赞助商。2010年9月，联邦快递与国际职业网球联合会（ATP）签署为期3年的协议，正式成为ATP世界巡回赛的全球白金赞助商和官方承运商。根据协议，联邦快递为ATP在全球包括中国在内的13个国家举办的18项巡回赛事提供赞助。

联邦快递中国区总裁陈嘉良表示："联邦快递将通过赞助ATP来生动展现我们可靠、卓越、精准和领先的服务特性。我很高兴联邦快递能够为中国和全世界的球迷欣赏到全球顶尖网球选手的精彩表现提供支持，并且感受他们在球场上所展现的精准、承诺和激情。"

联邦快递从2010年11月的巴克莱银行ATP年终总决赛开始赞助ATP。该赞助计划将持续到2013年。

第四类，总部型
- 体育资源位于企业总部或中心城市
- 有助于树立当地自豪感
- 承担当地的企业社会责任
- 可以形成对于大多数员工的激励

实践链接

联邦快递近日宣布，公司将延长对美国圣裘德精英高尔夫邀请赛1年的赞助承诺，持续至2014年。联邦快递市场开发部执行副总裁 T. Michael Glenn 表示，公司很高兴可以继续与圣裘德精英赛保持长期的合作关系。公司参与这项赛事，将允许孟菲斯数千名联邦快递员工参与到赛事中发挥作用。

PGA巡回赛专员 Tim Finchem 在一份声明中表示，联邦快递采取了重要的步骤来确保未来4年可以顺利地举行比赛，因为公司意识到了比赛对于孟菲斯城市和圣犹大儿童研究医院的重要影响力。联邦快递圣裘德精英赛自1970年以来为圣犹大儿童研究医院筹集了近2 500万美元。此次比赛还打造了一个全球平台，以提升医院的形象和获得额外的捐款和财政支持。

第五类，招待礼遇型
- 独一无二的贵宾招待体验
- 以促进企业销售为最终目标
- 可以对重要的客户表示感谢和奖励
- 销售代表可以拥有亲密的且不受打扰的空间与客户会谈
- 关于品牌方面的回报不做主要考虑

体育赞助

> **实践链接**
>
> 联邦快递球馆(FedEx Forum)是孟菲斯市历史上最大的公共设施,历时28个月,耗资2亿5千万美元于2004年建成。目前只有灰熊一支职业球队租用此球馆。该馆可容纳18 300名观众,馆内的座椅布置比较开阔,其余设施诸如卫生间、电梯和贩卖机等都采用了均匀分布。各种设备都比较齐全,集实用性和舒适性于一体。整座球馆设计十分出色,虽然是刚刚落成不久,但作为"猫王"故乡的最大娱乐场所,这里早已成为无数艺术家举办个人演唱会的首选场所。

案例思考题

1. 联邦快递为什么要将赞助划分成5种类型,和企业所处的行业有什么样的关系?
2. 联邦快递在选择5种类型的赞助对象时,在哪些标准上存在着差异?
3. 在现代经济背景下,应如何改进联邦快递的赞助评价体系?

本章小结

本章围绕着如何从目标市场、品牌形象和业务形态3个方面入手,定位和选择潜在赞助商,并分析大量的赞助案例,认识和了解企业赞助目标的差异性,这主要受企业自身的发展、对赛事赞助营销的认识所影响,但也会和项目、赛事以及赞助回报等因素有一定的关系。同时,赞助目标不仅在不同企业之间存在差异。对于体育赞助而言,目标的选择和确定决定了体育赞助的成败与否,最后本章介绍了几种赞助提案的审查方法以供参考。

本章思考题

1. 以某体育资源为例,分析其潜在赞助商?
2. 企业赞助体育的目标有哪些?什么样的体育资源有利于达成这些目标?
3. 选择一个企业,为它制订一套个性化的赞助审查方法?

推荐阅读

[1] David Kent Stotlar. Developing Successful Sport Sponsorship Plans [M]. 3rd edition. Fitness Information Technology, Inc, US, 2009

[2] 李建军. 体育赞助营销对品牌资产的影响[M]. 北京:经济管理出版社,2011

[3] 程绍同. 体育赞助策略学[M]. 台北:台北汉文书局,1998

第四章

体育赛事赞助

> "作为世界顶尖的光伏产品制造商,英利赞助2010年南非世界杯不仅仅是一次绿色能源与绿茵场的合作,我们有理由相信,通过足球,必将有效拉近英利和客户之间、中国和世界之间的距离,让更多人认识保定,认识中国,认识新能源。我们更有理由相信,以太阳能为代表的清洁可再生能源必将走进千家万户,保护地球环境,实现人类可持续发展的理念必将深植人心。"
>
> ——英利集团董事长苗连生

本章要点

- 体育赛事赞助的发展和现状
- 体育赛事赞助的特征和形式
- 体育赛事赞助的优势与劣势
- 体育赛事赞助的选择和推广策略

第一节 体育赛事赞助的发展和现状

一、体育赛事赞助的发展

(一) 国外体育赛事赞助的发展

以奥运会赞助为例,参与1896年在雅典举行的第一届现代奥林匹克运动会的商业机构数目很少,作为先驱者的可口可乐公司和柯达公司仅获得了在奥运会官方节目中播放商业广告的权益。在1912年斯德哥尔摩奥运会上,Granherg工艺美术公司支付了3 600美元,以此获得了拍摄并销售比赛相关照片的权利;1928年阿姆斯特丹奥运会上,可口可乐公司获得了样品展示的权利。此后各种不同的赞助权益被商业机构和体育管理者开发出来,如冠名赞助、实物赞助以及服务赞助等。1984年洛杉矶奥运会更是奇迹般地通过商业赞助实现了赢利,而赞助商也通过奥运会的传播效益取得了巨大的商业利益。奥运会之外,世界杯作为拥有全世界最多球迷基础的体育赛事也一直受到赞助商的特别关注,还有从创立之初就与汽车赞助商有着密不可分关系的 F1 赛事,也一直是汽车、轮胎、石油、机械等行业赞助商的首选。

(二)国内体育赛事赞助的发展

体育赞助是在我国社会转型和经济体制转轨的大背景下出现的新生事物,是体育社会化、产业化的产物。早在 20 世纪 80 年代初期,我国出现了最初的体育赞助活动。但真正的体育赛事赞助是 1983 年在上海举办的第 5 届全国运动会。它第一次改变了完全由政府财政拨款的运作方式,出现了赞助性广告,尽管总金额仅 11.36 万元,占全部支出的 1.16%,但实现了历史性的跨越。1997 年上海举行的第 8 届全运会,赞助总额达到 8 921 万元,比 14 年前增加了 758 倍。2005 年南京举办的第 10 届全运会中,签订的赞助合同金额约为 3.5 亿元,创下了我国全运会资源开发的新纪录。随着我国经济的高速发展以及和国际接轨程度的日益提高,特别是 2004 年 F1、NBA、MotoGP 等成熟的国际体育赛事登陆中国,以及 2008 年奥运会、2010 年亚运会、女足世界杯的成功运作,我国企业的体育赞助意识逐渐增强。例如中石化赞助 F1 的金额达到 8 亿人民币,联想用超过 6 500 万美元的赞助投入成为首个加入国际奥委会 TOP 计划的中国企业。

二、体育赛事赞助的现状

近年来,国际体育赛事迅速发展,以中国为代表的新兴市场逐渐认识到体育赛事背后所蕴藏的巨大政治影响力和社会效益,而诸如墨尔本、纽约、伦敦和上海等国际中心城市,也纷纷利用体育赛事聚集人气,提高城市的地位,而这些市场和城市中所拥有的大量实力强大的企业,自然成为体育赛事的赞助商。从表 4-1 我们可以看出以下几个特点。

表 4-1 相关赛事赞助商信息一览表

赛事	赞助商	级别	行业	年金额
2010 年南非世界杯	ADIDAS	国际足联合作伙伴	体育用品	1.25 亿美元
	英利能源	国际足联世界杯赞助商	能源	2 亿元
2008 年北京奥运会	可口可乐	国际奥委会 TOP 赞助商	饮料	>6 000 万美元
	中国移动	北京奥运会合作伙伴	通讯	>4 000 万美元
	UPS	北京奥运会赞助商	物流	>2 000 万美元
	思泰博	北京奥运会独家供应商	办公家具	>4 100 万元
	泰山	北京奥运会供应商	体育器材	>1 600 万元
2006~2010 英超联赛	巴克莱	冠名赞助商	银行	1.645 亿英镑
2009 年山东全运会	上海通用	合作伙伴	汽车	>2 000 万元
	得益乳业	赞助商	乳制品	>1 000 万元
	泉娃	独家供应商	饮用水	>500 万元
	理光复印机	供应商	办公用品	>80 万元
	卡巴斯基	指定产品	软件	>50 万元
中国网球公开赛	梅赛德斯奔驰	首席赞助商	汽车	700 万美元
2012 年环青海湖国际公路自行车赛	中国体育彩票	总冠名赞助商	博彩	1 500 万元
	斯柯达	赛事赞助商	汽车	150 万元
	昆仑山	指定产品赞助商	饮用水	100 万元

第一,奥运会和世界杯作为世界顶级体育赛事,在全球拥有庞大的受众和球迷基础,而这两项赛事在赞助开发方面分别推出了 TOP 计划和 FIFA partner 计划,分别为期 4 年和 8 年,且都在全球范围内有效。两大赛事的赞助改革,说明了他们正在试图将奥运会和世界杯的宣传周期拉长,并拓展其宣传区域,向类似于英超和 NBA 等联赛的赞助资源转型。

第二,体育赛事在赞助金额方面,呈现出较大的差距。

第三,体育赛事赞助商的来源行业越来越多元化,早期的体育赞助主要来自于烟草、酒类和汽车类等行业,但近年来以金融、航空、IT、电子商务、节能环保为代表的新兴行业,也踊跃投入到体育赛事的赞助商行列中。且近年来,赛事赞助的产品门类划分越来越细致,例如,现在的酒类赞助又细分为啤酒类、白酒类、葡萄酒类、威士忌类等。

实践链接

表 4-2 2011 年汇丰冠军赛杯赞助商

赞助商名称	赞助等级	所属行业
HSBC	世锦赛系列赞助商	银行
Bridgestone		汽车/交通工具
Accenture		信息技术服务
Rolex	官方赞助商	指定计时器
BMW		指定汽车
UPS		指定物流合作伙伴
Johnnie Walker		指定威士忌
Kappa		指定服装
Mission Hills Guangdong		承办球场
Bowers & Wilkins		指定音响系统
Glaceau		指定功能饮料
Concha Y Toro	官方供应商	指定葡萄酒
Stella Artois		指定啤酒

本节案例

世界杯历史上第一家中国赞助商——英利能源

2010 年 2 月 3 日,"不习惯"穿西装的苗连生特地换了一套十年前买的灰色西装,出现在了鸟巢附近的国家会议中心的主席台上。显然,这又是一个对他而言意义重大的场合——苗连生宣布他所领导的英利绿色能源公司成为 2010 年世界杯足球赛官方赞助商,这不仅是全球第一家赞助世界杯的可再生能源公司,也是世界杯顶级赞助商中第一次出现中国企业名字。

远在苏黎世的国际足联主席约瑟夫·布拉特(Joseph S. Blatter)也通过视频发表了 1 分 30 秒钟的讲话,此举在国际足联历史上颇为少见——国际足联对商业活动一向极为谨

慎,足联主席即使发表讲话,通常也不超过30秒钟。手捧足球的布拉特说:英利开创了整个国际足联的先河。

"赞助世界杯意味着英利正式吹响了全球品牌营销的号角。"英利成功赞助世界杯的操盘手、CFO李宗炜告诉《环球企业家》。2009年9月,在国外出差的李宗炜在飞机上偶然看到一则关于南非世界杯的广告,这成为其向苗连生提出赞助世界杯提议的灵感来源。

彼时,全球的光伏产业才刚刚从金融危机的漩涡中缓过神来。2009年上半年,中国光伏企业的销售数据都一片惨淡,直到7、8月份才逐渐回归到危机前的状态。但让所有人始料未及的是,金融危机让各国的能源政策发生改变,全球光伏市场开始迅速反弹,从原来5～6个国家扩展到30余个国家。"光伏市场正从原来的小市场扩展成为一个全球联动的大市场,这种情况下,英利该做什么?"李宗炜说。

过去几年,中国光伏企业90%以上的市场都集中在德国、西班牙、意大利等少数几个光伏应用大国。但随着市场的迅速扩大,原先紧跟目标市场的品牌营销策略也必须随之改变,但倘若逐个国家地做品牌营销,势必不经济且难有效果,如何找到一种适应全球市场的品牌营销策略,成为从2009年7月份开始盘旋于李宗炜脑海里的问题,直到他看到了南非世界杯的广告。

"我一下有了灵感,只有足球是跨越国界的,且不分穷人与富人都同样受欢迎。"李宗炜透露,赞助世界杯的提议在公司内部引起了讨论。反对者认为,英利缺乏能够进行如此大规模全球营销的专业团队,或许积累更多经验后更为从容。苗连生考虑了1个星期,拍板决定申请世界杯赞助商。"光伏产业的技术进步都是你追我赶,差不多,但最终让品牌差异化,无非就是走奇招,看胆量。"苗连生对《环球企业家》解释,韩国现代汽车也一度难以打开欧洲市场,但自从赞助上届世界杯后,"欧洲到处都能看见现代了"。

苗连生做出决定后,英利成为赞助商的过程显得非常顺利:10月初通过中非基金进行前期联系,11月初到12月中旬与国际足联谈判,国际足联官员到保定考察,并迅速签订赞助协议。2010年2月初,英利正式宣布赞助消息。英利曾参与建设了2006年德国世界杯主赛场凯泽斯劳滕足球场1兆瓦光伏屋顶并网工程,并从当年开始赞助西甲级联赛的奥萨苏纳俱乐部。但是,最终赢得FIFA的认可却并非顺理成章。

为了说服FIFA接受英利,在第一次谈判时李宗炜就提出了"绿色概念"和"中国概念","他们非常喜欢。"李宗炜不无得意地说,国际足联亦希望能引入"绿色足球"的元素,将本届世界杯办成一届低碳的世界杯。但在可再生能源领域,另一家国外太阳能企业也发起了与英利的竞争。英利最终赢在了中国概念上,李告诉他们,金融危机让全世界看到了中国力量的强大,但在FIFA历史上却没有一家中国赞助商。如果有,这也体现了FIFA的国际化和与时俱进。

在正式签约前的一个多月里,李宗炜带领40多人的专业团队与FIFA进行了数轮赞助费和赞助权利的谈判。根据最终的赞助协议,英利将享有包括部分门票、场地广告宣传和媒体版权在内的全球市场营销权,以及在世界杯足球赛场馆内的球迷乐园展示其太阳能产品的权利。此外,英利还获得了多项"标准合同里没有的权利",比如2014年的巴西世界杯之前,FIFA必须在英利没有继续赞助意愿的情况下,才能寻找其他新能源类的赞助商。

除了上述各项权利带来的知名度提升,苗连生的目标还不仅限于此。"我们将这次的赞助看作是投资机会。"李宗炜说:英利计划今年在南非建立子公司,开拓南非太阳能市场。据透露,世界杯之后,英利的下一步计划可能是赞助美国的橄榄球运动——逻辑亦非常简单,美国是全球最重要的新兴市场之一。

当被问及重金赞助世界杯所希望得到的效果时,苗连生对《环球企业家》说:"就希望别人听到英利,噢,做太阳能的。"

第二节

体育赛事赞助的特征和形式

一、体育赛事赞助的特征

(一)排他性

体育赛事赞助的排他性是指在同一赛事中通常只容许同一行业的一家企业参与赞助。排他性成为企业参与体育赛事赞助的催化剂。体育赛事赞助的排他性对于企业或其品牌产品在知名度、形象或销售上的提升,可以帮助企业在目标市场上建立竞争优势。这一现象在体育装备行业体现的尤为明显,ADIDAS最终以号称11亿的价格打败李宁成为北京奥运会的赞助商,而李宁却很漂亮地转向央视出镜记者的服装权益,以及之后各大运动会的志愿者服装都成为这些企业的必争之地,都可以归结为赞助排他性造成的结果。

(二)隐含性

企业进行体育赛事赞助时,常会与体育赛事一起出现在媒体与消费者面前。企业或产品标示等广告出现在比赛场地、运动员服装和运动器械等载体上,自然且富有亲和力,其宣传方式及商业目的隐含于赞助行为之中,隐蔽而含蓄,不易引起消费者的反感与逆反心理。体育赛事的隐含性,主要表现在体育赛事所拥有的丰富的广告载体和平台,比如现场广告牌、混合采访区和新闻发布会背景板、各种印刷品的广告位等,由于体育赛事是所有赞助资源中最为综合性的一种,且由于电视转播在体育赛事中的重要地位,因此其隐含性的特征会表现得更为明显。

(三)服务性

体育赛事赞助是赞助者与体育赛事之间进行资金、实物、技术或服务与冠名权、广告、资源和促销等权利的等价交换。交换的过程表明了赞助既有使用价值,又有交换价值,因此它具有商业的性质。然而,在体育赛事赞助的交易和营销过程中,无一不体现出"服务"的概念和价值。首先,在赛事承办过程中,组委会或赛事公司,必须牢牢树立为赞助服务的意识,建立规范的服务标准,对于赞助商的要求需要进行及时的反馈和处理,这样才可以在赛事和赞助商之间建立一种良性的合作关系。其次,在体育赛事的举办过程中,赞助商会依附于赛事举办一系列相关活动,在活动中为消费者提供服务以达到赞助目的。学者布拉克斯汉(M. Bloxham)表示,广告仅是企业想要传达给消费者的信息而已,但体育赛事赞助则是企业为消费者所做的贴心服务。由此可见,体育赞助同时具有服务性。

(四)受众的广泛性和针对性

体育的受众面非常宽,地域覆盖范围广。体育赛事除了现场观众数量众多,还能吸引大量电视、报纸杂志、网络等媒体受众,其受众数量之多,影响面之宽,是其他各种赞助资源所望尘莫及的。WTA作为最引人关注的女子体育运动,女子网球享有全球著名媒体的全面报道。2011年,16场比赛的观众就已经达到2亿,1.8亿观众通过电视转播观看了WTA的赛事。

同时,体育赛事赞助受众是直接吻合于企业的目标人群的,相对于其他媒体的撒网式宣传,体育赛事赞助更具有针对性。加之再有针对性地对这些受众施加影响,进行互动,传播品牌文化价值,体验企业产品特性和技术,这样就可以很容易使他们最终成为赞助商的消费者。

(五)整合性

体育赛事赞助给予赞助者的是一种赋予,是全社会赋予赞助者的名誉、社会认同、社会地位等高级的、无形的、无价的精神产品。赞助作为一种营销手段,与其他营销相比,需要整合广告、促销和公关等其他沟通手段来完成对赞助者品牌及其产品的宣传,具有领先性。对于大部分的赞助商来说,除了充分利用体育赛事提供的广告和曝光机会进行宣传之外,还应投入配套的营销费用,从企业内容的产品研发和员工激励,到外部的媒体广告投放、产品促销等各个方面,将体育赞助的元素融入其中,使企业LOGO或产品从赛事举办直至结束后的一段时期内频繁出现在公众视野中,以弥补赞助传播的不足,建立整合传播体系,以产生规模效应扩大受众范围。

实践链接

可口可乐赞助奥运会

自从1928年阿姆斯特丹奥运会至今,80多年来,可口可乐借助奥运会进行体育营销,用整合行销的方式传播"与民共享"的理念,同时可口可乐也是迄今为止与国际奥委会合作最久的TOP计划成员。

可口可乐公司中国区副总裁李小绮曾经讲到可口可乐北京奥运会体育营销的"5P"策略,即包括People(人)、Partner(伙伴)、Planet(地球)、Profit(利润)、Product(产品)等元素的业务策略架构,而这被视为统领整个可口可乐北京奥运会体育营销的指导方针。

可口可乐围绕这个方针展开了从场馆运营——火炬接力——奥运会期间的市场活

动——奥林匹克接待项目——绿色奥运的整体运作计划。在目标和使命的指导下,可口可乐的奥运营销项目有序进行(图4-1)。

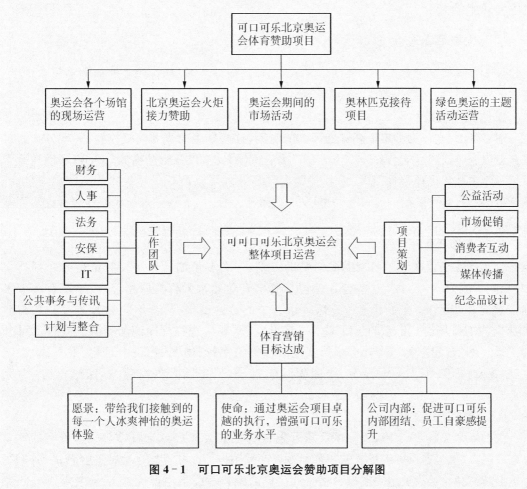

图4-1 可口可乐北京奥运会赞助项目分解图

案例来源:王梓芊.可口可乐体育赞助策略研究.

(六) 依附性

体育赛事赞助依附于赛事而存在,不同类型的赛事,因其受众程度、社会关注程度的不同而直接影响企业赞助的效果。而对赛事的依附性对于企业营销的配合程度也会直接影响到整个赞助的效果,而这种依附性主要表现在以下几个方面:①依附于赛事管理团队的能力;②依附于赛事管理团队的配合程度;③依附于赛事的精彩程度;④依附于赛事的观众人数;⑤依附于明星的竞技水平和表现;⑥依附于媒体报道的情况;⑦依附于来自于竞争对手的伏击营销活动。

体育赛事赞助的依附性导致了体育赛事赞助具有风险性。这些风险可能包括客观环境给体育赛事赞助带来的风险、资金方面的风险、竞争对手伏击营销的风险等。联想成为2005~2008年奥运会全球合作伙伴,将向国际奥委会支付6 500万美元以上及为此花费的

3~5倍配套资金合计将超过20亿元人民币。这对于任何一个企业而言,在短期内都是一笔紧张的预算。并且赞助费用只是一张入场券,长期大量的资金投入才能维持整个推广,配合活动顺利进行,而在长达4年的过程中,联想在很多方面都要仰仗国际奥委会和北京奥组委的支持和配合。

二、体育赛事赞助的形式

体育赛事赞助形式一般按赞助等级不同、赞助回报不同、具有代表性地分为冠名赞助、合作伙伴、授权产品销售商以及供应商。

(一) 冠名赞助

冠名赞助,它作为赛事最高赞助级别的赞助,拥有最多的赞助回报权益,表现方式通常是直接以企业或产品的名称为作为体育赛事的主题名称,以及赞助商的LOGO和设计元素对于赛事主视觉设计影响很大,而且赞助商在赛场内可以拥有绝对优势的品牌曝光机会。体育赛事的冠名赞助商一般只有一个,享有独家排他权,如上海劳力士大师赛和世锦赛汇丰冠军赛等。

(二) 合作伙伴

合作伙伴是仅次于冠名赞助商的赞助级别,一个赛事的合作伙伴数量也会受到严格的控制,一般为5~6个。这些合作伙伴与赛事有着非常紧密的联系,除了不享有赛事名称权益之外,几乎享有了其他所有跟赛事有关的赞助回报权益,他们的LOGO一般都会在赛事的主要场合,和赛事的LOGO一起出现,体现出这些赞助商与赛事之间密不可分的关系。例如,北京奥运会合作伙伴就包括了中国银行、中国网通、中石化、中石油、中国移动、大众汽车、ADIDAS、强生、中国国际航空公司、中国人保财险、国家电网等11家企业。

(三) 授权产品销售商

大型体育赛事往往会授权一些厂家开发带有赛事LOGO或吉祥物等无形资产的纪念品或产品,这也是赛事赞助形式的一种。授权产品销售商以北京奥运会特许经营最为典型。奥运会特许经营是指奥组委授权合格企业生产或销售带有奥组委标志、吉祥物等奥林匹克知识产权的产品。2008年北京奥运会特许商品经营无论从商品数量还是销售收入上都达到了一个新的高度,这些统称福娃的特许商品中,不同类型的产品数达8000多种,收入超过1.85亿美元(表4-3)。

表4-3 北京奥运会特许商品信息汇总表

项目	种类
特许商品	针,服装和服饰,玩具,贵金属,文具,工艺品,纺织品,箱包,雨伞,国旗,珠宝和陶瓷
纪念邮票	邮票、邮品
纪念币	纪念币(金币、银币等)、流通币
电子音像产品	DVD、游戏产品

(四) 供应商

赛事的供应商是指提供满足赛事的运作中必须解决的竞赛性或保障性需求的产品或服

务的赞助商。供应商大多是以提供实物或服务的形式,或配以少量现金,成为赛事的赞助商,他们是赛事最低等级的赞助商,享有最少的权益,有些时候只享有赛事的授权,而并不像其他赞助商一样,享有广告牌和媒体宣传的赞助回报。然而必须承认的是,对于规模较小且资金实力较弱的企业来说,成为赛事的供应商也是一种性价比较高的选择,而且体育赛事的圆满举办,也离不开大量不同产品门类的供应商的贡献。

第三节 体育赛事赞助的优势和劣势

面对全球化的趋势和日益激烈的竞争,企业寻找各种新方式以增加企业的竞争优势,维持企业的竞争地位。随着政府对体育产业的大力倡导,人们在生活方式上的转变,体育运动受到越来越多的人的重视,体育赛事作为参与性和观赏性极强的健康娱乐活动,也越来越受大众的喜爱。体育赛事作为有别于一般传统媒体的载体,其巨大的宣传优势受到社会各界的关注,也吸引了大量的企业慷慨解囊,因此清楚认识到体育赛事自身的优势和劣势,并根据赞助目标,合理正确地利用优势规避劣势,就显得尤为重要。

一、体育赛事赞助的优势

(一) 体育赛事赞助具有资源丰富

对于赛事本身而言,通过体育赛事赞助所获取的各种资源是赛事实现经济利润的重要保障;对于赞助商本身而言,赞助资源的多样化,在一定程度上扩大了赞助的选择空间,使得赞助方式多元化,赞助目标的有效化。体育赛事赞助的资源包括:

- 排他权
- 无形资产授权
- 现场活动和销售权
- 广告曝光机会
- 招待礼遇权益
- IT 权益
- 用于回馈赞助商忠诚用户的折扣和优先权
- 数据库使用权益
- 员工和股东激励权益
- 公共关系和媒体宣传权益
- 赛事推广活动的权益
- 赛事所属媒体平台的信息发布权益
- 市场调查权益
- 实物赞助权益
- 公益活动参与权
- 技术展示权益
- 优先续约权

(二) 短时间内的高度曝光度

随着人们对于体育赛事的兴趣逐渐升高,对于观看比赛的需求逐渐增加,各大媒介载体在比赛期间开始争相报道,各种新闻铺天盖地。正如勒体育集团执行总裁罗伯托总结说:"体育的热情不能复制,这是体育最吸引人的地方。电影可以一两次地看,体育比赛就得当时看。"这便造成体育节目与传统节目的区别——即时性。大型体育赛事一般举办的周期在2周左右,而在这2周时间内,由于密集的电视转播,以及某些明星或者队伍的突出表现,则有可能掀起一阵短暂的体育项目热潮,而短时间内高频率的媒体曝光,则必然会使与赛事相关联的赞助商获得更高的关注度。

(三) 顶级赛事的全球影响力

体育的受众面非常宽,几乎是国际、国内无所不在。像奥运会、世界杯足球赛之类的世界顶级赛事的电视观众遍及全世界各个角落,人数以百亿次计,尤其是能吸引大量电视、报纸杂志、网络等媒体,体育赞助的受众数量之多,影响面之广,可谓是其他各种传统沟通手段所望尘莫及的。

如 2008 年的北京奥运会,不仅向国际展示了中国几十年来的非凡成就,增强中国在世界舞台的地位和形象;还使国内的文明礼仪观念深入人心,环境等无形资产得到大力推进,最关键的是迎来了中国体育营销的黄金时代。在北京奥运会上,大到世界 500 强的公司,小到一个刚刚起步的民营企业,都借助奥运提升自身的营销渠道。在北京奥运结束后,体育营销观念更是扩展到社会生活的每一个方面。

(四) 对赛事所在地的强大影响力

利用赛事在所在地区具有较大的影响力,所在地区的群众大多会对本地举办的赛事具有区域自豪感,认为赛事是体现当地实力的一种标志,对当地赛事会产生一种崇拜与追捧的心理,利用本地赛事的这种特殊影响,为该目标市场内的赞助商提供了极大的便利。

赞助商利用赞助该地区的赛事,通过体育赞助的形式使消费者在心理上更容易接受产品,体育赞助的效果自然,虽然赞助企业在做广告,却几乎让人感觉不到它在做广告,有效地避免了公众对传统广告"厌食症"式的逆反心理,对广告效果的印象,同时热烈的体育活动气氛更能促成消费者的消费偏好和购买欲望。例如每年都会在上海举办的 F1 上海站,都会在上海及周边的长三角地区,刮起一股赛车的旋风,成为当地居民关注的热点问题,而在这些赛事中开展了大量车迷互动和宣传活动的赞助商,如奔驰等,也就顺势为受众们津津乐道。

二、体育赛事赞助的劣势

(一) 成本高

一场体育赛事的举办往往耗费较大的人力、物力、财力,除政府财政支出外,很大一部分的承办费用均来自企业的赞助费用。这样高额的赞助费用,便成为阻碍企业参与赞助的最主要障碍。

通常说来,企业赞助投资由两个部分组成,一是企业以现金或相应产品和服务支付给赛事主办方作为赞助权费;二是赞助活动费用,企业在进行赛事赞助的同时,还要利用赞助机会采用其他的促销方式作为相应的补充,例如媒体广告、现场促销、招待客户等。根据不同的行业和赞助类型,这类费用有时甚至会达到赞助权费的 3 倍之多。

(二) 周期短

体育赛事举办具有一定的时间跨度,多则 1 个月,少则 2~3 天,这样短的周期,使得大多数企业望而却步,造成了体育赞助短期性行为太强之类的现象。

在 2011 年北京世界大学生运动会(大运会)期间,赞助商中涌现出不少新面孔。有些企业是刚刚成长起来,首次利用赞助大运会的方式为其提高品牌知名度,但是大运会之后便销声匿迹,既没有配套的营销活动,也没有再出现在其他的体育赛事赞助商的名单里。这种昙花一现式的体育赞助行为,在我国企业中屡见不鲜。很明显,单凭一次或几次的炒作,是很难将品牌的核心文化传递给消费者,并让消费者接收或认可的。

一般来说,体育赛事是体育赞助的主要对象,从奥运会、世界杯到各国的国家联赛和邀请赛,虽然赛事规模的大小不等,但一般都需要较长的一段时间进行投入与运作,例如,奥运会 TOP 赞助商的赞助周期为 4 年,而 FIFA 的赞助商 FIFA Partners 的赞助周期更长达 8 年。体育赛事赞助是一种长期行为,企业一次性出资赞助,可以在赛事前后短期内达到一定的提高企业知名度的作用,但是如果企业不能抓住机会,进行后续营销,则赞助效果也会相应降低。如三星公司不仅把体育赞助作为企业的一种主要的商业沟通方式,而且还将体育融入自己的企业文化当中,"三星相信体育可以团结不同年龄、种族和性别的人,并且为人类的幸福与和平作出贡献"。在关键市场中,正是因为三星充分利用长期的体育赞助来提高它作为优秀公民的声望和名誉,从而树立了良好的企业形象。

(三) 易被伏击营销

赞助商购买赞助权,是为了吸引公众对赞助商的注意,从而达到企业相应的营销目的。但在实际操作中,由于体育赛事的举办是一个复杂的系统工程,牵涉到很多的供给主体,如运动员、运动队、协会等,而赛事赞助的成本又普遍偏高,这就导致了很多企业纷纷采取伏击营销的方式来对抗赛事的官方赞助商,以达到实力抗衡的效果。

本节案例

柯达公司的伏击营销让富士公司的奥运营销蒙上阴影

巴斯大学的营销学教授麦克比武兰德(Mike Beverland)说:"伏击营销真正是从柯达公司在 1984 年的奥运会上开始的,那时候,他们做了一系列的活动,暗示消费者说,他们才是奥运会的官方赞助商,不过事实并非如此。"他们成功地使消费者相信,他们是官方和赞助商,不过事实上富士胶卷才是。

1996 年,柯达公司又"伏击"了富士公司一次。英国某顶级咨询机构的首席战略赞助官,理查德巴斯比(Richard Busby)说,"亚特兰大刚拥有 1996 年奥运会的举办权时,柯达在亚特兰大买了 50 块主要广告地段 4 年的使用权,一个月大约 28 000 美元。"当地奥组委做了各种努力并和当地的广告公司谈判,以帮助真正的赞助商获得优先购买权,不过,这一切已经太迟了。这样,这次的官方赞助商——富士,又一次被柯达的广告给"玩"了。

第四节

体育赛事赞助的策略

一、体育赛事赞助的选择策略

(一) 赛事的级别

一般来说,体育赛事的级别是企业选择赞助对象时首要考虑的因素,原因主要如下。

第一,赛事级别决定了关注人群的数量,类似于4年或者2年一届的游泳世锦赛或者田径世锦赛总是能引起普通受众的关注。

第二,高级别的赛事必然会吸引来自于全球主要媒体的宣传和报道,且由于赛事的集中性特征,可以在一个较短的时间内形成一个媒体关注的小高潮,而赞助商也必将成为其受益者。

第三,高级别赛事大多拥有良好的赛事形象,其品牌关键词往往包括了竞争、领先、优秀、国际化等,赞助商可以从自身出发,找到和赛事的契合点,并在此基础上传递赞助商的品牌形象。

顶级的赛事具有该项目最高的人气和关注度,自然能够较好地达到知名度的赞助效果,而同一行业内企业在赞助不同级别赛事时也会产生不同的赞助效果。前国际奥委会主席萨马拉奇开始实施著名的TOP计划时,他曾经找到美国运通公司董事长詹姆斯·罗宾逊,希望运通加入。但1450万的赞助费用却让这位董事长退却了,VISA却利用这一机遇成功地赞助奥运会,在赞助奥运会的前3年就实现了全球发卡量18%的增长。虽然运通公司也赞助了高尔夫世锦赛等顶尖赛事,但相较于世界第一大赛奥运会,世锦赛的赞助显然要逊色很多。几年之后,VISA卡就取代美国运通卡成为国际旅行通用信用卡,VISA成功地利用顶级赛事,不仅提升了自身知名度,并成功地抵制了竞争对手知名度的提升。

"成为澳大利亚网球公开赛的官方赞助商是LACOSTE全球战略在亚太地区的一部分,这一举动将有助于扩大和加强这一地区的品牌影响力。目前,大部分网球赛事的合作与曝光都集中在一年的最后一个季度,参与澳网公开赛此举可以帮助LACOSTE在全年的重要网球赛事获得较平均曝光。"至此,LACOSTE董事会主席Michel Lacoste自豪地说:"LACOSTE已经成功参与到世界网球大满贯的三项大赛中。"

(二) 赛事竞技项目及水平

各个体育项目都有着其本身的形象象征,如体操项目代表着纯洁的形象,帆船是放松休闲和自由的形象代表,而想要塑造具有男性气概品牌形象的企业可能就会更加关注赛车或摩托车运动。如ING国际银行便是通过赞助ING Running Tour的马拉松赛事,将耐力、纪律原则和不断努力的价值传递给全美各城市的参与者,从而充分实现了企业赞助体育赛事的目标。另一方面,该项赛事的竞技水平在同类赛事中的地位也很重要,例如现国际足球联合会杯的前身丰田杯,虽然其赛事级别明显比不上世界杯和欧洲杯,但是由于其是每年年底举办的,由俱乐部的欧洲冠军对美洲冠军,竞技水平之高可成当年之最,而伴随着该项赛事面向全球大部分球迷进行转播和宣传,因此丰田汽车凭借着该项赛事的影响力,大大提升了其在全球目标受众中的知名度和美誉度。

(三) 赛事影响力

赛事的影响力可以取决于很多方面,主要包括以下几个方面:

第一,该项运动在该地区的传统,例如板球运动虽然在全球的影响力不大,但是在印度当地却享有了非常高的关注度。

第二,赛事自身的历史和传统,有些赛事虽然级别不高,但是每年定期举办,在当地形成了稳定的观众群,这种类型的赛事在区域范围内,也会受到赞助商的欢迎。

第三,政府对于赛事的支持,可以帮助赛事吸引更多媒体的关注,有助于吸引更多的观众到场观赛,另外政府的支持力度还体现在政府高级别官员在重要活动和场合的出席,这些对于赞助商建立政府关系都是非常难得的机会。

实践链接

上海国际马拉松赛

上海国际马拉松赛,由中国田径协会、上海市体育总会主办,始于1996年,已连续举办了15届,参赛者来自世界五大洲42个国家和地区以及中国国内29个省市、自治区的马拉松选手和路跑爱好者。

上海国际马拉松赛是上海一项传统的重大体育赛事,也是上海城市景观体育之一,每年的11月底举行。上海国际马拉松赛是上海市全民健身节的一项重大活动,并与上海旅游节交相辉映,是上海市民健身的一道亮丽风景。其与北京、大连、厦门一起被誉为中国马拉松四大黄金赛事,同时与F1中国大奖赛、ATP1000大师赛等并列为上海6大品牌赛事,是上海市全民健身节的压轴大戏,在上海乃至全国具有巨大的社会影响力和媒体价值。

2010"东丽杯"上海国际马拉松赛以"绚丽都市活力畅跑,挑战自我健康生活"为主题,在南京东路世纪广场鸣枪起跑,全程、半程马拉松的终点均为东方体育中心,健身跑的终点为静安公园,全程、半程马拉松报名总人数达11 900人,健身跑参赛者也达10 100余人,包括中国涉及54个国家和地区的路跑爱好者报名,规模为历年之最。整条比赛的赛道在经过调整后实现了上海浦东—浦西的联动,实现上海历史与未来的结合,赛事的价值逐年提高。

(四) 赛事电视转播及媒体覆盖

观众是体育赛事赞助的直接受众,观众的多少一定程度上直接决定了赞助的效果。体育赛事的受众可以分为在电视前观看赛事转播的收视群体和到现场享受赛事热烈氛围的现场观众群体。

随着电视转播技术的不断创新和发展,收看赛事的电视转播已经成为大部分受众关注赛事的主要途径,也因此赛事转播电视台的覆盖面和收视率历来是赞助商最为关注的一个因素。Ehrlich在1998年提出这样的问题:"世界杯的20个官方赞助商和供应商想在他们的参与中获得什么?不只是在250万门票购买者的面前出现曝光,他们意在累计的36亿电视观众"。

实践链接

每年3月份的北京斯诺克大师赛在CCTV-5的收视率都排行第一,因为斯诺克这个项目在国内拥有广泛的参与者和爱好者群体,而且这些群体都是赛事电视转播的忠实观众,这也是三元食品或荣威等二线品牌倾向于成为国内斯诺克赛事冠名赞助商的原因。对于竞争惨烈的食品市场来说,三元食品为了实现其销售目的,首先必须做到在消费者的记忆中留有印象,也就是三元食品这个品牌要有一定的知名度,这样才可以让消费者在超市购物时,从琳琅满目的食品中认出三元品牌的原因。

F1比赛因其单场10万左右的现场观众以及每站比赛上亿的电视观众而备受赞助

商的青睐。作为老牌燃料供应商的壳牌就是看中了F1旺盛的人气,长期以来都是F1的"忠实"赞助商,每年都会有20万升的燃油和4万千克润滑油,通过专机从英格兰的壳牌中心运往全世界17个国家的F1赛场。正是凭借对于F1的赞助,壳牌在全球的品牌知名度从1997年的15%上升到2006年的29%,而在法拉利车队最火爆的2004年,壳牌的品牌知名度更达到了32%的高点。就这样,并不便宜的壳牌润滑油在全球取得了450万吨以上的销售业绩,成为当之无愧的老大。壳牌润滑油还在全球保持了5%的年增长率,是全行业平均增速的3倍。

(五) 著名体育明星的参与

近年来,我国观众对于体育赛事的关注度越来越高,这其中很大的原因就是舒马赫、费德勒、伍兹等著名运动员的带动效应。体育明星的成绩与知名度在很大程度上影响了观赛的人数及观赛热情,著名球星参赛无疑会大大丰富赛事的激烈程度和推广的精彩程度,极大地提升赛事的无形价值。例如2012年F1上海站,创纪录地吸引了18.5万名观众到现场观赛,同时还有6亿车迷在电视机前观赛,究其原因,主要还是前任世界冠军莱科宁的回归,创造了6大世界冠军争霸的悬念。

实践链接

巴塞罗那足球俱乐部成立于1899年11月29日,是位于西班牙巴塞罗那市的大球会,西甲传统豪门之一,也是现今欧洲乃至世界足坛最成功的俱乐部之一。作为巴萨中国行的核心项目——巴萨与北京国安队在鸟巢进行的友谊赛。因为有了梅西等大牌球星的加盟而备受人们关注。作为本次巴萨中国行的冠名赞助商一汽-大众奥迪组织了23辆喷有球员号码的Q7豪华越野车迎驾欧洲冠军。早在世界杯期间,奥迪就面向球迷征集用于访华期间接待巴萨队员的车辆。

该活动吸引了来自北京、天津、上海、内蒙古等16个省、市、自治区、直辖市的100多位奥迪Q7车主提交车辆信息,同时还有近万名热情的球迷通过活动网站表达了他们对巴萨的真诚祝福。此活动不仅使奥迪火了一把,更使得Q7豪华越野车名声大振。

同样依靠赛事球星而成功提升品牌和产品知名度的还有彪马,1984年该公司开始进军网球拍市场并售出5 000个网球拍。他们赞助了正处于上升期的贝克尔(Boris Becker),1年后他在温网的夺冠,极大地提高了彪马的知名度,并使球拍当年的销售额增长到15万(Pope, 1998)。

(六) 赛事与企业的契合度

经由体育赞助,企业获得独特的形象优势。首先体育赛事拥有自身的品牌形象,例如世界杯足球赛、奥运会等赛事以其世界级别的地位,表明赛事的优秀程度;另外体育比赛往往被赋予追求健康、勇敢、激情、协作等良好形象,所以企业可以借助同体育的联系提升自身的形象;再者,往往企业会通过体育赞助来显示其善尽社会责任的良好公民形象——促进体育运动的发展,提高社会大众的生活质量。

企业在确定了赞助目标后,会通过赛事与企业之间的契合度分析来进行赛事选择。如果两者在内在感知上拥有相匹配的特征,那么达到和谐一致的可能性将增大,两者关系就会变得紧密,消费者也因此更容易接受赞助商与赞助对象之间的联系。

体育赛事与企业的契合度,表现在4个方面:①体育项目与企业品牌形象的契合;②体育赛事与企业形象的契合;③体育赛事与企业目标市场的契合;④体育赛事与企业产品或服务的契合。

实践链接

啤酒之王百威是1986~2010年的每一届FIFA世界杯、2003/04赛季英超联赛的指定啤酒以及曼联队、切尔西队和曼城俱乐部的赞助商,2001年和2002年连续2年全国足球甲A联赛的唯一啤酒赞助商。在赞助足球赛事的过程中百威成功地将自身价值与顶级赛事进行捆绑,将啤酒消费的大众性与足球运动的大众化进行联合,将啤酒与足球激情的天然契合发挥到淋漓尽致。通过赞助足球赛事,百威品牌得到大家的认知,并通过足球赛事向观众传达了百威"环境、健康与安全"的核心理念(即EHS理念)和始终如一的品质理念。

同样,坚持赞助足球赛事的还有作为国际足联高级合作伙伴的韩国起亚集团,其在国内合资公司东风悦达起亚的营销负责人表示:"足球运动中不断拼搏、超越自我的精神和我们'激情超越梦想'的品牌核心理念非常相符。通过赞助这些赛事,能够大大提升起亚汽车及东风悦达起亚在广大消费者心中的品牌形象,更好地将起亚不凡的企业实力和性能优异的产品展示给公众,并成为我们向目标客户传递起亚自信、富有冒险和进取精神的有效平台。"

如果说足球运动是激情和大众的象征,那么被誉为贵族运动的高尔夫项目则被很多高端品牌列为其塑造"成功、睿智和奢华"等形象的赛事首选。一汽-大众奥迪销售事业部总经理唐迈表示:"高尔夫球被称为最优雅的体育运动,而奥迪被誉为是最优雅动感的高档汽车品牌,奥迪与高尔夫球之间的合作至今已经持续了近20年。我们希望通过与高尔夫世界杯的合作,奉献给中国奥迪用户和媒体朋友们一种优雅、进取而又充满激情的生活方式。"在这里,我们可以看到奥迪一直致力于通过赞助高尔夫赛事打造的一种生活方式或者一种生活态度,而高尔夫运动中蕴含的"体育"和"文化"的结合,正好符合了奥迪品牌打造"运动"和"优雅"相结合的形象需求。

并不是只有那种被人们认为是国际顶级奢侈品牌才可以赞助高尔夫球运动,即使是类似于联想这样面向普通消费者的个人电脑生产企业,也会需要高尔夫赛事推广旗下ThinkPad的商务机形象,就像联想中国区笔记本营销总经理仪晓辉表示:"高尔夫运动内敛不张扬,倡导自我挑战的特点和ThinkPad品牌沉稳、睿智、典雅的商务风范有着高度的契合性。"

(七)拥有业务发展和推进销售的机会

随着体育赞助的不断发展,赞助商进行体育赞助也日益成熟,尤其是当赞助商在企业自身的发展过程中经历了不同阶段,其赞助目标也会随之而发生变化。然而,无论是知名度还是美誉度,都只是企业在其某一发展阶段所最需要的,但追根溯源,从实际的角度来看,业务的发展却是企业无时无刻不需要的,特别是当企业已经拥有了一定知名度或美誉度,业务的发展就显得最为关键和实际了,因为业务发展是企业自身发展的直接推动力,只有业务得到提升,资本得到壮大,企业才有可能实现不断发展,因此,推动业务发展已经成为了最新、最常见的赞助目标。

近年来的研究表明,大部分公司在寻找和参与体育赞助时通常会将业务增长列为他们评估方案的标准中需要首先考虑的因素。体育组织和赞助商之间的关系正逐渐向追求"投资回报"的方向演变。正如IBM奥运赞助计划的经理所说,"赞助不是慈善,更不是企业向体育组织贡献钱。目标是帮助企业提高市场份额"(Sponsors reveal,1997)。在2004年所进行的行业调查中,被赞助商排在首位的因素就是,为地区零售商实现可计算的销售额增加,并且有76%的赞助商认为它非常重要,20%的赞助商将其选为重要。施乐公司在其奥运赞助计划中对这一概念的运用就是一个典型例子,通过对于销售纪录的仔细跟踪,其奥运战略和营销活动直接发现并带动了35 000名精英人士以及6 000多复印机的销售。

二、体育赛事赞助的推广策略

在体育赛事赞助中,除了相应赛事、赞助方式等的选择外,制定相应有效的推广策略也显得至关重要,广告是最常见的推广方式,借助媒体覆盖面广、传播迅速的特点,制定独特的深入人心的媒体推广方式,可以为赛事赞助活动的推广打下一个良好的开端。除了广告和媒体之外,活动是一个很重要的推广方式,活动除了要与赛事紧密结合外,也要认识到明星元素的重要性。

(一) 利用赛事的官方媒体进行宣传

体育和媒体是相互依赖的,体育有助于报纸销售的同时也吸引着电视观众,并且又帮助报纸和电视公司销售广告时间,相应的媒体能为体育组织创造收入。

在赞助商成功签约赛事之后,应善于利用赛事官方的媒体资源和宣传渠道,而要获得尽可能多的媒体报道,如何创造和挖掘赞助商与赛事之间的关联,则显得尤为重要。例如赛事的举办过程中的新闻发布会和媒体手册、背景板,就是企业进行宣传的最佳载体,赞助商可以在新闻发布会的现场开辟专门的技术体验区,让媒体记者参与互动,特别是可以争取将赞助商的元素以礼品等各种形式,融入新闻发布会的主程序中去,让媒体在报道新闻发布会的过程时,也可以同时提到赞助商。另一方面,赞助商可以要求,在媒体进行拍照、摄像时主题背景板上印上赞助商的LOGO或文字,这样有关新闻发布会的所有照片、影像资料中都会出现赞助商的信息,这对于赞助商来说是一个提升曝光率的良机。

(二) 加大赛事举办期间的广告投放

除了媒体宣传之外,企业还应投入额外的经费进行一系列的广告投放,其目的是在受众印象中,强化赛事与赞助商之间的关联度,从而让受众对赞助商产生一种好感。广告投放的方式可以有很多种:①购买赛事播出时段的电视广告;②在赛事场馆周边购买道路旗帜和大型户外广告牌;③在相关专业类杂志上购买广告;④在当地报纸上购买大幅通栏广告;⑤在当地广播电台中进行一定数量的广告投放。

2010年第16届亚运会在广州举办,这是继奥运会后在中国举办的又一顶级体育盛会。2008年王老吉签约成为央视赛事直播合作伙伴,2009年更是大手笔签约成为广州亚运会的高级合作伙伴。在众人还没有意识到的时候,由中国女子网球队领衔的王老吉亚运广告就唱遍了大街小巷,几句广告词也朗朗上口。每天 CCTV-5 体育频道新闻中,王老吉亚运时刻也让人们印象深刻。在狂轰滥炸式的广告攻势下,大部分的受众都能记得王老吉是亚运会的赞助商之一,成功实现了知名度的再度大幅飙升。

(三) 充分利用明星制造推广点

企业在赞助赛事时可以获得赛事组织方所拥有的明星参与到本企业营销推广活动的机会,这种机会可以获得明星的肖像使用权,如拍摄广告、宣传片、店内海报等,以及明星直接参与到品牌活动中的机会。获得这种明星参与的机会,可在结合了赛事形象的同时,进一步增添明星为企业形象带来帮助的可能,从而增强了企业良好形象的宣传效果。管理赞助的企业营销经理们在选择赞助对象时尽可能考虑不同类型赞助对象的搭配使用。而且现在越来越多的赛事也意识到这一问题,在与企业进行谈判时,会将明星或名人的参与纳入到赞助回报权益中去。当然需要特别引起注意的是,由于国际体育商业化的趋势越来越明显,体育明星大多已有多家企业作为其赞助商,这就有可能造成随之而来的与赛事赞助商的冲突问题,例如按照协议,作为 PGA 巡回赛的冠名赞助商有权使用参赛运动员拍摄一次宣传片或广告,这就出现了作为冠名赞助商的奔驰公司希望使用参赛者老虎伍兹宣传,却与伍兹个人代言的通用汽车公司发生矛盾情况出现。

(四) 加强与目标受众的体验和互动

对于公司而言,赞助最打动那些营销经理的一点在于,消费者可以在赛事进行过程中,亲眼看到赞助商的产品真正摆在自己面前,并由企业的员工向潜在的目标人群展示产品的功能和特性,这些都是传统广告形式很难达成的。除了现场的赛事活动,将产品或服务融入主题活动中也可以很好地展示企业形象,这类直接让目标受众体验和感受产品及服务的方法都是企业用来传达品牌形象的良好途径。

实践链接

在世界杯期间,百事可乐公司开展了一系列与目标群体互动的活动,其中百事足球嘉年华就是其中一个。百事足球嘉年华活动以"为喜欢足球的青年一代们创造的一个网络互动平台,让他们能在这里玩转和感受南非足球盛世的激情"为理念,整个活动网站以虚拟百事罐作为积分单位,用户可以赚取并花费虚拟百事罐,在百事足球嘉年华里进行互动游戏。这种将目标客户与百事可乐相联系的互动活动既可以将球迷对于世界杯的激情与喜爱转化到百事可乐中,也是一个宣传品牌形象的互动平台,对于百事,这种互动活动便是达到品牌形象宣传的很好途径。

针对 LG 赞助 F1 上海站的互动活动,LG 电子上海法人朴世佑指出:"此次 LG 与以往的普通赞助商是完全不同的,不会停留在简单的赛道广告,而是与 F1 全面合作,让 LG 的技术在 F1 比赛和转播中给观众带来更好的视觉享受。例如,会在比赛转播中通过 LG 的平板电视为观众提供更多更清晰的即时数据,同时,在赛后的车手发布会上,更是突破性的进步。我们将在选手台前安放 LG 高清的电视机,让选手在讲到自己比赛的精彩环节时,电视同步播放对应的画面,更加方便观众捕捉选手比赛中的惊心动魄。类似的合作还有很多,相信大家在新赛季中一定能感受到 LG 带给你们的不同。"

（五）创造优质的客户招待机会

招待礼遇一直是企业赞助权益中的一个重要组成部分，在销售目标达成的过程中更是显得尤为重要。在 IEG 2004 年对企业赞助决策人进行的关于赞助研究年度调查回馈中显示，77％的赞助项目希望获得招待礼遇权益，这在所有的赞助回报中排在首位，就像很多企业老总说，在体育赛事的包厢里，总是最容易谈成生意的。

在所有的体育项目中，那些被公认为比较高档的运动如高尔夫、赛车和帆船赛等，是最受赞助商欢迎的招待礼遇机会，而其所提供的优雅的招待环境，美味的餐饮服务，以及偶尔出现的参赛明星，都成为极受赞助商欢迎的回报方式。

实践链接

赞助商可以要求赛事为其潜在客户提供娱乐的场地或活动，以便利用这些机会促进业务关系的发展。多年来，体育赛事一直为企业提供了大量的客户招待和礼遇的机会，NASCAR 就是通过其精心准备的招待礼遇活动使之成为最受赞助商欢迎的体育赛事。首先，赛事会按照合同的约定为所有赞助商提供专属的贵宾包厢，在 Darlington 国际赛车场，包厢的标价高达 20 万元，并吸引了包括百事可乐和杜邦公司在内的世界著名企业作为赞助商。其中，杜邦公司通常一场比赛就能招待多达 2 000 的客户，并邀请他们进入维修站参观，为他们提供高档的餐饮服务，招待客户在专属的包厢观看比赛。

在 Colonial 高尔夫赛上，赞助商美国银行把他的 1 000 名顶级客户带到了第 13 洞的特别观众席，并邀请了 40 位贵宾让他们在比赛结束之后进入球场打球。美洲杯帆船赛的赞助商也采用了类似的策略，赞助商雇用豪华游艇载着其邀请的重要客户游览比赛赛道并进行相关的招待礼遇活动。

而企业在体育赛事赞助中，对于招待礼遇方面的投入向来非常大方，2005 年美国高尔夫公开赛举办期间，在赞助商村设置了一个可以招待 50 位客人的帐篷，花费 10 万美元，更高级的会所则花费了 75 万美元，而这些价格通常也不包括任何食物和饮料服务，只是包括了娱乐场所的租赁费用。

本章案例

VISA 的体育赛事赞助之路

VISA 在全球范围内的赞助主要是世界顶级赛事——世界杯和奥运会的顶级赞助商，其中包括冬季奥运会、夏季奥运会、男足世界杯、女足世界杯、U17 等总共 11 项赛事，此外还是 NBA 中国的赞助商。VISA 国际组织执行副总裁 JohnElkins 表示："我们期待着与国际足联的合作项目能够尽快开始运行。VISA 已经成功赞助了很多像奥运会和橄榄球世界杯这样的大型赛事，并积累了丰富的经验。我们亲身体会到这些重要的全球体育赛事对于推动VISA业务发展的价值。通过与国际足联的合作,VISA将与全球2万多家会员金融机构一起,为我们的持卡人和商户带来更高的价值。"

对于把推动业务增长作为主要目标的VISA来说,赛事赞助可为其带来的优势是赛事举办较长的周期,特别是像奥运会和世界杯这些国际顶级赛事,其宣传周期可以达到4年左右,可以给赞助商充分的时间用来做市场营销的推广活动。除了这两项赛事之外,VISA还是美国第一大联赛NFL和美国NASCAR赛事的赞助商,并且VISA在所有的赛事中都是顶级赞助商的地位。

在赛事选择上,VISA倾向于赞助拥有广泛参与人群的大众化运动如足球等,而甚少涉足高尔夫等高端体育赛事,主要是企业担心因为这些高端赛事的受众群体规模偏小,不足以支撑起一个全球性的整合营销计划。作为上市公司,目前VISA的大部分赞助决策是由公司的总部来做出决策,中国区分公司主要是以执行为主。

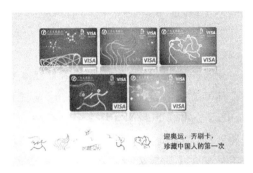

对于已经拥有全球知名度的VISA公司来说,怎样推动其在华业务的发展才是最重要的。由于VISA在中国地区的业务收入主要包括两个方面,一是来自于其合作伙伴银联公司基于总体发卡量的加盟费用;二是在华外国人使用VISA卡消费的手续费和汇兑收入,因此衡量其业务发展的两大重要指标就是发卡量和用卡率。

VISA公司从体育赛事中获取的回报权益主要分成3类。

首先,VISA从赛事拿到的权益就是在支付领域和卡领域拿到的排他性的形象使用权,即使用赛事形象和品牌发行借记卡或者信用卡的权利。从业务模式上讲,VISA这种类型的信用卡支付公司是一种B2B的业务类型,VISA只有和银行合作,才可以向终端客户发卡。VISA通过赞助获取了发卡权之后,可以和任何一家银行合作,这也是在北京奥运会期间多家银行发行奥运纪念信用卡的原因。对于VISA来说,企业所看重的是普通消费者对于奥运会的热爱和追逐,而VISA所有奥运主题的广告都是为了激发他们的办卡热情,从而提高其在中国地区的发卡量。

其次,VISA的权益也体现在信用卡的使用优惠层面上,例如,VISA在世界杯举办期间推出了一系列用卡优惠活动,包括用VISA卡片就可以拿到世界杯的门票,用卡可以拿小礼品、赢门票或去现场观赛的大礼包等。

VISA公司赞助体育赛事所取得的另一项重要资源是形象使用权,这一权益一方面可以保证企业在信用卡领域内的排他性形象使用权;另一方面可以允许企业以低于市场价格的成本,制作小礼品和纪念品,来作为企业促销之用。

从企业的角度来说,只是躺在现有的权益回报上显然不能赚回其支付给赛事的巨额赞助费,这就需要企业制定详细的围绕赞助所进行的营销计划。

VISA公司通常会提前1~2年便开始赞助的准备工作,包括选择与各地区契合度较好的运动员进行赞助、相应的全球口号、广告设计等。其主要目标就是通过赞助家喻户晓的运动赛事来拉动业务的发展。因为赞助体育赛事，一方面能和赛事的参与人群去对话；另一方面还要利用赛事本身的品牌资源去做一些主题宣传活动。例如当你赞助了世界杯或奥运会，你会有很多话题和故事可以讲。以世界杯赞助为例，VISA 在中国做了一系列与销售直接相关的活动：包括用 VISA 卡在网络上去境外的网站买东西，消费满 100 美元，就可以参加一个排名活动，然后消费次数最多的前 7 名，就可以中奖去南非看世界杯。另外还有一个视频竞赛的活动，即邀请球迷在世界杯期间上传关于球迷疯狂支持世界杯或者独特观赛体验的视频文件，前 2 名的获得者可以在赛后到南非旅游；此外，公司还与沃尔玛联手，在北京、上海、深圳 27 家店联合做用卡促销活动。最后，VISA 针对在华外国人的消费市场，与北京、上海、广州、深圳 4 个城市中外国人聚集的 100 家酒吧合作进行刷卡促销活动。

总而言之，作为国际体育赛事顶级赞助常客的 VISA 公司，其在体育赛事赞助领域内的目标非常明确，即发展企业在全球范围内的业务关系，并在此基础上实现销售收入。因此，VISA 公司在其和体育赛事的合作中，最为看重的权益包括发卡权、用卡促销权和赛事形象使用权，其主题活动也是综合运用各种元素进行全球范围内的整合营销计划，而电视转播和品牌契合度的因素却不在公司重点考虑的范围之内。

■ 案例思考题

1. VISA 选择赞助的赛事有什么样的共同特征？
2. 请描述 VISA 的目标受众。
3. VISA 的赞助推广有什么样的特点？

本章小结

体育赛事赞助是体育赞助的起源，也是体育赞助最主要的类型之一。体育赛事赞助的发展历程也是体育赞助发展的真实写照。体育赛事赞助的特征显著，其中包括排他性、隐含性、服务性、受众广泛性、整合性和依附性等，赞助形式也越来越多样化，包括了冠名赞助、合作伙伴、授权产品销售商以及供应商等。体育赛事赞助的优势主要体现在赛事举办时间和地区的密集性方面，以及赛事可以为赞助商提供的丰富回报方式，其劣势主要体现在周期短和成本高两个方面。最后，体育赛事赞助的选择和推广策略应主要围绕赛事影响力、电视转播和媒体曝光、产品互动体验、招待礼遇以及明星元素运用等方面展开。随着时代的发展与进步，体育赛事影响力的提升，体育赛事赞助将会越来越成为体育组织、各企业以及媒体的关注焦点。

本章思考题

1. 体育赛事赞助与其他赞助类型的关系是怎样的？
2. 体育赛事赞助可以提供哪些回报方式？
3. 赞助商应如何根据自己的目标选择合适的体育赛事进行赞助？

推荐阅读

[1] Alfred S, Barry L. Lifestyle & Event Marketing [M]. McGraw-Hill, 1994
[2] Bruce E Skinner, Vladimir Rukavina. Event Sponsorship [M]. John Wiley & Sons, Inc, 2002
[3] 卢泰宏主编. 行销体育:奥运篇,世界杯篇[M]. 成都:四川人民出版社,2003
[4] 刘清早. 体育赛事市场运作案例精选[M]. 北京:人民体育出版社,2007

第五章

体育联盟赞助

"在美国市场,银子弹啤酒与 NFL 已经是多年的官方合作伙伴,美国电视标王——超级碗电视直播上最贵的电视广告多年来都是由银子弹啤酒投得。在美国 NFL 是公认的最受欢迎体育项目,这与目前中国地区唯一的美式清啤——银子弹啤酒所彰显的美式激情文化不谋而合。所以这次的官方合作并非单纯的商业操作那么简单,而是希望与银子弹啤酒这个全国性的美国品牌,共同肩负传播美式足球文化的使命。"

——摩森康胜(中国)总经理张景智

本章要点

- 体育联盟赞助的发展和现状
- 体育联盟赞助的特征和形式
- 体育联盟赞助的劣势和优势
- 体育联盟赞助的选择和推广策略

第一节 体育联盟赞助的发展和现状

一、体育联盟赞助的发展

职业体育联盟是通过向观众提供竞赛表演及与之相关联的产品,以市场运作的方式达到盈利目的的经济组织与社会单位。以足球为代表的欧洲各国职业体育联赛和以四大职业联盟 NBA(美国男子篮球职业联赛,National Basketball Association)、NHL(美国冰上曲棍球联盟,National Hockey League)、MLB(美国职业棒球大联盟,Major League Baseball)、NFL(美国美式橄榄球大联盟,National Football League)为代表的美国职业体育联盟是典型的两种职业体育联盟模式,都取得了很大的成功。

西方学者一般认为,体育作为一项产业起源于英国。从现代体育运动项目的产生和大多数体育团体和协会的成立时间来看,英国确实可以称得上是现代体育的发源地。而把体育作为一种产业方式来经营的组织最早也出现在英国,1650年英国成立了著名的"赛马俱乐部",由于该俱乐部采用了法人治理的管理和运行机制,所以它一直被人们称为是现代体育俱乐部的"开山老祖"。

但真正将体育俱乐部的运作完全商业化,并进而建立起联盟体制的是美国人。19世纪60年代,棒球成为美国当时最为流行的体育运动。1871年,部分职业棒球队联合成立了全美棒球协会。1876年,有"棒球沙皇"之誉的赫尔特担任全美棒球协会主席,不久该协会就更名为全美棒球联盟,并马不停蹄地开始制定联盟的各种规章制度,开始有计划、有步骤地按商业运行方式开发棒球的联赛市场,进行联盟的垄断经营。棒球职业联盟的商业化操作成功,使这种具有美国特色的联盟体制很快在篮球、美式橄榄球和冰球等项目中得到推广。由此,美国人在引进英国体育俱乐部体制的基础上,又发明创造了现代体育职业化、产业化操作中必不可少的另一种非常先进的市场化体育管理体制和运行机制,这就是职业体育联盟。

我国的职业体育发展经历了萌芽期和动荡期,如今正逐渐走向成熟和理性的阶段,这个过程同时也是一个有选择的引进和移植国外职业体育制度的过程,国外成熟的职业体育发展运行机制,有效地节约了我国职业体育制度变迁的改革成本,缩短了我国职业体育发展的进程。由于职业体育的竞争本质,在市场经济条件下,职业体育俱乐部之间不仅仅是竞争关系,更是一种合作共生的关系,这就是建立市场垄断型职业体育联盟的必要性所在。职业体育联盟是联盟成员基于发展联盟赛事、开拓市场等目的而相互间结合起来形成的体育竞赛组织,它不同于传统的企业组织,与一般的企业组织相比,它具有以下特点:合作竞争是职业体育联盟最显著的特点。职业体育联盟是以合作为基础的竞争,为获取更大的市场竞争力,若干个俱乐部基于共同的利益而合作,合作中的竞争与竞争中的合作并存的方式是职业体育联盟典型的特征。

体育联盟赞助主要起源于20世纪70年代的欧美国家,伴随着职业体育的不断发展,体育联盟赞助的发展极为迅速,赞助金额不断增加。早期的职业体育赞助,主要体现在企业对于职业体育俱乐部的赞助以及对于职业体育明星的捐赠方面,而职业体育联盟的商业价值并未得到企业的认可,其作为赞助资源的开发还是非常缺乏的。在此之后,随着职业体育俱乐部的赞助价值逐渐得到赞助商的认可,部分企业开始把关注点转向了俱乐部经营和竞赛的人环境即职业体育联盟,而随之就出现了职业体育联盟的冠名赞助商和供应商,并在此基础上形成了一套比较系统的职业体育联盟赞助体系。

要探悉我国职业体育联赛发展的现状,就必须从我国体育领域中长期以来实行的"举国体制"说起。新中国成立以后,我们在竞技体育领域也仿效苏联,建立了带有浓厚计划经济色彩的"举国体制",这种制度的核心就是运用国家行政机关高度集中的权力,自上而下地指挥、调动全国的人、财、物力为竞技体育服务。特别是20世纪80年代以来,随着我国经济实力的增强,可供调度的资源日益丰富,这样的体制为推进我国竞技体育水平的跳跃式发展作出了巨大的贡献。尤其是在将竞技体育成绩作为政治工具的背景下,这样的典型计划经济模式却在其他领域不断改革的同时"独善其身"。直到90年代中期开始,随着人们对发展竞技体育的方式和意义的认识渐趋理性,加上原有体制在某些项目上暴露出的种种问题和弊端以及国外体育产业快速发展带来的冲击和启示,体育领域的改革也开始提上议事日程。以1992年的红山口全国足球工作会议提出走职业足球道路为标志,中国体育的职业化改革正式启动,此后包括篮球、排球、羽毛球、乒乓球甚至围棋、象棋等项目都先后开展了自己的职业联赛。不管是从"职业化"程度还是自身的规模、影响力来说,足球和篮球都是目前我国职业体育中最具代表性的项目。我国职业体育联盟赞助早期由于缺乏经验,采用了引进国际专业体育经纪公司如IMG的经营方式,而IMG也在我国职业足球改革刚刚开始之初,为联赛找到了万宝路等国际赞助商,为职业足球联赛的顺利开展提供了资金的保障,同时也为我国职业体育联赛的市场开发工作提供了宝贵的经验。在此之后,诸如八方环球和瑞士盈方等国际顶级体育营销公司,也为我国的足球和篮球职业赛事找到了百事可乐和西门子等赞助商。

二、体育联盟赞助的现状

20世纪90年代以来,随着全球商业化和国际化的发展趋势以及电视转播技术的快速革新,越来越多的商业元素开始渗透到职业体育中来,而赞助商与职业体育联盟的合作也进入了一个新的阶段,一些顶级职业体育联盟如英超等,伴随着其在全球电视转播中的收视率和球迷数量的快速攀升,作为联赛冠名赞助商的巴克莱银行也不断刷新着赞助金额,而另一方面,以NBA为代表的美国职业体育联盟纷纷瞄准国际市场,将国际合作伙伴和赞助商作为其市场开发的重要对象和内容,如匹克、蒙牛、博士蛙等企业先后成为NBA在中国地区的合作伙伴。

现阶段,我国的职业体育联盟主要是一些群众基础较好的体育项目,例如中国足球超级联赛、中国篮球职业联赛、中国排球联赛、中国乒乓球超级联赛以及中国羽毛球俱乐部超级联赛等,这些联赛也都成功获得了企业的赞助和支持,为联赛的顺利开展和推广提供了资金上的保障。纵观近年来国内职业联赛赞助商的趋势,我们不难发现来自中国本土的国有企业和民营企业,正在扮演着越来越重要的角色。现阶段,我国职业体育联赛赞助开发主要采取了两种方式,一种是以CBA为代表的,将市场开发权益打包卖给体育经纪公司盈方的方式;另一种是以中超联赛为代表的,由协会和俱乐部共同出资,组成中超公司进行市场开发运作的方式(表5-1)。

表5-1 国内外部分体育联盟赞助商情况列表

联盟(赛)名称	部分赞助商	国别
美国国家橄榄球联盟	银子弹啤酒(冠名) VISA	美国
美国男子职业篮球联盟	ADIDAS 匹克 TacoBell	美国
欧洲冠军联赛	SONY FORD MASTERCARD PLAYSTATION 喜力啤酒	

续表

联盟(赛)名称	部分赞助商	国别
英格兰足球超级联赛	BARCLAYS(冠名) EA SPORTS Football NIKE	英国
中国足球超级联赛	万达广场(冠名) 雷曼光电 哈尔滨啤酒	中国
中国乒乓球俱乐部超级联赛	361度 中国联通 周大福 天速 红双喜	中国
中国男子职业篮球联赛	安踏 中国移动通信 青岛啤酒 PPTV 搜狐体育 UPS	中国
中国羽毛球超级联赛	东方雪铁龙(冠名)	中国

第二节 体育联盟赞助的特征和形式

一、体育联盟赞助的特征

(一)广泛性

广泛性主要是指职业体育联盟一般可以覆盖全国主要区域的受众群体。这是因为职业体育联盟大部分都是全国性质的联赛,且参赛队基本来自于主要的中心城市或者省会城市,因此职业体育联盟在地域上的广泛性特征,是其他体育赞助资源诸如体育明星和体育赛事所无法比拟的。

(二)长效性

长效性,就是指体育联盟的赞助周期一般较长和赞助效果具有较长的持续性,职业体育联盟的竞赛周期基本都是以年为单位的,而且在竞赛周期内,基本达到每周都至少有一场比赛的频率。而企业对于体育联盟的赞助至少选择1年以上,多则长达10年,这主要是由体育联盟自身的性质和企业长期的发展战略相关,这些都使得职业体育联盟赞助成为一种更为长效的体育赞助类型。

(三)整合性

整合性是指体育联盟赞助将赛事、明星、俱乐部、场馆等其他赞助资源相容一体,实现体育赞助的整合效用。这一特征是由体育联盟本身的性质所决定的,其丰富的内在资源,将充分有效地调动企业对于赛事、明星、俱乐部和场馆等的利用,以达到最佳的赞助回报。除此之外,体育联盟赞助由于兼具全国主要电视台的转播以及地方赛区的场内推广平台的双重优势,可以对企业的整合营销传播起到非常良好的推动作用。

(四)稳定性

稳定性是指体育联盟赞助的风险较低,一般很少发生意外事故。它也源自于体育联盟赞助的长效性特征,不论是企业还是联盟本身在双方的合作过程中,都努力寻求降低危机发生的可能性。而另一方面,由于职业体育联盟只是作为体育竞赛的中立环境而存在,和俱乐部以及明星赞助相比,其并不存在着运动成绩波动等不稳定因素,因此对于赞助商来说是一种风险较低的赞助类型。

二、体育联盟赞助的形式

(一)冠名赞助

所谓体育联盟的冠名赞助就是企业赞助联盟一定数额资金或物资以获得将其名称作为联盟名称的前缀。如我们所常见的英超被巴克莱银行冠名为巴克莱英格兰足球超级联赛(Barclays English Premier League),以及国内的万达广场冠名赞助中超联赛等。冠名赞助商一般投入的赞助金额较大,在体育联盟的赞助体系当中位于顶端,因此其可享有独家的回报权益。

(二)合作伙伴

合作伙伴的赞助形式就是指赞助商企业与联盟达成合作共识,双方资源实现互用,以达成各自的战略发展的需求。由于合作伙伴在对体育联盟赞助的投入相对冠名赞助商而言较少,所以其赞助权益回报的内容也相对有限。每个体育联盟所拥有的合作伙伴数量也不止一个,如CBA的官方合作伙伴就多达6家,包括安踏、中国移动通信、PPTV、搜狐体育、青岛啤酒、UPS。

(三)授权产品销售商

授权产品销售商指经过体育联盟批准后允许生产及销售带有相关体育赛事标志或二者联合标志的产品。如NBA授权凡客成为产品销售商,凡客有权生产和销售印有NBA相关信息或图像的服装。这些授权产品销售商在付给职业体育联盟一笔比较低廉的赞助费之后,不仅可以通过生产销售特许产品获取利润,还可以通过宣传联盟赞助商的名誉权,让普通消费者知晓并更加信任该品牌,同时还可以快速吸引一批体育迷作为其忠实的消费者。

(四)供应商

供应商是指企业通过赞助体育联盟物资,如食品、服装、器材等,以获得相应的回报权益。例如NIKE作为中超的球衣赞助商,为中超16强队伍提供比赛服装。对于赞助商来说,成为职业体育联盟的供应商,意味着其可以让本企业的产品或者服务直接在联赛的平台上得到使用和展示,并通过相关的媒体传播给受众,这也是企业的最迫切需求所在。除此之外,可以用实物抵充掉一部分赞助资金,对于企业来说也是一笔不错的买卖。

巴克莱银行冠名英格兰足球超级联赛

从2001—2002赛季开始,英格兰足球超级联赛(简称"英超")更名为"巴克莱英格兰足球超级联赛",随后的3年英超都使用这个名称。作为世界上最受欢迎的国家级足球联赛,巴克莱银行为了这个冠名权一共花费了7 000万美元。随着英超比赛通过142个国家电视台向全球进行电视转播,巴克莱的这次赞助将有可能成为近10年来体育赞助市场最具价值的一项投资。

巴克莱信用卡是英国巴克莱银行的全资子公司,在英超正式开赛8周前,战胜了百威、可口可乐和沃达丰等实力强劲的公司,正式宣布成为其冠名赞助商。作为冠名赞助商有很多优势,例如可以在众多混乱的广告中脱颖而出,在比赛时间内进行大量的广告曝光。在过去的10年中,信用卡业迅速发展,作为该行业领先的巴克莱信用卡也开始要面对国际化的挑战,最首要的目标就是提高销售。赞助英超可以让其品牌走向国际化,让更多的消费者了解这一品牌,此外,还可以通过英超体现品牌的充满激情和亲和力的一面。当然,巴克莱最看重的还是英超142个国家的电视转播,这也是达成品牌国际化目标最直接的方法之一。

另外,巴克莱这次赞助英超的7 000万美元并不是完全新增的营销费用,其中大部分资金是削减了广告方面的投入得到的。因为,他们深刻感受到了体育赞助对品牌巨大的影响力。与此同时,可口可乐购买了英超周末集锦节目的冠名权,可以看做是一次非常完美的伏击营销。

第三节

体育联盟赞助的优势和劣势

一、体育联盟赞助的优势

(一)地域覆盖广

体育联盟广阔的覆盖性是其最为明显的优势特征,大多数的职业体育联盟在全国乃至全球范围内具有广泛的关注度和支持群体。国内中超联赛16支俱乐部分布在全国的大部分区域,NBA在美国本土有29支队伍,还有一支来自加拿大的多伦多,其覆盖面的广阔性不言而喻。因此企业可以根据自身的发展战略和营销策略选择对应的体育联盟。

(二)曝光和宣传周期长

体育联盟的赛季一般持续时间较长,配之以长时间的宣传周期,并通过电视和网络转播,以及多种媒体的新闻与评论可以有效地保证联赛高度曝光。尤其一些具有全球影响力的联赛,如英超和NBA,吸引着全球众多电视媒体的转播。在国内,CCTV-5和各省级卫视都会转播CBA的赛事,17支队伍,近300场比赛,持续5个月的赛季周期,每天不断的新闻报道,都能使赞助商的品牌有效曝光。

(三)强大的推广平台

联盟是赛事、明星、场馆、俱乐部为一体的整合性赞助资源,其推广平台也更为丰富和强大,不论是庞大的现场球迷,还是强大的电视转播平台以及具有吸引力的官方网站都将为企业构成强大的推广平台。企业可以充分调动体育联盟的推广平台,来实现自身的营销需求。我们可以发现各大体育联盟的官方网站上都在显目的位置链接赞助商网站。联赛赛场的周边也有众多赞助商广告牌,电视转播的过程中也不断地出现赞助商的品牌LOGO。

(四)优质的品牌形象

体育彰显的是积极阳光、努力拼搏的正面形象,体育联盟更是相关体育领域内最顶级实力的集合,因此体育联盟常常与高水准、高规格相联系。所以企业利用体育联盟品牌的优质形象,可以有效地提升自己的品牌价值,球迷观众的忠诚度也可以在一定程度上得到提升。棒约翰营销官安德鲁·瓦尔加(Andrew Varga)表示:"美国职业橄榄球联盟是美国最负盛名、也最受欢迎的体育赛事品牌。该联盟对于品质的追求同棒约翰公司对产品品质的高标准要求相契合。我们的比萨能够成为广大球迷喜爱的产品使我们感到很开心。此次双方签署的合作协议将会使我们未来的合作更进一步,这也是到目前为止棒约翰在赞助体育赛事方面做出的最大投资。我想这种合作关系将会在未来的3年之内提升棒约翰的品牌建设水准。"

(五)良好的协会合作关系

联赛一般都是依托于体育协会而建立的,如CBA和中超等,因此企业赞助体育联赛,从一定意义上也是与体育协会建立关系,从而可以发展为更深入的合作,赞助商企业有更多的机会接触到体育协会的资源,在自身的营销策略上相较于竞争对手获得先机。因此赞助企业在选择体育联盟作为其赞助对象时,应当具有前瞻性地去挖掘联赛管理者体育协会所拥有的资源,以进一步完善企业自身的赞助体系。

(六)赞助风险较低

体育联盟一般都有较长的历史,不论是英超还是NBA都已经有几十年的历史,其发展具有一定的稳定性,危机发生的概率也较低,所以企业选择赞助体育联盟的风险也会较少,但是也会由于一些体育联盟的恶性事件(如球员罢工、假球黑哨等)的发生会影响赞助的营销活动,进而损害赞助商的品牌形象。

实践链接

2009年中国足坛,刮起扫黑风暴,引起社会广泛强烈关注,作为中超冠名赞助商倍耐力公司要求降低2010年中超新赛季的冠名费用。倍耐力认为足坛扫黑风暴影响了联赛,导致中超品牌下降,进而影响了其品牌,而中超公司明确表示足坛打假只会净化中超联赛,提高中超的影响力,双方因此产生分歧,引发了双发赞助合作的不稳定因素。

二、体育联盟赞助的劣势

(一) 缺乏与球迷的直接联系

企业赞助体育联盟直接接触的是联赛本身,运用的是联赛所拥有的资源,而体育联盟的众多关注者和爱好者其忠诚度是对于其所支持的俱乐部或球队而言,而非体育联盟,所以赞助商企业较难与球迷发生直接的联系,并且球迷的忠诚度也无法直接转化到体育联盟赞助商上。所以赞助商企业在选择体育联盟时,应该关注到自身的利益需求是否与这一劣势相矛盾,如何在充分利用体育联盟的赞助资源下,克服缺乏与球迷直接联系的劣势。

(二) 与俱乐部关系具有潜在的利益分歧

俱乐部作为体育联盟的重要组成部分,不论是在联赛本身,还是俱乐部球员上,都长期存在一定的利益分歧,例如联赛的门票收入、球衣的供应商、球员的薪酬、赞助收入等。美国四大职业联赛之中的 NBA 和 NFL 在 2011-2012 赛季相继都出现了球员罢工的现象,联盟、球队老板、球员三者之间的利益分歧一直是体育联盟持续稳定发展的不稳定因素。所以赞助商企业在选择赞助体育联盟时,需要认真考量联盟与俱乐部的利益分歧会不会导致联赛无法顺利进行,从而损害赞助商企业的营销和品牌形象。

第四节 体育联盟赞助的策略

一、体育联盟赞助的选择策略

(一) 项目特色及竞技水平

赞助商企业在选择体育联盟作为赞助对象时,首先需要考虑到企业的产品和品牌形象与体育联盟特质是否相符合,包括联盟项目本身的特色,以及联盟的竞技水平。当企业所彰显的社会责任与营销策略与联盟的属性相一致时,就可能最大限度地实现双赢。斯伯丁(中国)公司总经理李光启先生表示:近些年来,随着 NBA 在中国的盛行,越来越多的中国球员加盟 NBA,美国的篮球培养体系和篮球文化已经为全世界所认可。此次斯伯丁在中国市场的推广重心转移到大学校园部分,是希望与 CUBA(中国大学生篮球联赛)携手搭建一个平台,积累优秀的篮球人才资源,建立中国的篮球培养体系,为 CBA 乃全中国国家篮球队提供更多出色的球员。通过斯伯丁赞助 CUBA 这一案例我们可以发现,企业赞助诉求的满足必须建立在体育联盟的项目受众与企业的目标对象一致。而体育联盟的竞技水平也决定着社会的关注度,企业在寻求高度曝光的时候,就必然要衡量联赛对于球迷、媒体包括政府的重视度。

(二) 联盟内部的竞争程度

随着现代体育的不断发展,竞技水平的不断提高,以及体育投资人的重金投入,体育联盟内部的竞争程度也决定着该运动的发展情况。众多体育联盟的管理为保证各个俱乐部和球队能够平衡竞争,保证竞争的可持续性,采取了诸多措施。例如 NBA 工资帽原则,以限制各个球队对大牌球星的引进,从而保证各球队的实力不至于过于悬殊,实现了联赛的高度观赏性。一般而言,联盟内部的竞争程度将直接影响联赛对球迷的吸引力,球迷更热衷于观看竞争激烈的比赛,如果比赛结果在比赛之前就可预料到,相信没有多少人会花时间和精力去观赏。因此选择赞助程度高的体育联盟,是保证企业实现赞助效果的重要衡量标准之一。

(三) 联盟在本国的地位

联盟在本国的地位主要取决于以下几个方面:①该项目是否受到本国人民的喜爱,像篮球、足球这样具有非常高参与度和关注度的比赛,就必然具有较高的地位。②联赛的等级,甲级联赛不论是在竞赛组织还是竞技水平都远高于乙级联赛,职业联赛高于学生联赛,全国联赛高于地方联赛等,高等级的联赛必然在本国有高的地位。③政府的态度,其对于体育的重视度直接影响着体育联盟在本国的地位,政府对不同运动项目的重视度也是不同的,一些带有国家形象的运动,往往政府会投入更多的支持力度。④联赛的社会形象,体育往往展现着积极的形象,但是由于在竞赛管理和比赛过程中出现的恶性事件,也会在很大程度上影响联赛的形象。

(四) 联盟文化与企业品牌文化的融合度

每一项运动项目所表达的文化都具有差异性,因而附之于更多社会因素和商业因素,体育联盟的文化特征往往是极具个性化的,赞助商企业在选择联盟作为自己的赞助目标时,必须要考虑到自身的品牌文化与联盟的文化是否相融合。当企业一味追求简单的平台推广和媒体曝光,而不计其所倡导的理念与联盟所传达的理念相违背时,就必然会导致赞助效果无法达成,甚至适得其反,造成一些负面影响。

(五) 管理团队能力

管理团队的能力直接关系到赞助商企业与体育联盟的合作开展情况,也影响着企业的赞助权益回报的情况和能否有效顺利地开展营销活动。一方面,体育联盟管理团队的能力包括管理者的专业素养、沟通能力、执行能力等多方面综合能力;另一方面,体育联盟管理团队的能力也体现在它的稳定性上,如管理团队成员的经常变更,也将会影响双方工作人员的持续有效沟通。

(六) 电视转播平台和频率

联赛的强大生命力重要来源之一就是电视转播,不同等级的转播平台也决定着联赛的层次和商业价值,全国性的电视媒体、省级卫视和地方频道在转播效用上存在着明显的区别。如中超在失去CCTV-5的转播后,其商业价值有着明显的缩水。因为其创造的广告曝光、品牌升值、资源利用率上都有着较大程度的折损,必然就会影响企业的赞助效果。另一方面,联赛的转播频率、高频转播带来的是持续的广告曝光,会直接强化企业品牌对于消费者的影响力。

(七) 球迷基础和明星影响力

职业体育联赛的发展也催生着更多体育明星的成长,这些巨星的出现带动了更多球迷群体的成长,他们是保障联赛收视率和现场观众上座率的重要因素,利用明星培养坚实的球迷基础是体育联盟的重要任务。当然,明星影响力和球迷基础也必将成为企业选择赞助目标的重要考量标准。

二、体育联盟赞助的推广策略

(一) 以联盟为核心的整合传播攻势

整合传播是指为既定传播目标,运用各式传播工具,如广告、直效行销、促销活动及公关等,以任务分工方式集体达成传播目标的产品信息传播运用方式。而以联盟为核心的整合传播就是利用联盟的各种资源,深度挖掘其内在的故事性,制造具有正面影响力的话题。随着新媒体技术的不断发展,整合传播的渠道更为丰富,体育联盟的赞助企业应当充分利用线上线下渠道,开展全面深入的传播攻势,以达到企业的营销目标,实现赞助效益的最大化。如企业可利用线上媒体社交网络与网友互动进行品牌文化的深入,线下开展具有刺激性的激活营销带动产品的直接销售量的增长,或通过有效的主题公关活动拉近与消费者的距离,强化企业与体育联盟之间的合作关系。

表5-2 七匹狼赞助英超宣传推广活动表

项目	项目内容	权益阐述
电视宣传权益	演播室包装	在英超赛事和栏目转播中设立演播室
	节目内容广告	在比赛过程中,间或出现10~15分钟角标
	5秒特约播出标版	在每场英超比赛前,比赛中各出现至少一次形式为5秒的标版+配音"七匹狼与你共享激情英超"的广告形式
	15秒广告	在每场英超赛事的赛前和赛中各插播一次,另外还将在英超指南、进球大汇串等栏目中插播
平面宣传权益	《体坛周刊》	在《体坛周刊》发布1/4通栏彩版广告,用于宣传英超赛事,在广告中带有赞助商LOGO并标明其英超转播顶级合作伙伴地位
	海报	设计制作英超宣传海报,带有赞助商LOGO并标明其英超转播顶级合作伙伴地位
地面活动权益	新闻发布会	将在北京举行一场大型的新闻发布会,邀请国内外重要媒体出席,发布与新赛季有关的新闻
	英超赛事观赏会	陆续在全国11个城市举办"七匹狼火热英超观赏会",组织特定对象、召集球迷在指定场所集中收看直播的英超赛事,在挽回过程中穿插花样繁多的游戏以及给予价格不菲的奖励,加强与现场嘉宾的互动,营造火爆的现场氛围感染受众,从深处挖掘,建立七匹狼与英超之间的联想
市场权益	英超官方标志和英超球员图片的使用权	经许可,赞助商可以在广告和产品宣传中非独家使用英超官方标志和英超球员的图片,增加七匹狼品牌中的英超元素
网络宣传权益	TOM门户网站和ESS官方网站	创建"七匹狼英超地带",提供最权威的英超咨询和旅游服务,同时对店面活动进行宣传配合和提供网络广告位,从广度上建立两人品牌的链接

(二) 充分利用联盟的网络平台

随着互联网的不断发展,众多体育联盟逐渐深入对网络平台的开发利用,如官方网站、微博、网络社区等。这些多样化丰富的网络平台,吸引着众多联盟的关注者和爱好者。赞助商企业可以充分利用联盟的这些网络平台,进行直接的网络广告投放,如一些动态、静态的网络广告。在体育联盟的网络社区中共建与球迷的互动平台,植入赞助商企业元素,强化赞助商的品牌概念,用最真切的网络互动实现球迷的消费者角色转换。微博作为现今最流行的网络平台,体育联盟的关注者和粉丝数都可以通过一些有效途径转化为赞助商企业的关注者,在体育联盟、赞助商企业、粉丝三者的互动下,实现企业品牌文化和产品的深度传播。

(三) 开发具有联盟特色的定制产品

赞助商企业或授权产品销售可以利用体育联盟的强大品牌影响力生产具有其特色的定制产品,以吸引球迷的购买。一方面可以增加产品的话题性,引发人们的关注度;另一方面与体育联盟优质的品牌形象相结合可以有效地提升产品在消费者心中的好感度。NBA作为世界上最有价值的体育品牌之一,元隆国际是中国时尚创意品牌领导者,一直致力于时尚创意产品的研发、设计与推广。2009年10月,元隆国际(集团)旗下企业正式成为NBA官方授权商,获得多类产品的生产授权,并可进行多种渠道的开发销售,这也是NBA成为第一个大规模将电子产品引入授权产品线的全球顶级体育联盟,而元隆则成为全球唯一在NBA拿到区域独家电子类产品授权的授权商。双方合作开发了从鼠标键盘到耳机、移动存储、移动影音产品乃至休闲旅游产品等几十类NBA品牌创意产品,充分满足广大球迷和电子爱好者对高品质时尚电子生活的需要。

(四) 融入联盟元素强化门店对球迷吸引力

门店作为赞助商企业的终端销售点,是消费者感受企业产品和文化最直接的接触点,将联盟的元素融入门店中,增强门店的联赛氛围,可以深入强化企业与体育联盟的联系,进而吸引球迷进店消费,增加门店的客流量。联盟元素一方面可以整体提升门店视觉效果,激发顾客内在的情绪,在一定程度可以刺激顾客的消费欲望;另一方面联盟元素对于企业来说是一种品牌信任度的佐证,体育联盟的优质形象将植入与企业的产品之中,以获得消费者的认同感。再者,球迷达到一种内心的认同,会更加有欲望去具有联盟元素的门店。

(五) 借势明星影响力强化企业内部自豪感和凝聚力

企业赞助体育联盟,在一定程度和条件下可以利用联赛明星的效应增加联盟的营销效果,再者作为赞助商企业招待礼遇的重要组成活动,可以邀请联赛明星参加企业内部员工的活动,以激发员工的自豪,强化企业内部的认同感和凝聚力,从而升华赞助商的企业文化。

实践链接

2010~2011年CBA职业联赛市场招商方案——赞助商权益一览

1. 名义及商标使用权
- 有权使用以下名义
  - ✓ 中国男子篮球职业联赛官方合作伙伴
  - ✓ 中国男子篮球职业联赛市场合作伙伴
  - ✓ CBA职业联赛官方合作伙伴
  - ✓ CBA职业联赛市场合作伙伴
- 产品种类在CBA职业联赛中的排他权(俱乐部冠名赞助商除外)
- 有权使用"唯一指定产品"的名义
- 有权在其产品推广中使用CBA联赛及俱乐部标识
- 有权制作和免费派发有CBA标识的公司纪念品
- 有权将CBA联赛名称或标识使用在广告促销活动中
- 有权将CBA联赛标识使用在产品外包装上并可标注为"CBA联赛指定产品"

2. 广告发布权益
- 场地滚动广告板
  - ✓ 长度:6 m+18 m+6 m
  - ✓ 时间:每场比赛总计不少于6分钟的显示
- 新闻发布会背景板
  - ✓ 所有新闻发布会及专访背景板上将有1/8面积的标识体现,包括赛后的新闻发布会

3. 有保证的媒体曝光
- 电视:赞助商标识将出现在所有现场专访或相关节目的背景广告板中
- 网络视频节目中体现赞助商品牌
- CBA官方网站:赞助商品牌将出现在CBA网页中,并提供赞助商网站链接
- 平面媒体合作伙伴——体坛周报:赞助商标识将出现在CBA专栏版面的上方

4. 赛事材料曝光权
- 赞助商名称或标识出现在CBA联赛纪念册的封面上
- 赞助商名称或标识将出现在所有的联赛印刷品上,包括海报、门票、官方秩序册或者活动广告宣传册
- 在联赛纪念册上有一页整版彩色广告

5. CBA联赛知识产权
- 有权每年选择3个或3个以上的CBA联赛注册球员或教练制作一个电视或平面广告
- 赞助商有权每年邀请俱乐部球员及教练在其俱乐部主场所在地参加不超过2次的产品推广活动
- 在俱乐部主场比赛期间,赞助商有权组织现场活动,每年不超过2次
- 有权将CBA联赛名称或标识使用在广告促销活动中
- 有权将CBA联赛标识使用在产品外包装上并可标注为"CBA联赛指定产品"

本章案例

联邦快递赞助美国职业橄榄球联盟NFL

【美国职业橄榄球联盟】

国家橄榄球联盟(National Football League,NFL)是世界最大的职业美式橄榄球联盟,也是世界最具商业价值的体育联盟。联盟由32支来自美国不同地区和城市的球队组成。目前联盟共有32支球队,分为两个联会:美国美式橄榄球联会(American Football Conference,AFC)和国家美式橄榄球联会(National Football Conference,NFC)。每个联会由4个分区组成,每个分区有4支球队。在常规赛季中,每支球队在9~12月间共17周的时间内打16场比赛,通常在周日、周一或周四比赛。常规赛季后,每个联会共有6支球队

进入季后赛,分别是各分区冠军和其余球队战绩最好者,通常称为外卡(Wild Card)队。经过3轮淘汰赛,两个联会的冠军在预先决定好的球场的超级碗(Super Bowl)比赛中相遇,争夺最后的总冠军。1周后,两联会挑选出来的明星选手将参加职业碗(Pro Bowl)——一个在夏威夷火奴鲁鲁所举行的明星赛。

【联邦快递】

联邦快递是集团快递运输业务的中坚力量。联邦快递是全球最具规模的快递运输公司,为全球超过 235 个国家及地区提供快捷、可靠的快递服务。联邦快递设有环球航空及陆运网络,它为遍及全球的顾客和企业提供涵盖运输、电子商务和商业运作等一系列的全面服务。作为一个久负盛名的企业品牌,联邦快递集团通过相互竞争和协调管理的运营模式,提供了一套综合的商务应用解决方案,使其年收入高达 320 亿美元。联邦快递集团激励旗下超过 2.6 万名员工和承包商高度关注安全问题,恪守品行道德和职业操守的最高标准,并最大限度满足客户和社会的需求,使其屡次被评为全球最受尊敬和最可信赖的雇主。

【赞助背景】

长期以来,联邦快递一直在不断努力扩大它的服务范围和内容,并伴随着其旗下五大品牌的成长,联邦快递需要极力推动它们的发展,尤其是 FedEx Express & FedEx Ground,但是现实依然是联邦快递仅仅与空中快递运输紧密相连,在这样的一种现实情况下,联邦快递正在寻求一个强有效的方案来强化它在快递运输业的领导地位,并且可以更好推动其旗下 FedEx Express & FedEx Ground 的快速发展。

【赞助目标】

- 通过赞助合作提升联邦快递的品牌形象
- 为 FedEx Ground 这一旗下品牌提供互动性的发展平台
- 为它的世界级客户提供一次托运体验,以强化他们与现有客户、潜在以及重要客户的关系
- 提高盈利收入
- 激发员工的自豪感和凝聚力

【赞助推广体系】

1. Air & Ground 推广措施
- 每周在 NFL 官网上进行宣传
- 每周二和周五在《今天美国》上推广
- 参加超级碗新闻发布会
- 赛季末的公关活动

2. FedEx Controlled Vehicles 推广措施
- 充分利用 FXTV(联邦快递电视网络)
- 充分利用联邦快递官方网站
- 包装上印有 NFL 的相关信息

3. Shipping Services 推广措施
- 为 NFL 提供业务服务
- 为 NFL 32 支俱乐部提供业务服务
- 提供超级的票务快递业务
- 为 NFL 运动提供专门服务(如护照)

4. 广告策略
- 每周一 ABC（美国广播公司）NFL 专题节目广告
- 《今日美国》广告
- 广播
- NFL 主题印刷广告
- 电视广告

5. 联邦快递内部员工激励举措
- 搭建内部交流平台
- 赠送员工比赛门票
- 海报宣传
- 开展针对不同岗位员工的工作

6. 销售刺激
- 门店推广
- 员工激励

7. 网络渠道
- 联盟快递官方网站
- NFL 官方网站

8. 客户招待礼遇
- 亲临超级碗现场
- 接触 32 支球队
- 联邦快递专题日活动
- 客户交流活动

【亮点推广活动】
1. 赞助最佳四分卫和跑锋的选拔活动。
2. 联盟快递全国门店内为顾客免费提供 NFL 赛事手册。
3. 比赛现场设"OPEN HOUSE"提供招待联邦快递的 VIP 客户。

案例思考题
1. 联邦快递为什么选择赞助 NFL？
2. 联邦快递的赞助策略是如何完成其赞助目标的？
3. 联邦快递在赞助营销上有何创新之处？

本章小结

职业体育联盟赞助在国际和国内赞助市场上都占据着举足轻重的地位，其中时间跨度大、地域范围广和风险较低是其主要特征，同时体育联盟也是一个最为综合的体育赞助推广平台，这些都使得其越来越受到赞助商的青睐。职业体育联盟可以有助于树立企业市场领先的品牌形象，并帮助企业建立与行业管理协会的良好关系，然而我们还需充分认识的是，职业体育联盟也存在着和球迷比较疏远的现实劣势。我们在选择职业体育联盟赞助资源时，应关注其项目特征、联赛地位以及电视转播等元素，同时在推广中也应加强与其他营销手段的综合运用，以期达到事半功倍的效果。

本章思考题
1. 职业体育联盟赞助有哪些独特之处？
2. 企业选择赞助职业体育联盟可以达成哪些目标？
3. 企业在选择和推广职业体育联盟应重点考虑哪些因素？

推荐阅读

[1] 〔美〕斯托尔特,〔美〕迪特默,〔美〕布兰韦尔.体育公共关系组织传播管理[M].沈阳:辽宁科学技术出版社.2008
[2] 杜丛新.国外职业体育组织产权制度研究[M].北京:中国地质大学出版社.2012
[3] 鲍明晓.中国职业体育评述[M].北京:人民体育出版社.2010
[4] 颜强.金球[M].南京:凤凰出版社.2009

第六章

职业体育俱乐部赞助

"我们和利物浦的合作符合我们发展长期合作伙伴的集团视野,我们的合作是互惠互利的,因为我们将提高利物浦俱乐部打印和文件管理的效率并降低成本。同时,我们将成为B2B领域的领跑者,提升自身影响力。"

——柯尼卡的运营总监和秘书长尼尔·丁格里

本章要点

- 职业体育俱乐部赞助的特征和形式
- 职业体育俱乐部赞助的优势和劣势
- 职业体育俱乐部赞助的选择和推广策略

第一节 职业体育俱乐部赞助的发展和现状

一、职业体育俱乐部赞助的发展

目前,在足球、篮球、网球、高尔夫等国际化程度较高的运动当中,作为世界第一运动的足球,一直以来是商业化的标志。1855年,世界上第一个足球俱乐部——谢菲尔德足球俱乐部组成,此后各种足球俱乐部在各地纷纷出现。当时的足球俱乐部是管理球赛的一种非营利机构。职业体育俱乐部作为自主经营和自负盈亏的经济体,其收入来源主要由运动员转会、出售电视转播权以及广告与赞助这几个方面。

20世纪50年代中期,佩纳罗尔队签署了第一份球衣广告合同。10名球员穿着胸前印有公司名称的球衣上场,只有一名球员坚持穿着自己的旧球衣。意大利是最先把商业赞助活动引入到现代足球运动的国家,1980年,意大利18支甲级队在球衣广告上获得了200万美元的收入。直到1995年,意大利联赛开始出现国际赞助商,如英国的恩宝公司赞助了国际米兰、拉齐奥、那不勒斯和帕尔玛等。而俱乐部赞助发展至今,每一个足球运动员都已经成为了一个活动的广告,并且发展到了赞助商的标识、产品和服务已经充斥了俱乐部的衣、食、住、行等各个方面。

二、职业体育俱乐部赞助的现状

在职业体育俱乐部的三大收入来源里,赞助在其中占着重要地位。然而,由于国内外体育管理体制和体育产业发展环境的差异性,以及企业对于广告赞助的认可度不同,赞助在职业体育俱乐部经营收入中所占的比例也不尽相同。以中超和英超为例,中超俱乐部资金的主要来源是赞助,而英超俱乐部则是呈现电视转播收入、门票收入以及赞助和广告各占1/3的情况。即便赞助在中超俱乐部中更为重要,但是我们仍然可以从中、英职业足球俱乐部的广告赞助的类别比较中发现,英超俱乐部所获得的赞助金额还是要远超于国内俱乐部的(表6-1)。

表6-1 中英职业足球俱乐部经营状况比较一览表[①]

	平均每场观众(万人)	平均上座率(%)	门票收入占总收入(%)	电视转播占总收入(%)	广告赞助占总收入(%)	其他收入占总收入(%)
英超	3.34	90	30	30	28	12
中超	1.01	35	12	1	60	27

表6-2 2010年欧洲10大职业足球俱乐部赞助与广告收入情况[②]

俱乐部名称	赞助与广告占收入比例(%)	价格(百万欧元/年)
皇马	36	172.4
巴塞罗那	34	156.3
曼联	31	114.5
拜仁慕尼黑	56	177.7
阿森纳	20	51.2
切尔西	25	62.8
AC米兰	39	91.8
国际米兰	26	54.1
利物浦	42	85.7
沙尔克04	45	90.9

表6-3 2011年欧洲职业足球俱乐部11大胸前赞助(欧元/年)

俱乐部名称	主赞助商	签约价格(万)	合同期限(年)
巴萨	卡塔尔基金会	3 000	5
皇马	BWIN	2 500	3(续约)

---

① 雷旭.中英职业足球俱乐部主要经济来源对比[J].西安体育学院学报,2006,23(5):37~39
② Football Money League 2012 Sports Business Group [R]. 2012,9~20

续 表

俱乐部名称	主赞助商	签约价格(万)	合同期限(年)
拜仁	德国电信	2 500	3(续约)
曼联	AON	2 400	4
利物浦	渣打银行	2 000	4
AC米兰	阿联酋航空	1 400	4
切尔西	三星	1 300	3(续约)
国际米兰	倍耐力轮胎	1 200	—
尤文图斯	JEEP	1 170	3
曼城	阿联酋航空	900	—
阿森纳	阿联酋航空	670	8

从表6-2和表6-3中,我们可以发现以下几个特点。

第一,皇马和巴萨无论是在俱乐部的赞助收入,还是在俱乐部的球衣胸前广告收入方面都位列前两位,说明竞技水平和成绩依然是决定赞助金额的核心因素,而这两支西班牙豪门的商业价值也被全世界的赞助商们广泛认可。

第二,在这两项排名中,英超都有4～5支俱乐部入选,算是基本占据了半壁江山,这就证明了俱乐部所生存的环境——职业联赛,对于职业体育俱乐部赞助市场的开发也是至关重要的,高水平的联赛竞争激烈而精彩,自然吸引了大量球迷的关注,而赞助商们当然也会紧随着球迷而加大对于俱乐部的赞助投入。

第三,拜仁慕尼黑是除了排名末尾的沙尔克04之外唯一入选的德甲球队,却在两个表中都紧随皇马和巴萨之后稳居第三,这说明了虽然德甲联赛的影响力不如英超和意甲,但是凭借着德国在欧洲首屈一指的经济实力以及众多的国际企业赞助商,拜仁得以获得非常稳定的赞助收入。

实践链接

巴萨无奈巨额债务,历史上首次卖出球衣胸前广告

2011年,在天价负债的重压下,巴萨终于历史上第一次出售其球衣胸前广告。巴塞罗那俱乐部25日经过会员大会表决,通过了接受卡塔尔基金会5年半时间总标的为1.17亿欧元的胸前广告赞助协议。

在巴塞罗那俱乐部112年的历史上还从来没有出售过球衣胸前位置,这也是巴萨一直引以为豪的光辉传统,巴萨只是在2006年将胸前广告位置无偿地留给了联合国儿童基金会,为推广国际儿童慈善事业做义务宣传。但是今天,尽管有许多反对的声音,但巴萨会员大会还是以697票赞成、76票反对和36票弃权的结果通过了这一很有争议的决议。

卡塔尔基金会的字样将登上巴萨球衣,他们与巴萨签订了号称足球历史上最昂贵的一笔赞助,尽管该基金会主要从事中东地区的教育、科研和社区活动,但他们还是首次改写了巴萨的传统。

巴塞罗那这次也是迫不得已,上赛季巴萨亏损了7 960万欧元——这是他们在过去的7年中首次亏损。巴萨目前的总负债已经高达4.42亿欧元。巴塞罗那俱乐部副主席法奥斯在会员大会前告诉巴萨的会员,俱乐部董事会觉得除了接受这一笔赞助外没有别的选择,因为"它有着巨大的经济影响"。

巴塞罗那"梦之队"的缔造者克鲁伊夫此前曾对此评论说,这样的行为很庸俗,而数以千计的巴萨球迷也曾集体签名要求巴萨撤销这一胸前广告赞助。

(资料来源:新华网2011年9月)

雪佛兰中国杯

通用汽车旗下雪佛兰品牌与英超俱乐部曼彻斯特联队日前宣布:雪佛兰品牌成为曼联的官方汽车合作伙伴,双方签订了为期5年的合作协议。此外,作为2012年曼联全球巡回赛的一部分,曼联"雪佛兰中国杯"将于7月份开赛。

雪佛兰作为通用汽车旗下销量最大并持续成长的全球品牌,此次与曼联结缘,是首次涉猎足球事业。雪佛兰承诺:在与曼联为期5年的合作中,自己不仅是一位赞助商,更会全力协助曼联专注足球运动,拉近球迷与曼联俱乐部之间的距离。今年7月份,雪佛兰还将承办曼联2012年世界巡回赛的中国赛事,命名为"雪佛兰中国杯"。届时,曼联首场将在上海体育场迎战上海申花队。之后,曼联还将与另一支中超球队展开对决。

雪佛兰还表示,将支持"同一个世界足球"公益计划,在未来3年内向世界落后地区的青少年们捐赠共计150万个足球,雪佛兰也因此成为该公益计划的第一个公司赞助商。在中国,雪佛兰也将积极参与这项公益事业,通用汽车表示将为"雪佛兰红粉笔乡村教育计划"学校的孩子们送去足球。在发布会上,两位来自"雪佛兰红粉笔计划"的小朋友,从曼联两位著名球星——瑞恩·吉格斯和布莱恩·罗布森手中接过足球,成为首批受益于此计划的中国儿童。

(资料来源:《腾讯汽车》)

第二节

职业体育俱乐部赞助的特征和形式

一、职业体育俱乐部赞助的特征

(一)地域性

职业体育俱乐部赞助的地域性主要是由于职业体育俱乐部通常都是以城市为单位组建,例如,曼彻斯特联足球俱乐部、皇家马德里足球俱乐部、洛杉矶湖人等,俱乐部本身具有强烈的地域特点。一般情况下,当地的球迷只会支持当地的球队。球队俱乐部作为一个地区的团体,它所代表的文化和价值往往会超出了体育运动本身,是一种感情的维系与纽带,这时候的球队就成为一个地区的代表和象征。

泰国胜狮啤酒自2010年起作为曼联的官方啤酒商合作伙伴,获得了在曼联的老特拉福德球场销售啤酒的独家代理权，让曼联的支持者日后在观看比赛的同时，就可尽情享用胜狮啤酒。同样，利物浦队的球迷在观赛时，会购买嘉士伯而不是胜狮。所以，职业体育俱乐部赞助呈现出明显的地域性特征。

（二）长期性

职业体育俱乐部赞助的长期性主要体现在俱乐部与冠名赞助商和球衣赞助商之间的合同期限。俱乐部与赞助商的长期战略合作，便于赞助商制定和开展长期的具有战略性的整体营销计划。曾经在1982～2000年，日本电子产品巨头夏普作为球衣胸前广告赞助商与曼联保持了长达18年的合作。夏普便是凭借曼联在欧洲的巨大影响，迅速打开了欧洲市场，而这支英格兰最具影响力的球队也借此向亚洲传播自己的历史和文化。

球迷是对俱乐部文化感受最深刻的群体，随着品牌形象与俱乐部文化在长期合作中的相互融合，球迷对于赞助商形象与文化的了解也更加深刻。利物浦队曾经的球衣广告商嘉士伯啤酒自从1992年出现在利物浦队的主赞助商开始到现在的合作伙伴已经度过了20个年头，这已经成为国际足坛最长的赞助之一，嘉士伯的商标也随着利物浦队一起成为广大球迷心中无法磨灭的经典。

（三）丰富性

职业体育俱乐部赞助的丰富性主要体现在以下两点。

第一，职业体育俱乐部赞助的形式多样。职业体育俱乐部赞助的形式主要分为6种：冠名赞助商、球衣赞助商、赞助商、供应商、票面广告商和授权产品经销。俱乐部还可以根据运动项目特点、地域特点或者自身特点等开发新的赞助形式。

第二，职业体育俱乐部赞助的类别多样。俱乐部的赞助商类别早已突破了传统的体育类赞助商，除了体育运动服装和体育运动器材，还囊括了啤酒、汽车、航空、银行、博彩、电信、零食等诸多看似与体育不相关的行业。

奥运会的TOP计划为了保证赞助商全球排他权的同时能够提高市场开发的收入，采用了细化赞助商类别来增加赞助商数量。职业体育俱乐部也仿效了此种做法，对赞助商进行细致的分类。例如，曼联将酒类赞助商分为啤酒、葡萄酒和酒精饮料3类，并且拥有10家不同地域的电信类赞助商。

（四）直观性

职业体育俱乐部赞助的直观性主要表现为3类：①俱乐部使用带有冠名赞助商名称的名字。俱乐部被冠名后，赞助商名称将出现在所有与俱乐部有关的电视转播、新闻报道、官网名称、宣传资料上，带给赞助商一种植入式的宣传方式。②赞助商品牌出现在俱乐部的球衣上。赞助商LOGO将随着俱乐部的比赛和新闻，通过电视转播、报纸图片、网络图片等形式传播，给赞助商带来直接的赞助效果。③现场观众的直观感受。现场的观众除了能从以上两项中直观地获得赞助商信息外，还能够从手持的门票上、现场独家产品销售以及球迷用品销售等方面直接了解到俱乐部的赞助商信息。

二、职业体育俱乐部赞助的形式

（一）冠名赞助商

俱乐部名称是用文字表现的品牌核心要素，是俱乐部的第一人称，是建立品牌的基础。在国内，冠名赞助商通过购买职业体育俱乐部的冠名权，以企业名称命名俱乐部，并且在赞助期间,俱乐部必须使用被冠名后的名称参加各类赛事,例如:江苏舜天足球俱乐部,上海玛吉斯篮球俱乐部,广州恒大排球俱乐部等,就足球、篮球、排球这3项国内职业化程度较高的项目来看,每一家俱乐部都有冠名赞助商,并且出售"冠名权"已经成为了国内职业体育俱乐部的主要收入来源。

实践链接

　　北京国安俱乐部虽然不是中国足坛中成绩最好的球队,但由于身居中国首都,俱乐部品牌价值无疑受到首都政治、经济、文化的影响。对于以"冠名权"收入为主要经济来源的中国足球俱乐部,北京的足球俱乐部受到更多国际国内企业的关注。在2003年之前,中信国安集团一直是俱乐部的冠名集团,之后,集团将冠名权转让北京现代汽车,合同为期3年,俱乐部3年获得1.18亿,也就是每年收入4 000万元的冠名费用,占俱乐部2003年收入的60%。另外,NIKE的广告场地赞助占10%左右,再加上其他的一些广告赞助,以及10%的门票和产品授权就是总的收入构成了。即使如此,从财务上看,也只有将中信国安每年将近4 000多万的投入算做收入才能够基本达到收支平衡。

(二) 球衣赞助商

职业体育俱乐部的球衣赞助商可以分为两大类,胸前广告赞助商和服装赞助商。

首先是俱乐部的胸前广告赞助商。国外的职业体育俱乐部通常不是直接冠名俱乐部名称,而是采用冠名球衣的方式,也就是我们通常所说的胸前广告,并且俱乐部将这类赞助商称为主赞助商(main sponsor 或者 principal sponsor)。

其次是俱乐部的服装赞助商(kit supplier)。顾名思义,服装赞助商是为俱乐部提供参赛和训练服装的赞助商。其中最为常见的就是NIKE和ADIDAS,其涉猎的运动项目多样。除此之外,我们还经常可以在欧洲的足球场上看到茵宝、彪马等品牌。

实践链接

　　球衣的胸前广告赞助额对国外职业体育联赛发展起到至关重要的作用,统计显示,10年前,英超、德甲、意甲、西甲、法甲以及荷甲这6大联赛球衣广告总额为2.35亿欧元,但在过去的2010-2011赛季,这一数字已经翻番。这其中,又以英超最让人叫绝,2010-2011赛季,英超胸前广告总额已经达到1.28亿欧元,冠绝整个欧洲,而意甲则位列德甲之后,位居欧洲第3位。

近年来,国内体育运动服装业崛起了不少民族品牌将目标转向国外。其中特步就于2010年支付了9 000万港元的赞助费并供应价值1 000万港元的运动服装,与伯明翰城俱乐部签约5年。特步为伯明翰城队提供全套比赛和训练装备,特步也成为首个为英超球队提供球衣的中国品牌。随着国内体育品牌的发展,越来越多的国内企业仍然会在将来进入到国际顶级职业体育俱乐部的赞助商行列。

相较于欧洲的各大篮球、足球或是冰球俱乐部每年高昂的胸前广告赞助费,2009年

NBA官方才放宽关于胸前广告的禁令,各队可以出售训练服的胸前广告后,网队便成为首支出售训练服广告的队伍,与美国PNY科技公司签署了为期两年价值6位数的广告协议。面对NBA球衣广告的禁令,国王老板马鲁夫兄弟直言:"球衣上的广告,早已经成了体育的一部分,我们根本没有理由拒绝。已经有很多人对我们的前胸感兴趣了,只要禁令取消,我们立刻签约。"或许,胸前广告的赞助价格新高会在不久之后出现在美国4大联盟中。

国内俱乐部眼看着国外各大豪门的胸前广告价格水涨船高,自然也想通过出售胸前广告为俱乐部增添收益。2012年3月,中国奢侈酒类茅台酒斥资5 000万元人民币,用巨额的赞助费成为贵州人和的胸前赞助商。从图6-1中可以了解到目前中超俱乐部对于球衣广告的开发有胸前广告、背后广告和臂章广告。

图6-1 上海申花足球俱乐部球衣招商广告位

A:比赛球衣胸前广告(200 cm^2);B:比赛球衣背后广告(200 cm^2);C:比赛球衣臂章广告(50 cm^2)

(三) 合作伙伴和供应商

职业体育俱乐部合作伙伴(official partner)的企业种类繁多,通常这类赞助商可以获得冠名俱乐部相关活动的冠名权、独家为俱乐部提供实务性服务的权利、生产销售俱乐部的授权产品的权利等,例如:曼联"雪佛兰中国杯"、"七匹狼皇马中国行"等。供应商主要为职业体育俱乐部提供实务服务,主要有物流、电信、运动器材、技术等企业。技术方面的供应商大多出现在F1等对技术要求含量较高的俱乐部中,法拉利车队拥有3家供应商,分别是轮胎供应商——O.Z、汽车配件供应商——Schuberth和健身器械供应商——Techno Gym。

实践链接

曼联足球俱乐部的供应商包括旅游业——Thomas Cook,航空业——土耳其航空,电信业——各地区电信企业。其中,作为欧洲第4大航空公司,土耳其航空将会负责曼联一队成员以及工作人员前往参加欧冠客场比赛的航班,此外,还为其他在欧洲以及全球范围的巡回赛和训练营活动提供航空服务。Thomas Cook体育会为曼联一队成员以及官员提供全球旅游服务,球迷也可以享受专有的比赛日服务,包括四星或五星的食宿提供,Thomas Cook 体育还可以在曼联征战欧冠作客赛事时,为球迷提供海外旅游服务。Thomas Cook 体育还会为曼联 Holiday 俱乐部的会员提供假日旅游优惠折扣,俱乐部会员可以在 Thomas Cook 或 Going Places 旅行社中获得优惠的旅游服务价格。

(四) 广告商

俱乐部的广告商主要有票面广告商和广告位广告商。

首先,票面广告商主要是在俱乐部主场的比赛门票上设计广告位进行市场开发,赞助商通过赞助门票在球迷群体中达到有效的宣传效果。票面广告商的赞助效益会受到上座率的直接影响。2002－2003 赛季英超联赛的观众超过了 1 300 万人次,平均单场比赛的观众人数达到了 34 324 人,平均单场比赛的上座率为 90%～92%。所有的俱乐部售出的球票有 90% 是季票,5%～8% 为零售票,3%～5% 为客队球迷预留票[1]。

目前国内的普遍情况是开发票面赞助商的权利一般不归俱乐部所有,而是由主办方统一管理;而国外的职业体育俱乐部对于票面设计的自主性更大,但对于票面大多也没有进行单独的市场开发,而是将票面广告位作为主要赞助商的回报权益(图 6-2,图 6-3)。

图 6-2　2012 赛季足协杯票务公开招商/招标图

图 6-3　曼联球票

其次,俱乐部还可以通过出售场地广告牌获得赞助收益。在英超联赛中,俱乐部主场的广告位归俱乐部所有,俱乐部可以直接通过出售广告位获得收益;中超的现场广告位则是由

---

[1] 郑卸撮.英超足球俱乐部经营状况之研究[J].体育与科学,2006,27(3):65～78

中超公司和俱乐部按照一定比例分配的;美国的4大职业联盟则是联赛现场广告牌的所有者,俱乐部可以按照比例获得分红。

本节案例

七匹狼:两次踏进同一条河

说起七匹狼,大家对它的狼文化可能印象深刻。应该承认,在文化营销这一块,七匹狼确实做了很多让人耳目一新的事情。但在2003年和2005年,七匹狼对皇马中国秀的两次赞助行动,却给业内人士留下了不少茶余饭后的笑资。俗话说吃一回亏,学一回乖,精明的狼不知被什么冲昏了头,两次踏进了同一条河里。

第一次,七匹狼耗费400万元的赞助费成为皇马中国行的唯一指定服装赞助品牌,胸怀国际的理想值得肯定,足球精神与七匹狼的文化理念也有相通之处,但是,七匹狼在搭皇马顺风车的过程中,似乎缺乏长远系统的营销理念以及严密的环节控制,而把赞助当成了一次性商业行为,结果导致漏洞百出:

其一,在赞助前,不知是七匹狼没作调研还是有意忽略这个事实:皇马早就有了服装赞助商——ADIDAS。按照排他性合同,在全队出现的公共场合,皇马队员必须穿ADIDAS的服装。所以后来人们在七匹狼的大幅广告中看到,皇马巨星身着的竟然是ADIDAS运动服——花大价钱为竞争对手做广告。

其二,七匹狼号称中国夹克之王,是国内休闲服的领军品牌,这次在广告中出现的代言人形象全是身着运动装,七匹狼到底是休闲服还是运动服,不免让人产生困惑?退一步讲,就算这些运动场上的健将穿上休闲服,又能在多大程度上让消费者认可其"休闲"形象呢?

其三,七匹狼"相信自己,相信伙伴",可负责皇马中国行的高德公司却把七匹狼好好"涮"了一回。按照合同,皇马球星在王府井购物游览时将进入七匹狼专卖店参观,皇马球星登长城时会在七匹狼广告牌前停留并留影等,最后高德公司对七匹狼在赛场外的这些承诺一项都没有兑现。七匹狼对活动的控制力、执行力于此可见一斑。

两年后,皇马开始第二次中国行,仍以服装赞助商出场的七匹狼,似乎并没能吸取上回的教训,而是再次充当了冤大头,甚至更冤。七匹狼出资300万与高德公司签订协议,邀请皇马全队在北京昆仑饭店出席产品新闻发布会。为此七匹狼早早租赁了酒店最大会场并作了精心准备,可结果是等待了2个小时后,皇马的人仍不见影子,组织方只好对外宣布发布会取消——

七匹狼不仅蒙受了经济上的损失，更重要的是他们早已为此次活动进行了大量宣传。据说皇马爽约，原因是它与高德公司在合同细节上出现了分歧。而就在同一天，吉列公司迎来了自己的形象代言人贝克汉姆，奥迪中国迎来了罗纳尔多与菲戈；第2天ADIDAS的活动也成功请到了贝克汉姆和劳尔，场面可谓火爆。如此结果，无异于给七匹狼脸上狠狠扇了一记耳光。

第三节 职业体育俱乐部赞助的优势和劣势

一、职业体育俱乐部赞助的优势

（一）区域影响力大

赞助商对于区域的影响力很大程度上取决于俱乐部的成绩以及在当地的影响力。对于城市来说，职业体育俱乐部的竞赛成绩与城市的荣誉密切相关，并且会对那些帮助城市获得荣誉的俱乐部赞助商，给予最高的关注度和美誉度。2005年新科冠军杯得主——利物浦队捧着银光闪闪的冠军奖杯衣锦还乡。为庆祝心爱的球队夺冠，利物浦有30万市民昼夜狂欢，庆祝持续了24小时。当利物浦球员坐上大巴展示冠军奖杯时，这一庆祝活动达到了高潮。利物浦全城到处可见红色的球衣、队旗和利物浦的标志，整个利物浦变成了一片红色的海洋，30万市民身着利物浦球衣，利物浦的主赞助商和球衣赞助商已经影响到了利物浦的每位市民。

（二）球迷忠诚度高

忠诚的球迷是俱乐部最宝贵的财产，球迷对俱乐部的偏爱，使得他们更倾向于购买俱乐部及其赞助商的产品或服务。而且由于不少球迷与俱乐部之间的感情，是从小就养成的，因此他们会表现出一些行为特点：对俱乐部及其赞助商的产品或服务信息非常关注、愿意向亲朋好友推荐产品、对产品价格敏感度低、对竞争对手的产品嗤之以鼻等。当赞助商愿意为俱乐部的发展出力，球迷便会自然而然提升对这些品牌的关注度和好感度；随着长期的赞助合作，赞助品牌的形象与俱乐部的文化越来越紧密，球迷便会将赞助商看做是俱乐部的一部分，同时发展成为赞助商的忠实消费者，而且这种忠诚度一旦建立就很难受到竞争产品的影响。

（三）赞助运作自由度高

赞助运作自由度高，源于先进的俱乐部管理体制。俱乐部大多是自主经营、自负盈亏的经济实体，无论它的投资形式如何，都采用独立的经济核算。俱乐部通过社会监督和市场监督机制，同时提高俱乐部的管理水平，使得俱乐部赞助运作市场化。俱乐部的自主经营权利较大，受到其他政府或机构的约束较小，在赞助资源开发、赞助商服务和管理方面，可以享有较大的创造空间和自主决策权力。

（四）俱乐部形象鲜明

决定最终赞助效益的一大因素就是赞助商品牌与俱乐部形象的契合度。成功的赞助合作中，赞助商往往能从俱乐部的形象或文化中寻找到与自己品牌形象相契合的部分。每一个俱乐部都会有多年传承的文化,长久积累之下便形成了独特鲜明的俱乐部形象。积极阳光的俱乐部形象往往是赞助商所喜爱的,并且提炼出与品牌所契合的关键,便可以有效提升赞助效益。

实践链接

> 曼联俱乐部经理 Matt Busby 曾说过:"人们不光是看球,他们还想得到娱乐。曼联倡导攻势足球,这就是曼联为什么吸引众多追随者的原因。消费者对品牌的高度投入是因为品牌代表了质量,球迷很少改变他们的忠诚,曼联不只是销售质量足球,而且他们也在销售一种经历。对曼联球迷而言,曼联代表了情感和非凡的领导力,成为俱乐部会员不仅仅基于优先权,它还有更深层次的原因。人们喜欢和成功联系起来,生活中成功的人和成功的品牌联系起来会得到一种心理安慰,自己作为俱乐部大家庭的一部分,能提高球迷自尊,也能增加他们的归属感。"
>
> 曼联的赞助商 DHL 就认为,曼联和 DHL 一样拥有无尽的激情,团队精神以及乐观进取的态度,正是这些相同的品质,令 DHL 和曼联在各自的领域中保持领先地位。而曼联的自信、强大和高贵的形象则与其啤酒赞助商——胜狮相契合。

(五)赞助营销手段丰富多彩

职业体育俱乐部的赞助形式丰富,当企业成为俱乐部赞助商之后,所要做的就是运用一系列的赞助营销手段来激活赞助,最终达到赞助的目的。例如,举行商业性赛事、组织球迷观赛、合作开发限量纪念产品等,并且赞助商们还在不断涌现新的营销手段。近年来,商业性赛事开发成为职业体育俱乐部经营的主要内容之一,也是赞助商乐于采用的营销手段。英超各俱乐部的商业性比赛也安排得较为频繁,其目的是通过与世界各地球迷的直接接触,赢得海外市场、扩大知名度,从而取得更大的经济效益,赞助商也可以借此提升自己的赞助效益和影响力。以曼联俱乐部为例,来中国比赛的目的更多的是要强化品牌、积累人气[1],1999 年曼联与上海申花队比赛时,8 万张门票在 1 小时就销售一空。

二、职业体育俱乐部赞助的劣势

(一)效果受俱乐部竞技成绩影响较大

俱乐部的竞技成绩很大程度上会直接影响到球迷的数量。这种以成绩决定球迷数量的情况在国内尤其明显,因为国内的球迷并没有形成如英超那样浓烈的球迷文化,国内球迷对于球队的忠诚度不高,往往会呈现出"俱乐部成绩好时一票难求,俱乐部成绩差时无人问津"的情形,而球迷对赞助商的关注度来源于球迷对俱乐部的关注,俱乐部一旦失宠,赞助商的境遇也只能用唇亡齿寒来形容,似乎再有新意的营销手段也不能挽回球迷的目光。

俱乐部的成绩还会对电视转播产生很大的影响。在与特步达成合作关系一年后(即 2011 年),伯明翰城俱乐部由于成绩不佳,惨遭降级。对于中国球迷来说,英超与英冠的区别在于,前者电视会转播,后者连新闻都很少能看到,一支被降级的欧洲球队,品牌号召力自

---

[1] 郑卸撮.英超足球俱乐部经营状况之研究[J].体育与科学,2006,27(3):65~78

然也会受到影响。对原本希望借助全球球迷对英超联赛的关注度,扩大品牌在国内乃至国外消费者中的影响力的特步来说,可谓开局不利,遭到重大挫折。

实践链接①

> 某次对托特纳姆热刺的首席主席的采访中,他说:"首先,它是一个足球俱乐部,其次才是商业机构……球场上的成功是利润的源泉。……我的观点是你必须……首先在球场上获得成功,但是,为了做到管理适当,你必须有恰当的商业结构以确保你能从球场上的成功中获益。"

(二) 可能受到来自于联赛和协会的限制

目前我国在职业体育俱乐部的管理体系上,中国的职业体育俱乐部是两极管理模式:各项目协会——职业俱乐部。其组织构成上依然是两种体制并存,即一半是社会化的市场经济体系,一半是行政管理计划经济体制。由于这种联办方式一般只是在"协议层次"上的合作,不是真正意义上的俱乐部,往往有"两层皮"之嫌②。我国的篮球、排球、乒乓球都是已经职业化的体育项目,并且也是由地方队伍或者是俱乐部的名义参加比赛,可是受到协会的制约,俱乐部的球衣赞助、票面广告等部分资源不归俱乐部所有,不能进行相应的市场开发。

国外的俱乐部也同样会受到联赛或联盟的限制。美国职业体育4大联盟一直禁止其俱乐部出售球衣胸前广告。主要原因有两个方面:①北美4大体育联盟都极为重视社区的概念,他们认为球队是当地社区的一部分,因此售卖胸前广告,有亵渎城市社区精神之嫌;②董事会担心,如果解禁胸前广告,会影响球场冠名等广告的投放兴趣。

(三) 辐射范围很难超越城市

职业体育俱乐部的地域性特征在为赞助商提升地域影响力的同时,也带来了被地域所限制的负面影响。以与足球关联度较高的啤酒为例,几乎每家职业足球俱乐部都拥有自己的官方啤酒合作伙伴,球迷也多会支持自家俱乐部的赞助商,曼联的球迷多会购买胜狮啤酒,利物浦球迷则多会购买嘉士伯啤酒,也就是说此时赞助商想要进入对方城市的市场壁垒就会提高。

(四) 媒体过分关注,负面消息较多

媒体拉近了俱乐部与球迷的距离、增加了俱乐部的曝光度、提升了俱乐部的品牌形象,但是出于社会对于负面消息的强烈关注以及媒体对于挖掘新闻的本能,同时媒体也为了提升销量、赚取公众眼球,从而过分关注俱乐部的动向,使得俱乐部的负面消息增多。俱乐部与媒体的关系,实际上是指俱乐部与新闻界的关系。20世纪50年代电视的突然崛起改变了媒体报道和体育传播。电视在对体育赛事进行的同步报道,平面媒体开始着重于分析、评论和调查性报道。调查将目光投向了经济、贪污以及其他一些赛场外事件,因此涌现出了大量的媒体报道。同时,由于媒介霸权的存在,媒介报道首先强化看到的事实,这些大量的报道

---

① 斯蒂芬·摩洛主编.金艳丽译.足球经济的奥秘:足球、金钱、社会[M].北京:中国金融出版社,2006
② 蔡文利,李正.中西足球职业俱乐部比较分析[J].体育文化导刊,2008,(11):91~95

会提升事件的重要性,然后帮助人们进行议程设置和在聚光灯下、在受众面前赋予或者塑造球员和俱乐部可信的形象,或者相反。

本节案例①

玛吉斯牵手上海男篮

【赞助背景】

2002年姚明加盟休斯敦火箭后,球队步入后姚明时代,失去了主心骨的大鲨鱼男篮战绩一蹶不振。2009年3月,惨淡经营多个赛季后,球队的赞助商西洋集团最终选择撤资,同年夏天,姚明全资拥有的上海泰戈鲨客投资管理有限公司与上海东方篮球俱乐部的股东就俱乐部股权转让事项达成一致,并正式签署俱乐部股权转让的"框架协议",姚明成为上海东方篮球俱乐部老板。同年12月18日,正新集团成为上海男篮的冠名赞助商,球队以"上海玛吉斯轮胎男子篮球队"的名称征战2009-2010赛季的CBA中国男子篮球职业联赛,主场迁至浦东源深体育中心。

玛吉斯轮胎隶属于正新橡胶(中国)有限公司,是其旗下的高端轮胎品牌,华人自创轮胎品牌的代表者。2010年总产值达40亿人民币,是国内最大橡胶轮胎生产企业之一。产品拥有世界性销售网络,营销范围遍及欧、美、日等140多个国家与地区。别克、福特、尼桑、荣威、奔驰、三菱、现代、奇瑞、比亚迪、名爵等都是其合作伙伴。以市场占有率来看,在众多的轮胎品牌中,玛吉斯排名前五强。

"玛吉斯专注于质量,以质量取胜。过去我们一直认为酒香不怕巷子深,可是中国的消费者在选择产品时对品牌的依赖度很高。"在采访玛吉斯轮胎副总经理张传顺时他这样说道。

【营销策略】

1. 媒体宣传 玛吉斯采用了上海华东地区的几大媒体,几大媒体有一个综合的组合结构:电视媒体、报纸媒体、专业杂志媒体、创新媒体,也涉及具体的促销物料制作,对这些媒体进行了细致的运用。

2. 激活营销 玛吉斯设计了姚明广告:信赖源自实力。在这款新春上市广告的主视觉中,姚明以一袭黑色西装亮相,坚实厚重的手掌托起了印有玛吉斯LOGO的轮胎篮球,上方"信赖源自实力"的Slogan则将这幅篮球与轮胎巧妙融合的画面映衬得格外得体、和谐;玛吉斯在赞助上海男篮和姚明合作后取得了姚明肖像权、上海队队服、主视觉推广等权益,在具体操作中也充分利用了这些权益。

---

① 资料来源《第一营销网》

3. **招待礼遇** 经销商其实是玛吉斯轮胎稳固市场、开拓市场、挖掘潜在客户、处理客户关系管理的重要环节，也是其销售的命脉所在，因此经销商的稳定是非常重要的，平时经销商的工作是辛苦而繁忙的，玛吉斯通过上海大鲨鱼篮球赛现场门票，组织了玛吉斯忠诚伙伴观摩团，甚至让其见到自己偶像姚明，使得整个销售末端销售激情保持不断。与此同时还将姚明为形象的宣传品以大幅海报的形式分发到各个门店，致使整个店里都充满了篮球的激情，大大刺激了终端门店对客户的吸引力，也刺激了他们在经销店里的气势，形成了健康、阳光的团队文化。

4. **公益营销** 2010年玛吉斯开展了"玛吉斯轮胎环保大行动"。大力倡导绿色、低碳、环保而又富有运动舒适的驾驶生活；在全国范围免费帮车主检测胎压，将检测胎压而减少的油耗折算成排碳系数，所减少的碳排放量达到36 892吨。

【业界评论】

实力强大的产销体系让玛吉斯轮胎在国内市场立于不败之地，纵观过去的一年，玛吉斯轮胎在品牌建设方面取得了巨大突破，他们的体育营销策略则令品牌效应真正做到了"脱颖而出"。

2009年底，在体育营销领域驰骋多年的玛吉斯，遇到了一支在精神与内涵上与自己企业文化高度契合的运动队——姚明带领的上海男篮，双方签约冠名如水到渠成，共同迈出了默契携手的开端。2010年，进取、领先，拥有橘色LOGO的玛吉斯与激情、年轻、身穿橘色队服的上海男篮携手创造了CBA四强的奇迹，在许多球迷口中，"去看上海队比赛"也因那个赛季的辉煌不知不觉地改为"去看玛吉斯比赛"。

在赛场外，玛吉斯轮胎与姚明一同携上海玛吉斯男篮掀起了一场轰轰烈烈的"2010玛吉斯轮胎环保大行动"，呼吁车主们一起为低碳减排、绿色环保作出努力，数十万车主参与了此次活动并接受了玛吉斯免费胎压检测，而关注姚明、玛吉斯的思维惯性也潜移默化地在社会广大层面的受众中形成。

不仅如此，作为CRC多支车队的赞助商，玛吉斯取得的成绩同样骄人，携手的3支车队分别创造佳绩，玛吉斯华南虎车队的越野名将樊晓获得了N4组国内车手第八名，庆洋车队陈德安"三连冠"后再摘年度冠军，奇瑞星飞腾的王东江斩获佛冈站CRC car冠军，车队由此登上CRC car年度冠军的领奖台。

海外赛场，玛吉斯今年还成为澳网的官方赞助商，玛吉斯橘色LOGO同时入驻澳网中心场地，伴随一轮又一轮的精彩赛事进入了全球数亿球迷的视野。如今，体育已经逐渐成为了玛吉斯轮胎的新名片，提升品牌知名度的同时也为玛吉斯的企业文化及形象注入了全新活力。

"如果品牌与渠道同时做，很难双方兼顾，我们的选择是先将渠道做成规模再推品牌，当消费者看到想买的时候哪里都有。"销售总监张传顺对保持了玛吉斯轮胎一贯的谨慎、务实的风格，但他们在2010年掀起的这场体育营销风暴却并不低调。

第四节

职业体育俱乐部赞助的策略

一、职业体育俱乐部赞助的选择策略

赞助商在选择职业体育俱乐部为赞助对象时,需要考虑到一些可能会影响赞助效益的因素,主要有5个方面:球迷、成绩、明星、政府以及其他赞助商。

(一)球迷群体的规模和忠诚度

"球迷",按照大多数英国人对他们的想象,是一种因为少年时"爱上"某个俱乐部而终身附着于俱乐部的人群。球迷是俱乐部最重要的资产,也是企业赞助俱乐部的主要受众。德国全球领先的体育调查公司 SPORT+MARKT 在全球 34 个国家做调查,每个国家抽取 1 000 人做样本,得出了全球拥有球迷数量最多的 13 家球会排名。调查结果显示,曼联在全球拥有的球迷数量最多,大约为 3.54 亿人,这甚至超过了皇马(1.74 亿人)、AC 米兰(9 900 万人)、国际米兰(4 900 万人)和拜仁(2 400 万人)这 4 家在中国人气很旺的豪门球迷数量之和。排名第 2 位的是巴塞罗那,在全球拥有 2.7 亿球迷。然而不仅是球迷的数量,球迷对于俱乐部的忠诚度也是赞助商在选择赞助俱乐部时关注的重要因素,欧洲的球迷大多从小就成为某俱乐部的拥趸,且毕其一生也都支持该俱乐部,这些球迷才是赞助商们最希望影响的受众群体。

(二)赛季排名和运动成绩

由于赞助商的赞助效果受到俱乐部竞技成绩的影响很大,球场上的胜利并不能保证商业上的成功,但却是一个必须具备的先决条件,所以俱乐部当前赛季的成绩便成了企业是否赞助的重要参考依据。球队的排名和成绩会直接影响到电视转播场次和报道频率、球票的销售量、球场的上座率以及球迷用品销量等。优秀的俱乐部本身会形成一种品牌形象,同时在群众中拥有一定的品牌影响力。

特步赞助的伯明翰队虽然在之后的赛季被降级,但是最初赞助的选择策略阶段,伯明翰队刚刚创造了英超 14 场不败的生猛战绩,并以升班马身份夺得了英超第 9 名。就在达成合约的前两周,伯明翰更是在联赛杯中夺冠,这是这家俱乐部 48 年来拿到的首个冠军。如此强硬的竞技成绩呈现出一副蒸蒸日上的态势,也难怪特步会愿意投巨资赞助伯明翰。

(三)明星资源

俱乐部交易球员的时候更看重其运动能力以及他们能够为俱乐部成绩所带来的提升,而赞助商看重的则是这些明星球员所带来的明星效应,现如今,明星已经不仅仅是一个称谓,他已慢慢演变成一种风向标。企业赞助体育明星的普遍形式是明星代言,通过拍摄广告的形式加以宣传,达到其宣传目的。使用俱乐部的明星资源有时也可以达到同样的效果。而明星资源的优劣就会对赞助商的决策产生影响。

2000 年 7 月,弗洛伦蒂诺·佩雷斯接任皇马俱乐部主席以来,先后转入齐达内、菲戈、卡洛斯、劳尔、罗纳尔多、贝克汉姆、欧文等大牌球星,将这些个人品牌价值附加到皇马俱乐部的大品牌中,并利用球星号召力进行全球范围的品牌推广和市场开发。

(四)政府支持

在体育产业中,政府一直是不可忽略的重要因素,有政府支持的赛事是赞助商的宠儿,有政府支持的俱乐部同样也受到赞助商的青睐。其原因主要有两点:第一,通过签约俱乐部,与政府建立联系;第二,赞助政府支持的球队,有利于增加政府对企业的好感,从而有利于获得政府资源。

> **实践链接**
>
> 2012年中超联赛中,贵州省政府对贵州人和足球俱乐部高规格对待,一个赛季前的动员会派出了贵州省委副书记王富玉以及贵州省委副秘书长李裴等省高层领导出席,作为赛季前的动员大会,人和足球队收获到的最大礼物就应该是来自茅台集团的合作协议,茅台集团成为人和足球俱乐部的官方战略合作伙伴,并且出资买下了人和队的冠名权以及胸前广告,整个费用达到了5 000万,创下了中国足坛的一个纪录。

(五)和其他赞助商合作的机会

在体育赞助的营销创新中就有"联合营销",而拥有能够直接与其他赞助商建立合作关系的机会就是最便捷的联合营销方式。与其他赞助商达成战略合作,不仅可以分摊促销成本,还可以分享渠道,甚至轻易地获得对方大量的客户信息。借助俱乐部的契机和平台,与其他赞助商建立联系,在完成初步的商业合作后,还可以继续达成进一步的战略合作,从而发展成为长期的合作伙伴。

二、职业体育俱乐部赞助的推广策略

(一)针对球迷群体,深度挖掘价值

赞助商和俱乐部通过与球迷的深度接触,更准确得了解到球迷的心理和需求,从而挖掘出赞助的潜在价值,制订出更有针对性的营销策略。英超俱乐部十分注重和球迷的沟通,经常组织球队深入社区,接近普通球迷,与球迷组织进行联谊活动。同时还积极听取球迷代表的意见,改善俱乐部的服务,以吸引球迷的注意力,使球迷对俱乐部产生荣誉感、亲近感和归属感,使其从铁杆球迷变为铁杆消费者[①]。目前欧洲顶级足球俱乐部在门票、电视转播权收入上的盈利空间几近饱和,所以将目光转向球迷商品的销售。曼联2003/2004财年的年度汇报中,明确将"培养球迷成为顾客"作为公司的关键战略。曼联的宗旨是把他们的球迷摆在第一位并与他们建立亲密的关系,俱乐部始终致力于研究球迷们的兴趣,并且为他们创造出适用的产品和服务。截至2003年,曼联建立的客户关系管理系统CRM中已经记载了近200万球迷的具体数据及消费习惯。客户关系管理数据库的建立使曼联更加了解他们的球迷,根据需要对他们进行市场细分,实施更加有效的沟通策略,制定更具针对性的市场策略,与俱乐部的其他商业活动结合带来高额的可持续性的收入。这也是曼联的成功之处,即曼联或许不是世界上最受欢迎的球队或俱乐部,然而,它却是最有能力将球迷转化成具有购买能力的客户的足球俱乐部。

---

① 郑卸撮.英超足球俱乐部经营状况之研究[J].体育与科学,2006,27(3):65～78

(二) 利用明星资源，创造形象关联度

当赞助商赞助俱乐部后，通常会获得一些明星肖像或球队比赛画面的使用权，将俱乐部优质的明星资源整合，将明星元素运用到产品的包装上，从而创造形象关联度。另外，俱乐部的明星们还会参与赞助商广告的拍摄，这样也可以达到明星代言的广告宣传效果。

实践链接

头顶蝉联3届英超冠军光环的曼联队以及全球销量第一的洋酒品牌斯米诺伏特加为了将其共有的冠军精神蔓延全球，斯米诺伏特加特别在7月推出了"红魔"限量版包装，备受曼联球迷追捧。"斯米诺·曼联共举杯"派对更是两个世界第一品牌间的激情碰撞。即便是在昏暗的灯光下，红魔陈列柱内展示的斯米诺"红魔"限量版也同样夺人眼球，在瓶身上，备受欢迎的四大球星吉格斯、贝尔巴托夫、费迪南德以及朴智星的肖像激情四溢。

(三) 借势地方媒体，提升品牌知名度和美誉度

俱乐部与地方媒体通常保持着亲密且良好的关系，赞助商可以借势这些媒体对于当地球迷和市民的影响力，在当地做大量宣传和推广，在加深品牌与俱乐部关联度的同时，提升品牌在消费者心中的知名度和美誉度。

(四) 开发球迷纪念品

俱乐部商品销售通常是围绕球迷的情感需求产生的销售活动。球迷在观看比赛本身所消费的商品只是很小一部分，大多数商品是球迷通过观赏比赛，与球队、俱乐部、球星建立情感联系后，所产生的消费需求。所以球迷是赞助商巨大的潜在消费群体。赞助商只有通过建立球迷情感的附着点，将情感的满足与购买商品联系起来，做到球迷与顾客的自然转化，才是这一盈利模式成功的关键所在。

实践链接

宇舶表在30年前面世，成为瑞士钟表行业的第一个奢华品牌，为纪念与曼联的合作伙伴关系，宇舶钟塔会在老特拉福德的主入口，迎接来到这里的每一名游客和曼联球迷。

作为瑞士奢侈钟表的著名品牌，宇舶还推出45分钟刻度的限量版于表，代表每场足球比赛的半场时间，刻度上印有曼联的红魔记号：这款手表的第一个版本在2008年发行，2009年推出第二代，2011年则改名为King Power Red Devil。

最新这款限量版腕表共有两个版本：500枚黑色陶瓷腕表以及250枚国王金腕表，作为融合工艺以及创新技术的完美结合品，正好能向世界球坛最具传奇色彩的足球俱乐部致敬，每一枚腕表都有非常特别的纪念价值，附有弗格森爵士亲笔签名的认证书。

宇舶表和曼联将一起在全球范围内提升曼联慈善基金的募捐金额以及认知度，基金将在曼联以及UNICEF的领导下，致力为年轻人带来教育、晋升以及启发的机会，帮助他们创造更美好的生活。

（五）借助俱乐部赞助，提升企业在行业的认可度

与知名的国际体育俱乐部合作，除了可以提升企业的知名度和美誉度之外，还将企业的形象与顶尖、优质、可靠等词语建立强烈的关联，从而提升企业在行业的认可度。

实践链接

格拉斯哥流浪者俱乐部的经营

格拉斯哥流浪者俱乐部创建于1872年。据德勤会计事务所的统计，平均每个球迷每年花在俱乐部上的钱达到1404英镑，这是一个令欧洲多数足球俱乐部羡慕的数字。但是，流浪者俱乐部不得不面对这样的一个现实：俱乐部所处的只有500万人口的小城中，电视转播、平面媒体、球票销售等传统收益方式已经达到极限，要实现俱乐部利益最大化，必须开拓新的利益增长点。

通过对球迷的科学调研分析，流浪者俱乐部认为必须充分认识新型传媒的价值，开发多种交流手段和市场模式，除建立自己的电视台获得收视收入、通过俱乐部手册和每场比赛介绍的印刷品得到一些有限的收入增加外，更主要的是开发具有现实利益和潜在增长空间的互联网和手机媒介。其具体方式是：

首先，发觉俱乐部官方网站的功能，从提供具有价值的信息产品中获得收益。以提供独家内容、手机商合作、俱乐部专卖店、赌球等内容吸引付费订户。订户每年只需支付35英镑，就可得到由俱乐部提供的、独家的比赛视频、图片、新闻、球队的详细介绍和每场比赛后网站的独家采访新闻。这一产品一经推出便获得成功。当时俱乐部已经拥有了9000个用户，预计2005年可达到12000个付费订户，这样每年可为俱乐部额外增加50万英镑的收入。

其次，是与手机生产商合作，一方面利用俱乐部的无形资产独家销售有俱乐部标识的手机。保守估计，这样每年手机销量可达1500部，增加数万英镑收入；另一方面，通过这一销售渠道向顾客提供内容服务，内容包括多媒体短信、进球球员照片、现场声音、比赛评论、赛后的主教练采访，以及2~3分钟的比赛录像等。预计这一服务顺利开展的话，每年可为俱乐部增加25万英镑的收入。手机媒介具有的特点，可以达到5个方面的作用：增加收入、让球迷购买到有价值的内容、强化俱乐部品牌和促进俱乐部产品（队衣和球迷用品）销售、创建与球迷交流的渠道、为客户提供深层次交流的平台。流浪者俱乐部对新型媒介的敏锐嗅觉和成功的商务开发经验，对于习惯于免费收看足球比赛和享受免费官方网站咨询的中国足球俱乐部或许会有启发。

本章案例

恒大职业俱乐部赞助之路

【赞助背景】

恒大集团成立于1997年2月8日，经过十几年的发展，恒大集团已形成了以房地产开

发为基础,以钢铁冶金为龙头,以能源、交通为两翼综合发展的现代化大型集团产业链,现已跻身于中国房地产企业10强、中国民营企业20强、中国企业500强行列。

以往,中国人眼里的体坛大鳄,都是皇马这样的欧洲俱乐部通过砸钱的方式,铸造"豪华舰队",但今日在中国,恒大集团也成为这样的豪门。恒大集团老板许家印痴心体育事业,为整个集团投资体育产业奠定了基础。目前恒大集团在中国体坛,已经涉足足球、排球、羽毛球等产业,并多次举办各种类型的乒乓球赛事,将上亿的资金投入到恒大的体育事业中。2010年赛季,广州足球队的引援预算高达2.8亿元,加上同时对女排的2 000万元保守投入和对广州羽毛球俱乐部660万元的预算投入,恒大集团在这3个运动项目的预算总额已经突破了3亿元。有了金钱,笼络了优秀的教练员和队员,出成绩就是十分自然的事情。在短短的几年时间内,恒大就把体育做到了十分强大的程度。恒大集团在各项体育投入中,以排球为起点,引起足坛轰动与关注,但在未来,恒大集团会在第一运动足球上有更浓重手笔,把恒大足球俱乐部作为坐力点和着眼点,吸引更多体育迷的眼球。

【赞助目的】
- 提升企业知名度
- 加强与政府的关系
- 开展企业长期发展战略

【赞助大事记】
- 2009年5月22日,恒大地产集团出资2 000万元注册成立了国内首家职业排球俱乐部,同时在国内其他俱乐部挖来了冯坤、杨昊、周苏红等多名前国手加盟。

- 2009年8月,恒大女排俱乐部以年薪500万元聘请郎平担任主教练,使恒大地产完成了一次经典的体育营销。签约当日,在恒大酒店举行了恒大女排起航暨"郎平归来"欢迎仪式,不光引得各地媒体记者纷至沓来,广东电视台还进行了现场直播。要是单以广告版面计算,恒大地产要达到同样的宣传效果,其花费也许要上亿。更何况在这种关注的带动下,从这一天起很多人开始认识和关注恒大。
- 2010年2月2日晚,"中美女排对抗赛"在广州体育馆开展,恒大女排以3:0的漂亮比分,干净利落地战胜了来访的美国国家女排,此次比赛由CCTV-5、香港NOWTV等众多电视台向全球电视直播,全球有超过千万人在电视机前观看了本场比赛。
- 2010年3月1日,恒大地产集团入股广州足球俱乐部签约仪式在广州举行,恒大先是将球队以往所欠款项一次性偿还,然后又将俱乐部注册资本由过去的2 000万元人民币变为1亿人民币。
- 2010年4月3日的广州恒大足球俱乐部首场比赛,邀请了全国80家媒体的120名记者现场采访,全国有13家电视台进行现场直播,开创了中国足球之最。
- 2010年4月10日,恒大客场挑战上海浦东中邦,恒大俱乐部特别包下两架专机,接送

- 600名球迷,又包下15辆大巴士,从陆路接来1 000名球迷,把上海源深体育中心变成了客队的主场。
- 2010年10月30日,广州恒大足球俱乐部获得该赛季中甲联赛冠军,广州足球重回巅峰。
- 2010年底,恒大投资600万元,入股广州粤羽俱乐部,不仅花重金请来了世界男单排名前两位的李宗伟和陶菲克,还请来了世界男双排名第一的男双组合马来西亚的古健杰/陈文宏。

【业界评论】

许家印的精明,在于他能用不到2亿元的小钱,生出200亿的大钱,而生钱的渠道,就是他的体育赞助和体育营销。如果将恒大对体育产业的投入,理解为一个巨型房地产企业的市场营销投入,那么几亿元人民币的预算并不算大,在这种投入过程中,在恒大足球或排球吸引万千关注的过程中,恒大的品牌得到了一次又一次的深度传播,在受众人群中建立了深刻的印象。无疑,这样的营销投入对于投资者和消费者造成的心理影响立竿见影。同时也为恒大地产带来了实际的经济效益,据悉,2011年4月25日恒大地产的收盘价为5.56,总市值达834亿元。

知名营销专家、中山大学岭南学院客座教授David Yang评论:品牌打造需要一个长期的过程,不一定在需要卖产品的时候"临时抱佛脚"短期实现,那么恒大通过盛大的体育赛事投入不一定对短期销售造成明显影响,但从塑造品牌的角度可以让人民对"恒大"这个名字留下深刻印象,实际是先在消费者心目中把公司的"实力"铸就起来。

■ **案例思考题**
1. 为何恒大地产会选择中国女排为体育赞助的切入点?
2. 恒大地产在赞助了众多职业体育俱乐部后,运用了哪些推广策略?
3. 恒大地产在体育赞助中的如此巨大的投入,是否会产生一些负面效应?

本章小结

职业体育俱乐部是一个企业性质的经济实体,赞助是俱乐部的重要收入来源。俱乐部赞助主要有地域性、长期性、丰富性和直观性的特征,赞助形式丰富多样,且在运作方面拥有较高的自由度。在职业体育俱乐部赞助中,企业应牢牢抓住球迷这一核心群体,充分利用俱乐部在一定地域范围内,所享有的高度的球迷忠诚度和媒体关注度,在赞助推广中,应注重策略的针对性和创新性。

本章思考题

1. 职业体育俱乐部赞助主要有哪些特征和形式?
2. 职业体育俱乐部赞助有哪些优势和劣势?
3. 如何选择合适的职业体育俱乐部进行赞助?

推荐阅读

[1] Stephen Morrow. The People's Game? Football, Finance and Society [M]. New York: Palgrave Macmillan, 2003

[2] 〔英〕里斯·豪威著. 英国足球协会官方指导之俱乐部运营[M]. 北京:北京体育大学出版社,2005

[3] 〔英〕西蒙·库珀,史蒂芬·西曼斯基著. 足球经济学[M]. 北京:中国轻工业出版社,2009

[4] 王景波. 论我国职业足球俱乐部品牌创建[M]. 北京:北京体育大学出版社,2009

第七章

体育明星赞助

"当国歌奏响,奥运健儿身披五星红旗在赛场上飞奔的时刻,举国上下,从8岁到80岁的观众都记住了他们的面容,面对如此广大的受众群体,哪一个企业会不动心?谁不希望将自己的品牌在体育明星身上找到契合点,选择其中最适合者做形象代言人呢?"

——《中国体育报》

本章要点

- 体育明星赞助的发展与现状
- 体育明星赞助的特征和形式
- 体育明星赞助的优势和劣势
- 体育明星赞助的选择和推广策略

第一节 体育明星赞助的发展与现状

一、体育明星赞助的发展

在早期的品牌营销中,企业对品牌的宣传比较单一,基本都是直接对产品进行宣传,即俗称的"王婆卖瓜,自卖自夸",且除了产品本身外,企业对于自身品牌理念、文化等其他概念的宣传意识较低,这种形式的品牌营销在早期市场中起到了一定宣传效果,但随着市场经济的不断发展,这种简单、直接的营销形式已不再适应激烈的市场竞争,企业在寻求差异化和个性化的市场竞争中需要新的营销方式来助推企业的发展。相对于早期直接对于产品进行宣传,精明的商家后来发现,选取一个在社会中拥有良好公众形象的代言人进行宣传,往往要比直接宣传产品更具有说服力,因而商家们在对于品牌形象极为重视的今天,对于明星效应的应用更是乐此不疲。

而针对体育明星的赞助行为兴起于上世纪80年代,具有里程碑意义的经典体育明星赞助案例是1985年NIKE与迈克尔·乔丹的牵手,两者共同创造了篮球鞋史上最成功的产品系列——Air Jordan系列篮球鞋,这一合作使得乔丹从一个名气不大的篮球运动员一跃成为全球顶尖篮球巨星,也使NIKE从一家面临财务紧缩的制鞋公司一夜之间成为全球顶尖运动品牌。在那以后,体育明星的品牌价值逐渐被市场发现和运用,不同行业的各个品牌都签约了大批体育明星作为其代言人,体育明星赞助开始进入蓬勃发展时期。

业内公认的国内第一个体育明星赞助案例,是著名体操王子李宁在1989年为健力宝所做的代言,李宁在当年4月加盟健力宝后,亲自上阵为健力宝重拍的一条有冲击力、富于体育动感的广告片,这也是我国第一个以体育明星为主角的商业广告,这个广告片花费了当年称得上是天价的60万元人民币,在中央电视台黄金时段播出后,获得巨大反响,当年就为健力宝增加了3 000万的销售额。从此以后国内体育明星赞助市场逐渐兴起。进入2000年以后,随着国内经济的发展和企业体育营销意识的加强,更多的体育明星赞助开始涌现,特别在北京奥运会的举办期间,我国体育明星赞助达到高峰,刘翔、姚明、易建联、郭晶晶等一大批奥运明星都在这一时期代言了众多品牌。

二、体育明星赞助的现状

考察《财富》世界500强公司榜单就会发现,其中大半都曾与体育明星有过合作。尤其是运动用品公司,如NIKE、ADIDAS以及李宁每家都有为数众多的体育明星作为代言人,几乎涵盖所有运动项目,体育明星从商业赞助中获得的收入已成为其收入的主要来源(表7-1)。

表7-1 2012全球收入最高的十大运动员[①]

排名	姓名	项目	总收入(万美元)	代言收入(万美元)
1	弗洛依德·梅威瑟	拳击	8 500	0
2	曼尼·帕奎奥	拳击	6 200	600
3	泰格·伍兹	高尔夫	5 940	5 500
4	勒布朗·詹姆斯	篮球	5 300	4 000
5	罗杰·费德勒	网球	5 270	4 500
6	科比·布莱恩特	篮球	5 230	3 200
7	菲尔·米克尔森	高尔夫	4 780	4 300
8	大卫·贝克汉姆	足球	4 600	3 700
9	克里斯蒂亚诺·罗纳尔多	足球	4 250	2 200
10	佩顿·曼宁	橄榄球	4 240	1 000

当前"体育明星"已成为大众或企业关注体育赛事和运动项目时使用频率最高的词汇。同时众多体育明星逐渐从运动场走向大众的视野,成为关注的焦点和主题。体育明星为企业品牌做广告,形象代言可以使产品迅速、有效的占领市场的制高点,为企业创造巨大的经济效益和社会效益,并且由于当代体育涉及面广、传播速度快、震撼力强的特点再结合诸多媒体宣传体育明星的市场价值和商业价值的魅力是任何企业都无法抗拒的。

---

① 福布斯2012全球收入最高的运动员

体育赞助

> **本节案例**

AIR JORDAN 横空出世——NIKE 与乔丹的跨世纪牵手

1984年乔丹刚进入职业球员时,运动鞋做广告的行情刚开始看好。据说,20世纪80年代初只有"天钩"贾巴尔的运动鞋合同达到了6位数,是10万美元,拉里·伯德和"魔术师"约翰逊大约在7万美元。乔丹的出现使这一切发生了变化。

经过一系列的分析、谈判,乔丹的经纪人法尔克独具慧眼地认定 NIKE 将是最佳的选择,尽管当时几乎所有的大脚球星都穿 Converse 鞋;NIKE 公司内部也经过了一番争论,确认乔丹可以作为公司的形象代表。然而乔丹对此却不感兴趣,因为他不喜欢 NIKE 鞋。在北卡参加比赛时他穿 Converse,球队史密斯教练同他们有协议,但实际上乔丹最喜欢的品牌是 ADIDAS,不幸的是 ADIDAS 似乎对乔丹这份感情无动于衷。法尔克和 NIKE 的代表煞费苦心为乔丹构思扣篮等动作的广告片,法尔克又提出乔丹要有以他名字命名的品牌,并提出了一个双方都十分满意的品牌名称——"AIR JORDAN"。

同其他运动员一样,乔丹当时对运动鞋协议的意义并不十分明了,他认为这种协议只不过是你选择一种自己中意的鞋,为选中它而得到一些钱。然后,再得到一些免费的鞋,可以送给自己的朋友,仅此而已。他没有意识到(甚至 NIKE 公司的人和法尔克也没有意识到)这桩交易将成为世界体育明星赞助史上的里程碑。

飞人鞋的由来

1984年,芝加哥公牛队签约买入乔丹时,正值运动鞋走俏市场。为了保持健美,很多美国人打起了板球、骑上了自行车,这使各种特制的运动鞋需求量猛增。同时消费者的品质也起了相当大的变化,他们开始讨厌20世纪70年代那种看起来毫无生气活力的尼龙鞋,并转向寻求更新潮、更能体现自己价值的运动鞋。市场的变化使得制鞋公司力不从心,步履蹒跚,NIKE 公司便是其中之一。其实就在1983年,NIKE 公司销售总收入就达到了7亿美元,已超过20世纪70年代大获成功的 ADIDAS 成为世界第一名牌。但第2年后,其销售收入却迅猛下跌,一时间,人们议论纷纷,NIKE 公司将要破产的谣言传遍各地,此时,《幸福》杂志早登了一则惊人的消息:NIKE 公司将出资125万元,购买 NBA 一名新手5年的"穿鞋权"。

从1984~1986年,NIKE 公司共投入了500万美元宣传"空中飞人乔丹鞋"。第一部在全国播放的广告于1984年感恩节前后推出。这部广告的第一个镜头是从空中俯瞰芝加哥全貌,随之传来引擎的呼啸声,乔丹以慢动作跑进镜头,手中接住一个篮球,运球至篮筐下,双腿展开,一手高举篮球,另一手直伸向下方,将球扣于篮筐中,同时画外音起:"谁说他不是在飞!"1985年3月此广告开始在全国上演,结果当年"空中飞人乔丹鞋"的销售额就达到了1.3亿美元。如果"空中飞人乔丹"鞋自立门户的话,它将是当时世界上第5大运动鞋公司。到第2年9月份,这款鞋已售出230万双。

AIR JORDAN 系列球鞋在销量与市场需求方面遥遥领先于其他产品,每年为整个运动鞋行业树立起一个又一个更高的设计、创新与功能标杆。系列产品的核心在于,运动员与技术的完美结合——篮球史上最耀眼的巨星迈克尔·乔丹,以及伴随巨星经历辉煌事业的篮球鞋,突显出他对功能、创新与成就的不懈追求。

第二节 体育明星赞助的特征和形式

一、体育明星赞助的特征

(一) 整合性

体育明星赞助需要和其他营销手段整合运用,才能产生较好的赞助效果。相比于赛事、俱乐部等其他赞助对象,体育明星赞助本身对于企业来说没有直接的回报方式,因此也最需要配套激活才能达到企业的营销目的。若企业对体育明星赞助的整合性代言没有清楚的认识,没有采用整合营销,明星赞助策略将必定成为竹篮打水一场空,对于品牌来说,明星是整个品牌营销的核心价值体现,成功的体育明星赞助需要和广告、公关、产品研发和促销等整合起来,这样才能产生出最佳的赞助效果(表7-2)。

表 7-2 安踏代言人加内特中国行活动行程

日期	城市	事件	时间	活动地点
8月1日	北京	VIP室简短采访	10:20—10:40	机场 VIP 室
		新闻发布会	14:30—15:30	香格里拉酒店会议厅(大)
		核心媒体采访	16:00—18:00	香格里拉酒店会议厅(大)
8月2日		CCTV 演播室专访	10:00—13:00	CCTV
		东方时空访问	14:00—14:30	酒店采访室
		巅峰篮途活动	16:00—17:00	朝阳体育馆
		NBA 官网连线	18:00—18:10	待定
8月3日	厦门/晋江	参观鞋厂、量脚型	15:40—17:20	安踏总部
		晚餐、大客户互动	17:30—19:00	待定
		订货会	19:30—21:00	海峡体育中心
8月4日	上海	世博园参观	15:00—18:00	世博园
		五星体育采访	19:30—19:50	波特曼酒店
8月5日		广告拍摄	10:00—16:00	卢湾体育馆
		港汇活动	17:30—18:00	港汇
8月6日		广告拍摄	10:00—16:00	卢湾体育馆
8月7日	北京	环球连线(高端访谈)	15:00—16:00	香格里拉酒店
8月8日		新浪演播室	10:00—10:40	新浪
		探访体坛	14:30—15:30	体坛

从表7-2分析可以看出，安踏在签约NBA球星凯文·加内特之后，为其安排了中国行活动，并在其中运用整合营销安排了大量配套活动，从最终的活动效果来看，对广告、公关、媒体、促销、产品研发等多个元素的整合也确实使安踏的体育明星赞助策略起到了很好的效果，品牌形象深入人心，品牌知名度也大大提升。

（二）风险性

与其他赞助形式相比，体育明星是最具风险的赞助对象，体育明星赞助的风险性主要体现在赞助对象的竞技状态及丑闻风险：明星代言人本身具有一些不确定性因素，其人气下降、丑闻等因素都会给被代言品牌带来损失，而这些不确定性因素很难事前预测。

（三）短期性

体育明星的人气和影响力主要由其在运动场上的成绩所决定，因此体育明星的影响力和人气往往是迅速蹿升的，很多运动员因为一场比赛甚至一个进球而声名鹊起，像贝克汉姆"一球成名"、林书豪"一夜成名"的案例比比皆是，这就需要企业有很强的市场敏锐度和观察力，也需要企业的整个决策层有很强的应变能力，从而在瞬息万变的明星代言市场中抓住商机。

实践链接

2012年2月，NBA球员林书豪因其在纽约尼克斯队的惊人表现一战成名，此时已被吉利收购的沃尔沃看准商机，迅速于3月份闪电签约林书豪作为其全球品牌和产品代言人。被中国企业吉利收购后，沃尔沃业绩奇迹般回升，重回在豪车市场中应有的地位，这恰如林书豪，在不被人看好的不经意间，一夜成名，成为强手如云的NBA中一颗耀眼的新星。沃尔沃强调林书豪"成名经历、坚韧执著、速度活力和出色的学术背景"契合沃尔沃汽车追求的精神，与沃尔沃目标对象的价值取向高度吻合。而沃尔沃和林书豪在血统和国籍方面有着惊人的可类比性：沃尔沃论属地是中国籍，但却是典型的北欧血统；林书豪是土生土长的美国人，但却有东方血统，两者共同点是既有民族性，又有国际性，这是双方共同需要的。

沃尔沃在短短1个月中就完成了比上述更为复杂的契合度以及其他分析，并迅速做出签约林书豪的决策，使得沃尔沃在中国市场上创造出了更大发展潜力。虽然目前林书豪受伤休战，但丝毫不影响沃尔沃成为这次代言中的赢家。

二、体育明星赞助的形式

（一）名人代言

明星代言是比较普遍的体育明星赞助形式，体育明星往往聚集了巨大的关注度，是企业进行品牌传播、市场推广的非常有效的载体和工具,企业常常会签约一个或多个体育明星作为其品牌和产品代言人,并为其拍摄代言广告。

实践链接

东风悦达起亚是我国知名中外合资的汽车制造企业,于 2003 年上市,并向市场不断推出新的车型,吸引消费者的目光,在短短 1 年内上了 1.3 L、1.6 L 两个级别的产品系列,产品销量名列中国经济型轿车市场前列。

但东风悦达起亚也存在这些急需解决的问题,经过 2003 年的传播,东风悦达起亚的知名度虽然有了一定的提高,但作为韩系产品,其信赖度与其他竞争对手相比依然有差距,东风悦达起亚虽然已经在 2003 年挖掘出了产品的 USP——动力优势,但是该特性与品牌个性之间的关系仍然有待强化。

2004 年恰逢雅典奥运会的举办,体育将无疑成为中国人最关注的话题,而面对企业发展存在的问题,东风悦达起亚也将目光投向了体育赞助营销市场,经过全面分析和选择,起亚最终选择当时还未成名的中国跨栏运动员刘翔作为品牌代言人。当时刘翔的最好成绩是世界田联黄金联赛分站赛的第 2 名,但他对名列世界第一的美国运动员约翰逊已经形成了很大的挑战。因此,起亚以"今天的第二,明天的第一"为电视广告语,邀请刘翔充当起亚 2004 年品牌代言人,表现以动力争取更大成就的品牌主题。

在"刘翔篇"广告全国投放后的 2004 年 1~4 月,起亚完成销售 26 012 台,同比增长 91.62%(东风悦达起亚汽车有限公司提供的数据);配合线下活动,2004 年 1~6 月,起亚完成销售 36 562 辆,同比增长 46%,获得全国同类车型销售量第一名(中国汽车工业协会数据);在重点销售地区,如广东起亚的品牌认知度达到 8.3%,比上期调查的 3.2% 提高了 5.1 个百分点(方舟市场研究,第三方调查数据)。

起亚"慧眼识英雄",在刘翔雅典夺冠前邀请他做品牌代言人,驰骋赛场的刘翔与飞驰疾行的"起亚"相互辉映,而广告语"心有多野,未来就有多远",与刘翔在雅典奥运会上一举夺冠,为国争光的气势绝妙贴合。

(二) 专属产品

明星代言已成为时下各个企业屡试不爽的营销模式,除了代言种类繁多的各种商品外,为明星开发属于自己的系列产品更成为其中的经典模式,这种模式尤其适合体育用品行业,从 NIKE 当年的乔丹系列到现在的科比、詹姆斯系列,明星系列产品开发的魅力经久不衰。

> **实践链接**
>
> **ADIDAS"掠夺者"贝克汉姆专属系列球鞋**
>
> 　　2003年ADIDAS开始了第一次与贝克汉姆的合作,ADIDAS为贝克汉姆量身定做的新球鞋"掠夺者"白色系列将隆重推出,第一个模特就是贝克汉姆自己。新球鞋根据贝克汉姆的特点精心打造,ADIDAS把当时最先进的制鞋科技注入到鞋子中,增加了表面的褶皱,以使球被踢出后可以产生更为强烈的旋转。并且,他们还为这款新产品取了一个意味深长的名字"月亮的疯狂"。
>
> 　　而这种合作持续到现在已有8年之久,目前贝克汉姆代言的ADIDAS系列已成为ADIDAS旗下销量最好的系列之一。凭借ADIDAS强大的品牌影响力和强大的资金保障,贝克汉姆代言ADIDAS使自己的影响扩展到了地球上每一个有ADIDAS产品的角落,同时获得了丰厚的经济回报。而借助贝克汉姆在年轻人中的极大影响力和超旺的人气,ADIDAS的休闲时尚化之路也走得十分轻松。所以,ADIDAS与贝克汉姆,当奇迹遇上奇迹的时候,借助两个奇迹在各自领域的巨大影响力,水涨船高,终于缔造了一个新的商业奇迹。

本节案例

刘翔受伤,赞助商亦受伤

　　2008年北京奥运会上刘翔因伤退赛震惊了鸟巢,也震惊了所有的观众,当然,也震惊了那些押宝刘翔的赞助商。刘翔在2007年代言了14个品牌:安利纽崔莱、VISA、伊利、NIKE、交通银行、联想、中国邮政、元太、奥康、杉杉、双钱、升达、白沙、中国移动。2008年,又增加了平安保险、凯迪拉克等重量级的企业和品牌。较为保守的估计,这些代言活动涉及的广告投放将超过5亿元。据悉,刘翔代言的多个品牌巨头在之前已经制作了大量的广告,计划从8月18日刘翔首次参加比赛时开始投放,涉及电视、报纸、户外、互联网等媒体平台。但在刘翔退赛后,这些赞助商的营销计划将受到影响。业内人士估计,此番退赛,刘翔个人的损失将超过1亿,而赞助企业将减收超过30亿。

可口可乐:不会改变合作

　　作为最早与刘翔签约的可口可乐公司是刘翔品牌效应收益最大的一家公司。可口可乐公司公共事务及传讯部副总监赵彦红对记者表示:"我们不会因此改变与刘翔的广告合作,我们知道他已经竭尽全力参加比赛了,我们觉得很惋惜,也将会继续支持他。此外我们签了很多中国梦之队成员,其中包括姚明、郭晶晶。"在2008年奥运会上,可口可乐的两大王牌就是姚明和刘翔,同时其奥运营销也是主要围绕这两个人来制定的,现在刘翔退赛,可口可乐就只有一个王牌了。同时,凯迪拉克新闻发言人丁耿也表示了和可口可乐类似的观点:"体育竞技很残酷,运动员经常要面临各种身体上的病痛,因此我们对刘翔此次的退赛表示理解,并将在以后的日子里继续支持刘翔。"

NIKE:面临巨大难题

影响最大的非奥运赞助商是 NIKE。面对 ADIDAS 作为奥运赞助商的主场优势,NIKE 迫切需要体育明星来破局。NIKE 公司发表官方声明:"刘翔一直是中国最杰出的田径运动员。NIKE 为能与刘翔紧密合作而感到自豪。在此时,我们理解他的感受,并期待他伤愈复出。"不过,虽然 NIKE 表示目前还没任何改变营销计划的想法,但刘翔的退赛还是会给 NIKE 留下巨大的难题。

其他赞助商:紧急改变营销计划

影响最大的奥运赞助商是 VISA 和伊利。VISA 的广告是"刷新梦想,12 秒 88",在刘翔退赛之后,这样的词汇显然不合时宜。联想方面的回应则表明,公司准备做出调整,刘翔退赛对于联想的广告计划影响很小,"在平面媒体和网络媒体上的广告投放计划不受影响,只有电视广告略受影响。"记者注意到,昨天晚上联想与刘翔合作的一款笔记本广告已经撤销。而中国移动则表示,刘翔与他们签约的广告都已过期,目前没有任何广告是用刘翔的。

赞助商:损失至少 30 亿

尽管赞助商都表示目前将继续支持刘翔并肯定其商业价值,但这些说法显然只是赞助商们一厢情愿的想法。"每个人都会生病,虽然在情感上人们能够理解,但由于刘翔退赛而造成个人声誉和影响力受损,从商业的角度看,肯定会对其所代言的品牌产生影响。"广东省广告公司副董事长丁邦清表示,"刘翔的退赛对企业的收益和下一步的商业运作肯定会有影响。选用刘翔做代言门槛应在千万以上,由于刘翔代言的品牌甚多,个人觉得刘翔个人损失会超过 1 亿,而企业减收至少会超过 30 个亿。我估计很多品牌眼下不敢直接撤销刘翔的广告,但在以后的时间里应该会逐渐减少、弱化其在品牌宣传中的作用,或者不再以他为中心,或者干脆寻找新的代言人。"

第三节 体育明星赞助的优势和劣势

一、体育明星赞助的优势

(一) 明星个性特征明显有利于打造品牌形象

每个人都有自己的个性,而体育明星由于其所从事的职业以及公众人物的身份,其个性往往更加突出。当前,企业对于品牌个性塑造越来越重视的背景下,体育明星相比于其他类型代言人更能彰显所代言产品和品牌的个性特色。因此选择与品牌个性相契合的体育明星作为代言人,可以更好地展现品牌个性特色,塑造产品在目标受众心目中无可替代的形象特色。

NBA 的一线巨星每个人都拥有属于自己的代言球鞋,这些球鞋大都是 NIKE 或

ADIDAS 旗下的产品，虽然很多球鞋同属一个品牌，但由于代言人的个性大不相同，因此产品在设计和概念上所体现出的个性特色也截然不同：例如科比和詹姆斯同属 NIKE 旗下篮球鞋代言人，但科比平时给人一种儒雅的感觉，且球风飘逸多变，因此其代言产品设计以流线型为主、外观色彩较为华丽；詹姆斯性格硬朗、且球风彪悍，因此其代言产品线条明朗、设计风格也比较大刀阔斧。不同的产品借由不同个性的代言人彰显出不同的产品特色，各自针对不同的目标消费群，因此虽同属一个品牌，但各自销量仍逐年稳定攀升，并没有出现恶性竞争的局面。

（二）受众忠诚度高且购买意向强烈

互联网时代，"粉丝"这一群体因其高度相近的消费特征而越来越受到关注，企业如果能充分利用"粉丝"的力量，通过有效的市场引导和营销策略，则可以把"粉丝"对于明星的崇拜与追捧转化为对品牌的信仰与忠诚。

而对于体育明星而言，这种"粉丝效应"更加明显，体育明星由于其在赛场上的精彩表现和独特魅力，其追随者的忠诚度往往大大超过一般的娱乐明星，如果企业赞助拥有大批高忠诚度追随者的体育明星，那么体育明星的追随者将自动成为企业的品牌受众，形成对品牌的忠诚度，对于品牌产品的购买意向也会更加强烈。

NIKE 与 ADIDAS 是当今篮球鞋市场的两个顶尖品牌，其篮球鞋销量逐年攀升的一个很大原因就是两个品牌都签约了大批 NBA 一线巨星，这些 NBA 球星的粉丝也是产品的主要消费群，试想如果 NIKE 和 ADIDAS 都失去了这些明星代言人，那么想必两个品牌也会在一夜之间失去大批受众。

（三）明星效应吸引媒体关注

明星作为公众人物一直都是媒体关注的焦点，其一举一动都吸引着公众和媒体的关注。而在如今的信息化时代，媒体对于企业品牌营销的作用越发重要，通过媒体曝光可以使企业在短期内产生极高的知名度，企业选择明星代言最直接的目的就是通过明星的高人气将公众和媒体对于明星的注意力转移到品牌上来，从而提高品牌影响力。

体育明星由于常年要参加比赛和活动，因此无论长期和短期而言都有着极高的出镜率，通常情况下媒体对其关注度几乎不会下降，因此选择赞助体育明星的企业可以通过体育明星吸引大量媒体曝光，既可以在短期内拓展目标客户群、促进产品销售和品牌推广，也可以为企业的长期发展目标起到战略性意义。

（四）有利于展示产品的专业性能

运动用品企业大多数都采用专业运动员作为其代言人，例如 NBA 的一线巨星以及欧洲五大足球联赛的足球明星，都是穿着自己代言的球鞋在球场上比赛，品牌经过高水平专业运动员的代言，可以塑造出产品专业的品牌形象。职业运动员对于运动鞋等装备在性能上的要求非常高，因此体育明星代言运动品牌在产品性能方面对于消费者来说比任何华丽的广告词都更有说服力。这样一来便能够树立受众对产品在性能方面的信心，对其产生吸引力。

例如 NIKE 足球鞋拥有刺客、T90 等多个不同系列，每个系列的性能都不尽相同，有的适合速度型边锋，有的适合力量型中卫，而每个系列 NIKE 都选择了技术特点相契合的体育明星代言人，例如刺客系列代言人 C 罗、T90 系列代言人鲁尼等（表 7-3）。当这些球星在球场上穿着代言球鞋不断创造佳绩时，消费者对于产品的高性能自然深信不疑。

表 7-3　NIKE 足球鞋系列及其代言人

系列名称	产品特征	著名代言人	代言人特征
刺客	质量轻、便于奔跑	罗纳尔多、C 罗	速度型前锋
T90	球感稳定、功能全面	鲁尼、托雷斯	中锋球员
Tiempo	控球性能好	罗纳尔迪尼奥	球技细腻、控球能力出众
CTR360	传接球性能稳定	伊涅斯塔、法布雷加斯	中场指挥官、传球能力出众

实践链接

科比代言奔驰 smart

北京时间 2011 年 2 月 18 日上午,梅赛德斯-奔驰(中国)汽车销售有限公司在美国洛杉矶宣布,NBA 巨星科比·布莱恩特(Kobe Bryant)正式成为奔驰 smart 中国区品牌大使,双方将深入合作,为中国用户呈现与众不同的全新主张——"Big, in the city"(城市大不同)。作为合作的重要组成部分,科比·布莱恩特将在奔驰 smart 新一季电视广告中扮演重磅角色,并将在年内访问中国。

"这将是 2011 年最令人兴奋的跨界合作!科比是世界上最伟大的篮球巨星,他的激情、敏捷、智慧、责任和创造力与奔驰 smart 的品牌精神完美契合。他们都是都市中的运动传奇",梅赛德斯-奔驰(中国)汽车销售有限公司总裁兼首席执行官麦尔斯先生说,"2010 年奔驰 smart 在中国的强劲增长让我们看到这片市场巨大的潜力,而新近上市的全新奔驰 smart 2011

版也受到了广大消费者的青睐,随着与科比的成功合作,我们对奔驰 smart 在中国市场的前景十分看好。"

首先,在明星个性特征和品牌形象方面,奔驰 smart 是梅赛德斯-奔驰家族最年轻的成员,秉承了奔驰"惟有最好"的品牌精神和艺术、文化、创新的血统与基因。而科比·布莱恩特是 NBA 现役球员中最伟大的运动员,他以辉煌的战绩和优异的个人成绩闪耀 NBA 历史,是最年轻的 NBA 传奇,共获得过 5 次 NBA 总冠军,自 2000 年以来,连续 11 年入围 NBA 全明星阵容,被誉为"21 世纪以来最佳 NBA 球员"。科比与奔驰 smart 一样为全球瞩目,享受着全球所爱,两者的合作可谓相得益彰,完美契合。

在受众的购买意向方面,科比在全球范围内拥有亿万狂热的支持者,他们年轻、时尚、有活力,而这正是奔驰 smart 所面向的消费群体,顶级球星科比的人气加上奔驰汽车一贯的优良品质和奔驰 smart 动感时尚的外观,受众必将会为这款时尚车型所吸引。

媒体也对此次代言表现出了极大的关注,此次由好莱坞摄制团队为中国市场量身打造的广告大片,由享誉全球的著名导演 Dave Meyers 执导,将于2011年4月正式播出。片中奔驰 smart 携手科比完成了一次惊心动魄的挑战,引人入胜的剧情深刻地解读了"Big, in the city"的精妙之处:即自由穿梭大快人心,化繁为简大智以巧,安全驾驭大显身手,以及环境友好大材小用。广告片中精心融入了很多中国元素,例如著名艺术家方力均先生的作品以及众多"中国面孔"。

科比作为奔驰 smart 中国区品牌大使,不仅可以凭借自己在中国超高的人气宣传奔驰 smart 之外,其高大的身形也与奔驰 smart 小巧玲珑的车形形成鲜明对比,更加强调了奔驰 smart 小车型、大空间的产品特性。

二、体育明星赞助的劣势

(一)明星竞技状态的波动

体育竞技的魅力就在于竞技结果的不确定性,而体育竞赛的结果是由运动员决定的,因此运动员竞技状态的不稳定性便成为体育竞技存在的基础和发展的动力。但这对于企业赞助体育明星来说,与其他赞助对象相比却成为一大劣势,当代言人竞技状态好时,品牌知名度会随之提高,当代言人竞技状态下降时,代言效果也会随之下降。

2007年安踏签约斯科拉时,可以说是慧眼识英才,斯科拉穿着安踏为其特别设计的 scolape 篮球鞋,在 NBA 第一个赛季就打出了超高水准,在北京奥运会上的出色表现也为自己和所代言的安踏品牌赚足了眼球,一直到2011年斯科拉都还是 NBA 明星级别的球员。但在不到1年的时间,斯科拉竞技状态已大不如前,所在的休斯敦火箭队也早早被淘汰,安踏失去了在 NBA 季后赛中展现品牌形象的机会。

(二)明星个性特征的不确定性

品牌与代言人的关系决定,当双方拥有较高契合度的时候才会显现出较好的代言效果,而运动鞋品牌往往需要突出的个性特征作为企业的核心竞争力,因此代言人与品牌在个性上的高契合度显得尤为重要。目前国内一些运动鞋品牌,例如德尔惠、贵人鸟等,虽然是运动鞋品牌,但是却会签约一些和企业品牌关联度不大的娱乐明星作为代言人,代言人的个性特征和品牌契合度不高,企业不仅支付了高昂代言费用,而且还使得品牌在消费者心目中的形象变得模糊。

(三)经纪团队专业程度较为欠缺

明星代言作为一种重要的营销手段,需要较为专业的人员进行运作,但目前很多明星所雇用的经纪团队专业程度不高、经验较欠缺,这对于企业来说,在代言过程中无疑会增加大量成本。而运动鞋产品由于其更新换代较快,若在代言过程中双方合作效率低下,那么对代言人和企业双方都会造成损失。

(四)赞助商竞争激烈造成代言成本偏高

体育明星由于受关注度较高,且都是各自运动项目中的佼佼者,所以属于稀缺资源,而各个企业对于体育明星这种稀缺资源的追逐必然会造成非理性竞争,代言费用水涨船高,在现今的体育明星代言市场,一份代言合同动辄数千万元,严重偏离正常的价值区间,高昂的代言费用使得一些财力较弱的企业成本陡增。

（五）明星对于商业活动的参与度不足

明星对于商业活动参与的不足的现象在我国尤为明显。首先是体质问题，由于在我国现行的体育体质之下，运动员的身份和产权所属都非个人名义，而是属于国家，且大多数国家队或省队都是以培养费的名义从运动员的代言中分红，少则20%，多则50%，且管理分配方法混乱，这大大降低了运动员参与商业活动的积极性。

网球是我国目前职业化最高的项目，因为诸如李娜、郑洁等网球运动员都脱离了运动管理中心的控制，除了代表国家队参加一些以国家名义参加的比赛外，他们可以自主选择经纪公司，参与商业活动，并享有商业赞助商的自主权。李娜在法网夺冠后，商业价值超过2亿，这个数额是林丹的好几倍，而林丹已经获得了15个世界冠军，究其原因，无非是中国体育的市场化程度还不高。

第四节 体育明星赞助的策略

一、体育明星赞助的选择策略

（一）个人运动成绩和竞技状态

一般影视娱乐明星只要有较好的个人形象，再通过一定包装便可拥有较高人气，而体育明星不同于其他影视娱乐明星，一个运动员是否有影响力、是否有市场号召力，归根结底都是由其运动成绩和竞技状态决定的，因此企业在选择体育明星作为赞助对象时，其运动成绩和竞技状态是赞助是否实行的核心和基础。

（二）所处项目、联赛和俱乐部水平

体育明星的产生不仅仅是个人因素，其所在俱乐部或联赛的成绩和水平决定了运动员发展的潜力和平台。因此运动鞋品牌在选择代言人时，除了考虑体育明星本身外，还应结合其所在的联赛和俱乐部综合考虑，若明星所在的联赛水平较低、所在俱乐部成绩较差，那么代言效果也将大打折扣，且赞助的长期效应也会受到限制，若代言人处在运营良好的俱乐部和水平较高的联赛中，则对代言品牌可以产生其他附加效应。

（三）个性和基本素质

体育明星的个性主要是指运动员的个性是否符合品牌个性特色和消费者的要求。当企业采用个性契合度较高的体育明星作为赞助对象时，就会带来较好的赞助效果，反之则会造成赞助达不到预期效果以及企业形象的模糊。而体育明星的个性好坏直接决定了受众对其的喜爱程度，姚明进入NBA打拼10余年，其所在球队休斯敦火箭队的战绩严格地来讲并不尽如人意，但是姚明的人气却居高不下，主要原因还是姚明幽默机智的人格魅力以及敬业的作风，使得球迷对其推崇备至。

体育明星的基本素质主要是指运动员个人的道德品质等素质，明星基本素质必须成为企业选择赞助对象的重要考量因素，基本素质较低的体育明星会给品牌在未来带来难以估计的损失，体育明星可能会因为道德问题从青少年的偶像转而成为大众指责的负面形象。

明星公众形象的污损不仅伤害了自身品牌形象,把体育明星的传播价值贬低,而且潮水般的负面评价甚至道德指责足以影响赞助商的赞助效力,影响品牌形象和终端销售。在科比2003年性侵犯丑闻爆出后,由于科比本人市场号召力的下降,NIKE公司仅2003年1年损失就达4.5亿美元,品牌形象也受到一定的影响。

(四)区域市场接受度

企业都有自己的目标受众,都有自己的目标区域市场,签约明星代言人一定程度上也是为了迎合消费者的需求,因此企业在选择赞助体育明星时应将区域目标市场对于明星的接受度作为重要依据,即使明星拥有较大影响力和号召力,且与品牌契合度较高,若目标市场不认可,签约也只会给企业造成损失。

(五)经纪团队能力

明星在对市场化运作的专业程度上明显无法满足自身市场价值开发的需要,因此一般明星都会聘请专业的经纪团队为自身进行市场化运作。明星拥有一个专业的经纪团队不仅对于明星本身的市场价值开发起到积极影响,而且对明星所代言的品牌发展也有积极作用,反之将降低代言效果、在代言过程中造成一系列问题。

由于体育明星在市场专业方面的缺陷,以及国家体制的限制,尤其需要一支专业的经纪团队为其价值开发给予有力协助和支持,例如姚明的经纪团队"姚之队",姚明能够成为中国收入最高的体育明星以及福布斯中国名人榜的头名,多半要归功于他的"姚之队"。因此企业在选择代言人时,明星经纪团队的能力应作为企业的重要决策元素。

(六)过往代言经验

首先,企业在赞助体育明星时,对赞助对象过往代言经验的了解和研究有助于避免风险、减小损失和提高合作效益,并借鉴其他企业选择体育明星的目的和做法。

其次,企业在赞助体育明星时,还应对之前企业自身进行体育明星赞助的案例进行研究和对比,总结和借鉴以往体育明星赞助策略中可取之处和有待改善的环节。

实践链接

NIKE 的代言人选择

NIKE公司拥有较完善的体育明星代言人"阵容",NIKE的体育明星代言人几乎遍及每个国家的每个运动项目,每个代言人都有其针对的目标市场和目标受众,例如NIKE曾签约内德维德(著名捷克足球运动员)作为其在捷克足球市场的代言人,其对市场和目标受众的细分可见一斑(表7-4,表7-5)。

表7-4 NIKE不同运动项目代言人一览

运动项目	代言人
篮球	麦克格雷迪、邓肯、罗斯、史密斯、贾米森、霍华德、比卢普斯、孙悦
足球	卡卡、贝克汉姆、本泽马、诺伊尔、香川真司、施魏因施泰格、波多尔斯基、巴尔德斯、阿隆索等
网球	德约科维奇、穆雷、萨芬、巴格达蒂斯、冈萨雷斯、特松加、西蒙、沃达斯科、布莱恩兄弟、海宁、萨芬娜、伊万诺维奇、帕夫柳琴科娃、沃兹尼亚奇、汉图科娃、李娜

续 表

运动项目	代 言 人
英式橄榄球	罗姆、德雷干、奥利弗、麦克唐纳德、斯宾塞、兰代尔
美式橄榄球	盖茨、尼尔
棒球	席林、诺马尔、帕米罗、帕尔米洛因
冰球	克罗斯比、奥维金、马尔金、奎琳
板球	泰杜尔卡(印度板球传奇)、皮特森(英国板球传奇)、贝尔、布特、加德加、弗林托夫、马利克
田径	盖伊、坎贝尔、罗伯斯、瓦里纳、格布雷西拉西耶、菲利克斯、弗拉西奇、加纳罗林森、刘翔

表7-5 NIKE部分国家主要代言人

国家	代言人
中国	刘翔、李娜
美国	科比、詹姆斯
英国	鲁尼
西班牙	加索尔
葡萄牙	C罗

二、体育明星赞助的推广策略

(一) 拍摄以明星为主角的一系列主题广告

广告是品牌宣传必不可少的方式手段。而由体育明星担任主角的广告由于其动感、激情的特点更容易被消费者接受。因此企业在赞助体育明星后,应拍摄以体育明星为主角、以产品为核心的系列主题广告,包括电视广告、平面广告和户外广告等等,在短时间内向目标受众大量呈现,使品牌形象深入消费者。

(二) 开发含有明星个性特色元素的定制产品

开发含有明星个性特色元素的定制产品是很多企业签约明星代言人后经常采用的做法,这种方法既可以提升公众对产品的关注度,又可以促进销售。运动鞋企业在签约明星运动员后可以推出限量款明星签名球鞋,运动服装企业可以为体育明星量身订制系列运动服,这样一方面吸引了消费者对于产品的持续关注;另一方面也激发了消费者的购买欲望,创造了需求。

(三) 突出以明星的专业性为重点的营销策划主题

从明星的专业性出发,策划执行主题营销活动对于明星的代言效果可以产生催化作用。例如鸿星尔克在签约西班牙网球明星罗布雷多后,策划举办了"至i高徒"球童选拔活动,活动成功的同时也使得鸿星尔克品牌更加深入人心。对于产品体验性较强的企业来说,在签约明星代言人后可以策划类似主题营销活动来提升明星代言人的代言效果。

(四) 以明星为核心展开整合媒体传播攻势

通过电视、网络、平面、户外等媒体发布企业与明星的签约消息,同时定期发布明星代言人竞技状况、个人生活等方面的讯息，赞助商企业在其官网上需制作与代言人相关的网页，并与代言产品相结合，让消费者持续保持对于明星的高关注度，同时品牌作为明星代言的对象也在潜移默化中被消费者一同关注。

（五）注重明星与球迷群体的互动

企业应在明星与球迷之间架设桥梁，创造机会让明星代言人和企业目标消费群直接互动，可以让明星代言人前往门店开展终端互动、或举办球迷见面会等，这样的形式在拉进明星与球迷距离的同时，也让品牌形象和产品近距离呈现在消费者眼前，从而提升品牌知名度和产品销量。

（六）利用明星吸引力促进经销商和门店的销售

赞助商企业可以开展一些互动促进经销商和门店销售，例如组织签约明星与经销商的见面会、安排明星在门店进行产品签售活动等。这样可以直接利用明星效应促进销售，并在一定程度上提升代言效果。

（七）充分整合联赛和俱乐部的推广平台吸引专业体育迷的关注

通过将明星与所在联赛和俱乐部整合，利用联赛和俱乐部的推广平台，例如球队见面会等吸引更大范围专业体育迷对于产品的关注，在进行品牌宣传的同时开拓了目标市场，提升产品销量。

（八）借势明星影响力强化企业内部自豪感和凝聚力

根据员工激励机制理论，企业通过赞助体育明星，能够对企业内部进行员工激励，提升企业内部凝聚力，提升员工自豪感和工作效率。因此运动鞋企业签约明星运动员作为其代言人后，对于企业内部员工的激励作用将对企业未来发展起到积极作用。

本章案例

体育明星赞助案例分析——李娜

李娜，中国女子网球队运动员。1982年生于湖北武汉，6岁开始练习网球，1999年转为职业选手，从网球低级别赛事一路打到四大满贯。第一个获得WTA巡回赛单打冠军的中国人，闯进2008年北京奥运会四强。2011年获得法国网球公开赛女单冠军，成为中国乃至亚洲在网球四大满贯赛事上夺得的第一个单打冠军，同时世界排名追至第4位，追平日本选手伊达公子创造的前亚洲女子网球最高排名。

在李娜夺得2011法网冠军之前，其代言的大品牌只有NIKE一家，在2011年进入澳网决赛后又与劳力士及哈根达斯签约了代言协议，代言费用也水涨船高，如今李娜所代言的品牌已多达10余个，身价超过4 200万美元。而奔驰公司签约李娜的赞助行为则体现出企业赞助体育明星的学问。

2011年6月24日凌晨，2011温布尔登网球公开赛迎来第2轮比赛，之前不久获得首位大满贯冠军的中国运动员李娜意外出局,成为当时最吸引人眼球的新闻。就在该赛事正式开赛前的一天,即6月19日,李娜同样制造了备受全球关注的新闻:这一天,在温布尔登网球公开赛迎来第125周年之际,同样有着125年历史的梅赛德斯-奔驰(以下简称奔驰)宣布,邀请李娜担任其全球品牌使者。据悉,李娜也是第一个担任奔驰全球品牌使者的中国人。双方的合作期限为3年,期间李娜还将出任由奔驰与中国网球协会共同创办的"明日之星"青少年网球训练营形象大使,执教并培养更多训练有素、技术精湛的中国网球后备力量。

尽管奔驰公司和李娜对双方合作涉及的金额只字未提,但有媒体爆出了3年共计450万美元的数字。不管这一数字是高还是低,但奔驰在李娜获得大满贯冠军后邀请其做全球形象代言人的快速反应,还是让营销界颇为称赞:因为奔驰在一个特殊的时间和地方,与目前最具商业开发价值的中国体育明星牵手,为企业、产品、形象做了一次很好的全球推广。尤其值得一提的是,经过与NIKE公司的协商,奔驰的标志还出现在了李娜的球衣上。

选体育明星代言,就要面对她们在每一场比赛中的输与赢,就像李娜在此次温布尔登网球公开赛的表现。尽管如此,李娜仍是现阶段中国最具商业价值的运动员之一。外界对她的评价是:她是国际女子网坛上仅次于莎拉波娃的第2位吸金女王;在国际赛场,她是中国体育的骄傲,知名度可与姚明、刘翔媲比。基于这样的评价,奔驰联手李娜,无疑打了一张明星代言的好牌。

奔驰此举,对眼下诸多希望通过聘请体育明星做代言人,以获得市场占有率及品牌知名度和美誉度提升的中国企业来说,有什么值得借鉴和学习的?中国企业在签约体育明星代言时需要把握的最主要的原则是什么?

1. 追求与品牌精神吻合　作为有百年历史的知名企业,奔驰在全球范围内可以选择的明星代言人很多,但此次为什么独独相中了李娜?作为全球顶级企业和品牌,奔驰在选择代言人时最看重什么?

北京大学中国品牌研究中心主任、教授王齐国认为,以奔驰等为代表的全球知名企业,在选择明星代言人时,非常注重代言人的品位与企业的品牌精神是否吻合。李娜的成功是在追求人生价值和体育精神的前提下实现的,这与奔驰一贯秉持的品牌精神相吻合,这样的合作会走得更好更远。

在签约李娜的发布会上,奔驰(中国)汽车销售有限公司销售及市场营销执行副总裁郝博也表达了同样的观点。他说:"李娜所展现的不断突破自我的勇气以及对卓越成绩的执著追求,正是梅赛德斯-奔驰'惟有最好'品牌理念的完美体现。"

除了追求与品牌精神的吻合外,将选择明星代言人与企业的发展战略结合起来,也是奔驰此次携手李娜的关键所在。

对此，中国市场营销协会执行会长、清华大学EMBA客座教授范云峰认为：近年来，中国经济持续快速的增长势头，使得奔驰等跨国公司将中国市场作为其全球战略的重要组成部分，特别是在中国汽车产销量已位居全球第一的背景下，选择李娜作为品牌代言人，对奔驰进一步开拓中国市场意义重大。

著名品牌战略专家、北京华盛智业品牌营销机构创始人李光斗则认为，长期以来奔驰汽车一直给人厚重的感觉，因而它也更被中老年消费者看好。此次，奔驰选择以从事力量、运动、高档见长的网球运动员合作，且在李娜取得了大满贯冠军这一骄人业绩下迅速营销，表达了其欲让品牌年轻化的诉求，借此吸引中国不断涌现的年轻财富新贵的眼球。其目的旨在通过中国元素，提升奔驰车在中国市场的占有率和美誉度。

2．有知名度还不够　不管是跨国公司还是中国企业，其选择文体明星代言的最终目的，就是能迅速提高企业的知名度、美誉度，进而抢占市场。但纵观中国企业的明星代言行为，花了巨资最终打了水漂的比比皆是，有的甚至因为代言明星的不良言行，使企业的品牌形象受损。

王齐国认为，导致这一现象的主要原因，在于有不少中国企业在选择明星代言时，只看重代言人的知名度，不考虑该代言人是否符合企业的品牌定位和战略。比如有的企业选择有相当知名度的小品明星代言产品，做出来的广告不仅未给消费者留下深刻印象，反而滑稽可笑。

3．代言人为品牌增值　此次奔驰与李娜的成功合作得益于两个关键因素：一是，奔驰将选择形象代言人作为其广告战略、营销传播战略特别是品牌战略的重要组成部分，有专门团队负责代言人的选择与确定；二是，李娜也有一个专业化的国际经纪公司，为最大限度地挖掘其商业价值服务。可以说，这是他们双方共同努力的双赢结果。

透过奔驰签约李娜的举措，李光斗提醒中国企业，选择适合的形象代言人是一个系统工程，需要企业进行多方考虑，如怎样才能发挥明星代言的最大效应、如何规避明星代言的风险等，只有这样才能让代言人为品牌增值。他认为，企业形象代言人的受欢迎程度是和其代言品牌的受欢迎程度成正比的。如果一部分消费者讨厌这个品牌代言人，特别是当品牌代言人因为道德、丑闻等问题在公众中造成负面影响时，就会"城门失火，殃及池鱼"，对品牌的损害将不可估量。因此，企业在选择代言人时，要充分考虑代言人的社会接受程度，特别是代言人的形象个性要与品牌个性相近，与目标受众的心智相符，从而最大限度地使消费者做到爱屋及乌。此外，选择那些处于上升期的明星，可以使企业花相对少的钱获得更大更多的回报。他说，企业规避明星代言风险的上上策是：保证品牌与产品的定位要与明星本身的定位相契合。要做到这一点，企业加强市场调研至关重要。

■ 案例思考题

1. 奔驰为什么要选择李娜成为其全球品牌使者？
2. 奔驰和李娜在品牌形象上的契合度如何体现？
3. 奔驰在选择体育明星赞助对象方面对国内企业有何借鉴意义？

本章小结

体育明星赞助是体育赞助的重要组成部分。运动员是体育竞技的主体，体育明星这一体育的主要产品,他所展现出的品牌价值和市场空间也开始受到越来越多企业的关注,当姚明代表了中国高度、刘翔代表了中国速度、丁俊晖代表了中国准度、李娜代表了中国力度时,企业也越来越多地借助体育明星的市场号召力和影响力来展示企业的品牌形象和文化。企业在选择体育明星赞助时,需要认清体育明星赞助的优势和劣势,选择适合企业的赞助对象,并制定全面科学的体育明星赞助策略和推广策略,这样才能发挥体育明星赞助的作用,运用其助力企业发展目标的实现。

本章思考题

1. 体育明星赞助的特征和形式有哪些?
2. 体育明星赞助有什么独特的优势?
3. 如何将体育明星赞助的选择策略和推广策略相结合?
4. 企业赞助体育明星的风险有哪些?应如何规避?

推荐阅读

[1] David Andrews, Steven J Jackson. Sport Stars:The Cultural Politics of Sporting Celebrity [M]. New York:Routledge, 2001
[2] 唐纳德·卡茨. NIKE——明星造市[M]. 北京:华夏出版社,2001
[3] 张远昌. 姚明式营销[M]. 北京:东方出版社,2006
[4] 艾野. 林书豪"疯狂"NBA[M]. 北京:人民出版社,2012

第八章 体育场馆赞助

> "如果操控得当的话,冠名权组件能够给企业赞助商带来很高的价值。企业赞助商们常认为,同其他广告的赞助机会相比,把赌注押在冠名上是一项不错的投资。虽然经济不景气,但我们预计这种类型的营销方式不会出现显著的低迷时期。"
> ——FrontRow 营销公司总裁 Richard Sherwood

本章要点

- 体育场馆赞助的发展过程
- 体育场馆赞助的特征和形式
- 体育场馆赞助的优劣势分析
- 体育场馆赞助推广和营销策略

第一节 体育场馆赞助的发展与现状

一、体育场馆赞助的发展

迄今为止,体育场馆赞助已有了近 40 年的历史。国外体育场馆冠名已逐渐成熟,而在我国近些年来随着体育赛事的兴起,体育场馆的冠名受到了越来越多企业的关注。以千万资金购买一个大型体育场馆 20 年的命名权,意味着这家企业的名字将可以通过报纸、电视和互联网,跟潜在顾客接触超过 10 亿次,这种赞助行为可以使一家原本默默无闻的公司,在一夜之间名扬全国。而对于那些已经家喻户晓的成熟企业,赞助体育场馆可以帮助其树立良好的企业形象。

国外体育场馆赞助发展的历史远远早于中国。早在 1953 年,世界上第一个现代体育场冠名商业个案起源于美国,百威啤酒花钱冠名了圣路易斯红衣主教队的主场,自此之后场馆冠名就成为美国职业体育的重要商业来源。但是真正被广泛认可的第一个场馆冠名是在

1973 年，美国布法罗里奇体育场以 150 万美元的价格出售其场馆冠名权，期限为 25 年。1987 年美国花旗银行出资买下了洛杉矶运动场的冠名权，从此掀起了 20 世纪 90 年代企业冠名运动场馆的热潮。1990 年以前，只有 4 个职业球队的场地有企业冠名，到 1999 年底就增长到了 70 个。10 年间有 66 家企业将自己的名字用在了原有的或新建的场馆上，直至 1993 年以后，场馆冠名权的销售价格已经上升了 200 倍之多。

我国大型体育场馆冠名的发展是从 20 世纪 90 年代开始，有记载的我国最早的冠名是 1999 年宁波雅戈尔体育场的冠名，该冠名期限为 5 年，费用为 300 万。在此之后便逐渐涌现了大量的大型体育场馆进行商业开发的案例，其中较为突出的场馆开发包括五棵松体育场冠名为万事达中心，世博文化中心冠名为梅赛德斯-奔驰文化中心等。

我国大型体育场馆冠名从最开始的尝试，到目前逐渐形成行业统一的规模和规范，经过了 10 余年的发展。在这 10 年中，中国经历了两个大型活动，为大型体育场馆的冠名起到了推波助澜的作用。首先是北京奥运会，北京及奥运会协办城市共建设、改造场馆 37 个。借此机会，众多商家注意到了场馆冠名对于企业发展的重要性。第二则是上海世博会，上海世博会虽然大多数场馆为绿色型，即世博会结束后便可拆卸，但是在此次世博会期间，还是有部分场馆作为长期项目进行规划和开发，其中最为著名的便是世博文化中心。

二、体育场馆赞助的现状

在美国，体育场馆的数量众多，这与其整个体育产业的蓬勃是分不开的。美国的四大体育联盟中，几乎每一支球队都拥有自己的体育场馆，这些场馆设施从数量和质量上均位居世界前列，而由于美国职业体育在美国本土以及全球广泛的电视转播受众和巨大的影响力，这些体育场馆大多拥有自己的冠名赞助商，而诸如丰田中心和 Staples 球馆等，都已在球迷群体中成为受众耳熟能详且口口相传的品牌文字，体育场馆设施的收入已经成为北美城市经济发展的重要来源。

我国国内目前 8 000 座以上的大型综合性室内体育场馆共有 20 个，基本上，其建造目的都是为了配合大型运动会的举办，由于其建造的目的是为了满足办赛的需要，因此我国的体育场馆大多较新，规模和容量都较大，且功能比较齐全和现代化。在这类场馆赛后的利用问题上，除了北京五棵松体育馆及上海梅赛德斯奔驰文化中心外，这些场馆目前全年的利用率均不到 50%，存在着经营方式单一，经营策略商业化程度不高等问题。而目前经营状况最好的北京万事达中心和上海梅赛德斯奔驰文化中心，都是由专业体育场馆经营与管理的公司进行运营管理。

在国内，最初场馆冠名的大多数方式是冠名较长的年限，如 10 年和 20 年等，而近年来冠名商逐渐选择对场馆进行不超过 10 年的冠名权限，这是目前我国大型体育场馆冠名发展的一个趋势和结果。目前，根据国内部分已知的大型体育场馆冠名收入和冠名

合同年限,得到结果见下表8-1。

表8-1 英美部分大型体育场馆冠名权开发情况表①

场馆名称	冠名企业	国别	期限	冠名金额
花旗集团体育场	花旗集团	美国	20年	4亿美元
美国休斯敦万金体育场	万金能源集团	美国	32年	3亿美元
菲迪克斯兰多佛体育场	菲迪克斯公司	美国	27年	2.05亿美元
美国航空中心体育场	美国航空公司	美国	30年	1.95亿美元
飞利浦体育中心	飞利浦公司	美国	20年	1.82亿美元
林肯金融体育场	林肯金融集团	美国	20年	1.39亿美元
丰田体育中心	日本丰田汽车公司	美国	30年	1.2亿美元
史泰博体育中心	史泰博办公用品公司	美国	20年	1.16亿美元
上和电讯球场	上和电讯公司	美国	20年	1.05亿美元
百事中心球馆	百胜全球餐饮连锁	美国	20年	6 800万美元
第一银行球场	美国第一银行	美国	30年	6 600万美元
酋长球场	阿联酋航空公司	英国	15年	1亿英镑
英国电信球场	Cellnet	英国	10年	490万英镑
锐步球场	锐步体育用品公司	英国	20年	1 620万英镑
斯托克城不列颠尼亚球场	不列颠建筑协会	英国	11年	1 100万英镑
威根罗宾公园球场	JJB体育用品公司	英国	10年	1 000万英镑

表8-2 我国场馆冠名权开发情况表②

场馆名称	冠名方	年份	合同年限	冠名金额(人民币)
宁波雅戈尔体育场	雅戈尔集团	1999	5年	300万
山东固铂成山体育场	山东成山轮胎股份有限公司	2003	50年	3 000万
青岛双星体育馆	青岛双星集团	2003	12年	200万
上海奔驰文化中心	梅赛德斯奔驰	2010	10年	5亿
北京万事达中心	万事达	2011	5年	2亿

第二节

体育场馆赞助的特征和形式

一、体育场馆赞助的特征

(一)长期性

大型体育场馆是一种长期存在的建筑物,在建设之前不仅需要众多部门进行合作,对场

---

① 摘自张海茹.英美大型体育场馆冠名权开发的研究.北京体育大学硕士论文,2010
② 部分数据源于郭五一等.我国场馆冠名权开发构想.体育文化导刊,2008(6):62

馆的建设进行规划,同时也需要专业的场馆专家和公司参与,为场馆的建设提供技术支持,保证场馆在建设的合理以及之后的充分利用。它在一座城市或者一个地区存在少则十几年,多则几十年。

正因为大型体育场馆具有这样的特性,所以针对该类场馆的赞助也普遍具有长期性的特征。无论是国外还是国内,大型体育场馆赞助都存在期限和方式等要求。以场馆冠名为例,目前在国外,场馆冠名的期限常常都是在10年以上,这也是目前国外场馆冠名的主要趋势。而在国内,最初场馆的冠名都是以中长期为准,不过近2年的发展趋势可以看出,场馆冠名的时限更多的则是在10年以下,例如万事达中心的冠名期限就只有5年。

(二) 合作性

赞助是一项双向行为,其主体主要包括了赞助方和被赞助方。一方面赞助方需要给被赞助方提供资金、物资等支持;相反,被赞助方也会向赞助方提供合同范围内的支持,最常见的则是将赞助商的标志呈现在场馆内部,例如在美国的场馆中我们经常可以通过斗屏和环屏看到赞助商的标志滚动出现。除此之外,双方还会共同进行有关活动,如万事达冠名五棵松体育馆时,便在场内进行了新闻发布会、上海奔驰文化中心中的奔驰汽车展览等。

(三) 直观性

体育赞助的行为是直接和直观的,这主要体现在赞助符号和行为的曝光。首先场馆赞助的行为多以冠名为主,这样便直接影响到了人们对于场馆名称的印象,如世博文化中心直接被冠名为梅赛德斯奔驰文化中心。除了场馆冠名之外,对于包厢的赞助行为也体现出直观性的特点,虹口体育场内的包厢都会在门口贴上赞助商的标签,例如工商银行等。正是因为这类直接通过冠名方式的赞助,使得体育场馆赞助成为更有效的赞助方式。

(四) 稳定性

体育场馆具有长期性的特点,这就直接带来了体育场馆赞助的稳定性。因为体育场馆赞助的时限较长,一般会达到10年以上,在赞助期限内,赞助商品牌都会因为场馆的各种活动或者宣传得到曝光。同时场馆赞助商的品牌曝光不仅体现在对场馆本身的印象和媒体报道,更多的情况下则是通过在场馆内举办的各类活动,间接地对场馆赞助行为进行宣传和曝光,加上其长期性的特点,体育场馆赞助具有充分的稳定性。

二、体育场馆赞助的形式

(一) 场馆冠名

场馆冠名是体育场馆赞助中最为主要的形式。冠名权是指在某种事物前面加上自己名号的权利,亦即"权利人对于他人所有或支配的对象化事物进行冠名所享有的民商事权利"。目前,国内外许多场馆的赞助方式都是以场馆冠名为主,国外体育场馆赞助的期限多为20年或以上,相比较而言国内体育场馆的赞助期限则显得要短一点,多为10年左右。国外的体育场馆冠名收益较为明显,而且在这一方面也非常成熟,更为重要的是,国外场馆拥有较为完整成熟的赛事或者活动的安排,而企业则可以通过这些赛事或者文艺活动在媒体的宣传报道获得大量的曝光机会。很多品牌冠名场馆之后,将场馆作为企业文化长期的品牌影响因素,进行品牌的宣传,如阿森纳俱乐部的主场"阿联酋航空体育场"俗称为"酋长球场",球场的整体装修风格奢华,并设立多处高规格的奢侈的贵宾招待场所,这些都与赞助商的品牌形象非常吻合。

(二) 包厢冠名

包厢是体育场馆内部为贵宾客户提供的特色服务和招待,目前世界上几乎所有的体育场馆都有包厢设置。总体来说,一般包厢的面积在 $10\sim 20\ m^2$ 不等,包厢内设有独立卫生间、电视机、沙发等设施,包厢外的延伸台上放有椅凳。包厢赞助是指赞助商通过支付一定费用,从而取得包厢内的品牌展示和宣传资质。对于场馆内的包厢赞助,主要分为以下几种形式。

第一,企业包厢冠名。这是包厢赞助最为主要的一种方式,一般情况下,企业按年度支付包厢的赞助费用,支付后,场馆会根据赞助商需要,对包厢内部进行布置和装潢,同时在包厢内呈现赞助商的企业符号和企业形象。这种方式目前是场馆包厢赞助中最为常见的一种方式,国内外的众多场馆包厢也大多数采用这样的方式。

第二,企业租赁包厢。企业租赁包厢是类似于包厢冠名的一种方式,它主要是通过企业支付一定的费用,从而获得场馆包厢的使用权。在获得专有的使用权之后,赞助商一般情况下不会对外进行包厢的售票行为,而是仅仅针对企业内部进行招待礼遇等活动,提供给企业的 VIP 客户或者优秀员工进行一定的回馈和奖励。例如上海的八万人体育场、虹口体育场都有部分包厢采用了这样的方式。

第三,企业直接买断。企业支付一定的费用,类似固定资产购买等行为,对于场馆内部包厢的产权进行购买,这样的方式在我国部分场馆内有所体现,例如上海市的虹口体育场,在建设初期因为费用紧张,向企业出售了部分包厢的产权。

这种方式是体育场馆建设初期为了筹备资金所采用的一种方式,不过也是场馆方应尽量避免的一种方式,因为企业对包厢直接买断之后,产权不再归体育场所有,一方面体育场馆不便于管理;另一方面失去了长期收益的支持。

以上 3 种方式便是场馆包厢的主要赞助形式,其中企业包厢冠名与企业租赁的不同在于前者赞助后包厢会向外提供售票行为,而后者则不公开售票,采取内部使用的原则。第 3 种企业直接买断的方式则较少见,是场馆不会优先考虑的方式。

(三) 场馆演出赞助

场馆内硬件设施的赞助主要包括企业通过提供场馆内部所需要的硬件设施作为等价交换,从而在场馆内部进行品牌宣传的赞助方式。最为常见的场馆硬件赞助,包括提供场馆内部的照明设备、屏幕设备以及与观众相关的购买设备。例如我们常常看到的场馆内部的自动售货机便是硬件设施赞助方式的一个体现。

(四) 场内硬件设施赞助

场馆除了需要硬件和设备之外,不可或缺的便是软件的提供。场馆内部软件设施的赞助包括了场馆内数据系统的服务、餐饮服务、票务服务等。国外一流的体育场馆不仅能为消费者提供顶级的赛事观赏,还能够提供最为优质的观赏配套服务。例如美国富国银行中心,该中心由全球视野公司(Global Spectrum)运营,全球视野公司除了拥有场馆运营公司之外,还拥有了票务公司、场馆餐饮公司、场馆数据公司等,以此为场馆提供服务。正是因为这些服务平台的建立,为其他品牌提供了另一种赞助渠道:食品赞助商为场馆提供专门的食品供应;票务赞助商在门票上可以呈现自己的品牌标志等。越来越多的渠道和方式也逐渐被开发和利用起来。

（五）场内软件设施赞助

赞助商在选择赞助场馆之后，不仅会在本身的权利之内得到相应的保障，除此之外，赞助商还会就其他方式的合作进行定夺。例如某汽车品牌在选择赞助某高尔夫球场的方案中，不仅获得了场内的广告位等资源，还与对在其场内开展的活动的合作方式进行磋商，其中包括了会员活动、赛事活动等活动的合作方式。

本节案例

某汽车品牌与某高尔夫球会会员关系管理部合作计划

A 汽车品牌与高尔夫的历史——A 汽车品牌高尔夫锦标赛

1991年，A 汽车品牌高尔夫锦标赛创立，至今在全球已有17年历史。2004年该赛事进入中国，2007年是成功进入中国的第4年。该赛事是全球规模最大、最受推崇的业余高尔夫球赛，每年在全球40个国家和地区举办了700多场巡回赛。2007年的比赛在全球有超过8万名业余球手参加。

某高尔夫球会

B 高尔夫球会成立于1992年，并于2004年5月荣膺健力士世界第一大球会称号。深圳某会所，面积超过30万 m^2，东莞某会所，建筑面积达到5万 m^2。该高尔夫球场是亚洲最大的高尔夫练习场，除此之外还拥有亚洲最大高尔夫练习场、亚洲最大规模高尔夫用品专卖店、亚洲最大网球中心等设施。

双方合作目的和形式

1. 合作目的
- 共同提倡尊贵高尚的生活方式和消费理念
- 加强双方品牌在豪华高档市场的影响力
- 直接促进双方的产品销售
- 提升双方用户的品牌和产品忠诚度
- 营造更好的声望

2. 合作形式
- 品牌联合推广互利双赢
- 用户拓展/促销/忠诚度的强强联手
- 相互借势的活动和展示平台
- 媒体传播的联合效应

合作方案

1. B 高尔夫球会会员关系管理部将得到
- 排他性
- — B 高尔夫球会会员管理部将成为 A 汽车品牌广东地区官方唯一高尔夫俱乐部合作伙伴
- 汽车品牌免费用车服务
- — 由 B 高尔夫球会会员管理部主办的重大赛事，A 汽车品牌全程为贵宾提供高级用车

服务
- 一杆进洞大奖
— 提供一辆A汽车品牌汽车作为B高尔夫球会年度会员赛一杆进洞的奖品
- 日常奖品提供
— A汽车品牌考虑提供一些礼品用于俱乐部的日常会员活动

2. B高尔夫球会会员关系管理部将得到

- 免费广告
— A汽车品牌将在其品牌会员月刊杂志上为B高尔夫球会提供相应广告宣传版位
- 免费Plasma
— A汽车品牌将在合作期间提供指定数量的免费Plasma
- 场地租赁收益
— A汽车品牌在深圳地区举办的各类高尔夫活动或其他商务活动将首选B高尔夫球会场地

3. A汽车品牌需要如下支持

- 排他性
— A汽车品牌是B高尔夫球会会员管理部在汽车行业内的官方唯一汽车类合作伙伴
— A汽车品牌对B高尔夫球会会员管理部的公关和广告合作伙伴选择有优先知晓和选择权
- 品牌呈现
— 品牌主体及主视觉形象呈现(具体形式待与俱乐部进一步商议)
— 为A汽车品牌提供两个常年A汽车品牌车辆的展示
— A汽车品牌广告板在指定球洞的曝光
— A汽车品牌特许商品展示地点
— 品牌及产品资料展示:例如A汽车品牌杂志、A汽车品牌与高尔夫手册、销售意向调查表
— 小型广告权益:会员网站/期刊
- A汽车品牌录像片
— 在球场和俱乐部会所内已有的视频播放系统上循环播放A汽车品牌录像
— A汽车品牌在俱乐部内提供定制的Plasma,循环播放A汽车品牌的宣传片
- 折扣
— 球场内的任何场地/设施/服务将向A汽车品牌及其嘉宾提供XX%的折扣
— 为A汽车品牌提供A汽车品牌冠名的贵宾室
— 为A汽车品牌及其嘉宾提供专用指定停车位
- 有可能会在深圳B高尔夫球会举办的活动:(场租根据单次活动及相应折扣另外支付)
— 赛事
— 经销商和客户的定期活动
— 品牌小型区域会议
— 新车发布
— 媒体俱乐部活动

— 其他
- A 汽车品牌高尔夫学院（待定）
  — 常年提供 A 汽车品牌高尔夫学院的场地
  — 联手邀请球场会员和客人加入 A 汽车品牌高尔夫学院
4. 双方共同得到
- 用户拓展/促销/忠诚度的强强联手
  — 双方为各自现有客户提供入会活动/购车
  — 双方共享广东地区客户数据库（在双方达成认可的前提下使用）
  — 对于双方潜在客户，以联名形式进行促销
  — 双方在各自会员宣传册（如 A 汽车品牌杂志）中互换广告
- 媒体传播的联合效应
  — 双方就合作事宜召开小范围媒体招待会（待议）
  — 双方企业名人形象拍摄地点（B 高尔夫球会）/道具（A 汽车品牌车）的优先选择权
  — 双方媒体报道和采访的首选地点和道具
  — 双方在各自会刊上提供定期报道
  — 双方针对各自媒体，共同推出"B 高尔夫球会体验卡"、"A 汽车品牌驾控之旅体验卡"等体验项目（待议）

以上是某汽车品牌与高尔夫球场的赞助合作方案。从该方案中我们可以看出，该汽车品牌除了对场地方提供资金支持之外，还包括了对其活动、赛事、会员服务等方面提供相关支持，例如活动用车等。从方案中我们也可以看出，多方面、多领域的合作不仅仅是对赞助商的益处，对于场地方也是品牌营销的良好方式，双方可以共同开展媒体传播的联合效应、数据库的共享、宣传册的广告互换等权益。场馆赞助的形式多种多样，不同的场馆根据其性质和功能的不同，其赞助形式也各种各样，并且还在不断地改进之中，相信赞助的形式会逐渐走向成熟。

第三节 体育场馆赞助的优势和劣势

一、体育场馆赞助的优势

（一）凸显赞助商实力

对于一座城市的居民，甚至对于周边居民，大型体育场馆已经成为一个标志性建筑，例如北京的鸟巢。正是因为大型体育场馆具有这样的特征，冠名企业在冠名这类场馆之后，这种符号象征的元素中便加入了冠名企业的品牌标志和形象，这便会使品牌形象在普通受众之中的印象大大加深，从而达到品牌认知度提升的目的。同时，由于社会上对场馆冠名普遍定义为高投入的行为，场馆赞助商往往被冠以实力的标签，同时也是赞助商身份的象征。因此，赞助商通过场馆赞助以凸显自身实力，营造良好的品牌形象。

(二) 曝光频率高

体育场馆拥有众多的活动和赛事，受到了众多普通观众和媒体的关注，他们在观看精彩的体育赛事之余，也会在不经意之间对承办赛事的场馆留下深刻的印象，特别是当遇上大型赛事或者文艺演出活动，场馆冠名曝光的机会则会大大增加，例如Staples Center除了每年作为湖人队主场被广泛知晓之外，每年还举行大量的文化演出和体育赛事，例如X-Game、贾斯汀比伯演唱会等。这些活动在国际上都有着较高的关注度和知名度，媒体对于这类的活动也是趋之若鹜，会留出大量的版面进行宣传报道，这都有助于场馆冠名的快速扩散。与此同时，关注度极高的NBA转播中，解说员也会多次提到Staples Center的名字，这使得全球众多的篮球迷了解并熟知这一场馆。正是由于这些活动的推动，才使得Staples Center逐渐受到人们的关注，Staples(史泰博)这个品牌也开始家喻户晓。

(三) 与场馆方合作，回报丰富

赞助商在选择了对场馆进行赞助之后，便与场馆之间建立了合作关系。通常来讲，赞助商除了能够得到场馆的冠名权、包厢的使用权等权利之外，场馆还会为赞助商提供更多的附加权利，其中包括了优惠的场地使用权、VIP回馈、品牌的优先呈现以及与场馆打包宣传等权利，当然如果是冠名赞助商，还会获得当冠名期限到期后，优先续约的权利。

(四) 高规格的招待礼遇机会

作为场馆的赞助商，场馆方会为其赞助商提供高规格的招待礼遇的机会。其中最为主要的就是场馆方为其赞助商提供的包厢使用权，以供其进行品牌内部的活动和VIP招待。此外，高规格的招待礼遇，还包括在场馆举行活动的时候，作为场馆的赞助商也是合作方，赞助企业能够享受到VIP的服务和待遇，例如参加活动时的VIP服务、活动结束后的宴请等。

(五) 和赛事关联度高

赞助商的赞助行为，具有针对性和目的性。一般来说，对体育场馆进行赞助的品牌，其本身与体育的契合也是十分紧密的。从行业来看，关注并且愿意赞助体育场馆的行业包括了金融、汽车、奢侈品等，这些行业的品牌形象往往与体育赛事和赞助有着较为密切的联系，这类品牌一般情况下是想通过赛事接触直接客户群体，树立良好的品牌形象，例如奥迪汽车便冠名赞助了上海F1赛车场，则是与奥迪自身的品牌定位和品牌形象有着明确的匹配，其主要意图也十分明显，通过与自身关联度高的场馆进行联合，从而树立自身的形象，为市场的发展提供支持。

二、体育场馆赞助的劣势

(一) 和受众的直接互动机会较少

场馆得到赞助之后，所收获的赞助利益是属于静止性、固定性的，例如场馆冠名、包厢冠名等，类似的赞助利益无法通过自身的宣传普及开来，赞助商的品牌和形象无法通过主动地活动开展进入到受众的印象中。

这一类的赞助方式表现出了明显的被动性。场馆赞助商的品牌和形象需要通过场馆内部的活动报道进行间接宣传，在一定程度上，影响了赞助商与其品牌受众之间的直接互动。例如万事达赞助北京五棵松体育场后，除了品牌发布会之外，鲜有万事达与该场馆针对目标群体的宣传活动，万事达的客户仅能通过媒体对于该中心其他活动的报道简洁了解到万事达的赞助行为。

（二）有可能与赛事赞助商形成冲突

场馆内部的活动是场馆运营的根本，这些活动是与场馆之间有着明确的相对独立性的。这些赛事具有自身独立的运营方式，同时也有其本身的赞助商，这便使得场馆赞助商和赛事赞助商之间存在着一定的冲突风险。例如 NBA 每年的季前赛有一部分会移师中国，目前主要定于上海梅赛德斯奔驰文化中心。然而 NBA 中国的官方合作伙伴在 2010 年之前是丰田汽车，从 2010 年开始是东风汽车，这便使得场馆冠名商和赛事合作伙伴产生了冲突。这类问题并不少见，这也是场馆赞助商目前比较尴尬的问题。

（三）冠名赞助成本较高

从目前的赞助费用来看，因为体育赞助的长期性、曝光度高等特征，体育场馆冠名赞助的成本较高，例如欧美国家冠名 20 年的费用从 1 亿～4 亿美元不等，这个价位合人民币 6.3～25 亿。在国内，世博文化中心的冠名费用也达到了 10 年 5 亿人民币，北京的五棵松体育场的冠名费用为 5 年 2 亿，这样的高投入、高支出，不是每个企业都能承受的，同时对于有实力的企业来说，这样的金额也不算是一个小数目。

本节案例

奔驰市场营销赞助制高点

2011 年 1 月 15 日，上海世博会演艺中心正式冠名为梅赛德斯-奔驰文化中心。世博会后，这座外形酷似飞碟的巨大建筑犹如巨大广告牌，并且 10 年中上海举办的大多数顶级文体活动都将在这一平台上进行，这些可遇不可求的重大机会对于奔驰品牌的宣传推广起到了不可替代的作用。

《纽约时报》计算出的年赞助费超过 1 亿元人民币，毛京波接受《汽车商业评论》采访时笑言"对于这种世界级场馆的赞助冠名，肯定是千万级别的。但要知道，奔驰文化中心冠名这个项目预算中的 2/3 都是来自于德国总部。这能说明什么？这说明德国总部对于我们市场战略的认可。更进一步地讲，对奔驰中国很多想法的实施，实际上对总部战略发展是具有引导性的。"

与文化中心类似的还有更早的国家大剧院。2008 年元旦，奔驰中国、北京奔驰与落成不久的国家大剧院正式建立战略合作伙伴关系，成为其战略合作伙伴。奔驰将长期支持国家大剧院举办的文化艺术交流活动，提供 10 台奔驰车作为贵宾指定用车。奔驰得到的是每场文艺演出的节目单上都会出现企业名和 LOGO，同时奔驰产品广告中可以使用国家大剧院形象。

中国主要的两大城市中最重要的文化场馆全部被拿下，奔驰在文化营销方面已经占据战略高地。

第四节

体育场馆赞助的策略

一、体育场馆赞助的选择策略

企业在考虑体育场馆赞助时,需要进行反复的评估和调查,不仅要评估场馆固定属性是否有利于赞助的收益,还要重点评估场馆的软性条件是否能够为赞助商的收益提供保障。在本节中,将从场馆规模和功能、承接赛事、地理位置和场馆功能4个方面进行体育场馆赞助策略的分析。

(一)场馆规模和功能

场馆规模和功能是赞助商考虑的重要因素之一。赞助商对自身的品牌有着准确的定位和规划,那么赞助商在选择场馆赞助时便会针对最契合自身品牌形象和定位的场馆进行赞助投放。一般来说,特色明显的体育场馆相比于其他普通场馆,会更加得到企业的青睐,主要原因如下。

第一,该类场馆有着明确的定位和目标群体,而这些正是与赞助商的定位相符合。

第二,特色场馆较之于普通场馆,更能得到特定顶级赛事的认可。因此,我们可以看到一个体育中心,往往包括了专门的、不同类别的体育场馆。

第三,功能明确的场馆能够提供更有针对性的服务,其服务质量也会有着明显的优势。赞助商能够在与场馆的合作中获得更多与自身相匹配的优势资源。

(二)承接赛事

场馆内赛事的举办直接反映出场馆的级别和标准。赞助商在考虑赞助对象时,会从其赛事、活动的举办中进行评估。例如北京的万事达中心,2011年承接的赛事主要包括杜克大学的篮球赛、北京国际篮球嘉年华、CBA全明星周末等赛事活动;美国费城的富国银行中心在2012年2月份的一个月中就承接了20场赛事活动,其中NBA占到7场,除此之外还包括了NHL、NLL等联盟的比赛,其承接的赛事规模大、特色突出、社会关注度高,为富国银行中心提供了优质的观赛氛围。

(三)地理位置

地理位置一直是体育领域的一个重要因素,因为地理位置直接决定了赛事的观众人数、交通便利程度、服务质量等一系列评估标准,这也是赞助商在选择体育场馆时需要考虑的问题之一。

发达地区的体育场馆,因为承办了众多的体育赛事和活动而得到了更多的曝光频率,这种曝光频率会作用在赞助商的赞助效果上,通常曝光频率越高的场馆,其受到企业的关注度也越多。反之,活动较少的场馆,其曝光度也十分有限,受到的潜在赞助商的关注度明显较低。此外,发达、人口密集地区有着众多的受众群体和优质的配套服务,为赞助商业务的开展奠定了良好的基础和条件。基于以上因素,我们可以看到发达地区的体育场馆通常会成为企业争相赞助的对象,其赞助金额也远远高于其他地区的场馆赞助行为。

二、体育场馆赞助的推广策略

作为赞助的主体,体育场馆也需要有效地推广和宣传,主要是针对市场的主动宣传,从而吸引更多的活动和观众前来。间接地也是为了其相关利益者,例如赞助商和合作伙伴的利益最大化。

(一) 引入大型赛事形成稳定的曝光机会

大型赛事因为其规模和影响力的因素,往往受到人们的广泛关注,例如奥运会、NBA、WTA、全运会等赛事,每届举办期间都吸引了大量的观众前来观看,以及媒体报道。这些赛事能够一方面提升场馆本身的人气和运营质量,另一方面可以增加赞助商的曝光度,是体育场馆发展的最好活动方式之一。大型赛事已成为场馆打造品牌,为相关利益者争取利益的最有效途径之一。

(二) 签订长期赞助合同形成合作伙伴

场馆方签订长期合作活动的主要目的在于:①通过吸引赞助商的赞助行为,从而获得更多资金,以用于场馆的发展和建设;②长期的赞助合同对于场馆来说是一份较为安全的保障,场馆方不必担心短期因合同到期而产生的相关工作,例如寻找新的赞助商,赞助费用的谈判等,长期的合同可以保证场馆平稳有效的发展;③形成合作伙伴,是为了加强场馆内部的实力,通过不同合作伙伴的确立,从而达到资源整合,为场馆自身的活动、发展提供强有力的支撑。

(三) 针对主要目标行业进行精准营销

赞助是双向的行为,当赞助商在挑选场馆的同时,场馆作为被赞助方也会对赞助商进行一系列的考察和分析。场馆方在分析赞助商时,主要从以下几个方面展开。

1. **赞助商形象**　当赞助商赞助场馆之后,其品牌形象自然与场馆的形象紧密的联系起来,即是说,赞助商的形象直接影响到体育场馆在其辐射范围内的美誉度和影响力,场馆方不会选择美誉度较低的企业作为其场馆的赞助商。

2. **赞助商定位**　场馆方考察赞助商的定位也是从双方的品牌契合度展开。一般而言,高质量、高水准的场馆会选择同等定位的企业作为其赞助商,双方定位的统一性,也有利于场馆整体的发展和提高。

3. **赞助商的实力**　赞助商的实力一方面体现在其资金实力上,场馆方肯定会选择出价最高的几家企业作为其考察和分析对象。除此之外,企业的品牌竞争力也会是场馆方考虑的标准之一,因为这直接影响到场馆未来赞助行为的稳定性。

(四) 充分利用场馆资源提供多元化回报和服务

场馆在选择确定好赞助商之后,不仅仅是收取大额的赞助费用,还要为赞助商的利益负责。因此场馆方会为其赞助商提供多元化的回报和服务。例如美国的国民银行公园和史泰博体育馆,都会为其赞助方提供优质的赞助回报,包括VIP服务、场馆的优惠使用权、整合营销的措施、招待礼遇权等。

本章案例

奥迪冠名上海国际赛车场

【上海国际赛车场】

上海国际赛车场于2002年开工建设,并于2004年竣工,之后连续9年举办了F1世界锦标赛上海站活动，在国内取得了一定效益。自F1一级方程式锦标赛2004年进入中国之后，上海国际赛车场就一直肩负着F1赛车飞驰的重任。屈指数来，2012年F1上海站已是上海举办这项顶级赛事的第8个年头了。上海国际赛车场是中国目前唯一的一条F1标准赛道，也是体育设施最完整的，经过8年培育，已越来越成熟，积淀了众多高端车迷和消费群体。

【奥迪冠名】

事实上，在很多西方发达国家，70%的大型体育场馆都售出了冠名权。阿联酋航空公司出资1亿英镑获得阿森纳新球场15年的冠名权和8年的胸前广告赞助。在美国NBA，赞助商甚至直接出资建造场馆，如休斯敦火箭的丰田中心，达拉斯小牛的美联航中心，新泽西I-ZOD中心（服装品牌），湖人斯台普斯中心（办公品牌）。国内能够拿到冠名的大型体育场却很少。

2011年，上海国际赛车场与一汽大众奥迪举行了冠名仪式，正式启用"上海奥迪国际赛车场"名称。这个为期5年的合作将成为上海体育场馆运营的典型案例，这是世界顶级F1赛车场首次尝试商业品牌冠名。在奥迪冠名后，上海国际赛车场收支开始有盈余。能成为全球20余条F1赛道中首个获得商业冠名的赛道，上海国际赛车场也的确是在F1之外的赛场运营方面动足了脑筋，全年除了必要的养护时间（约110天），剩下的200多天里几乎每周都安排活动和赛事。这次冠名带给上海国际赛车场的好处也是显而易见的，据称每年千万元级别的收入也有效地弥补了上海国际赛车场的运营成本。

很多人认为上海国际赛车场除了每年举办一次F1赛事，其他时候都处于闲置状态，但事实恰恰相反。上海国际赛车场运营方昨天给出了一个权威数据：上海国际赛车场除了一年中100天左右必要的维护时间，其他260多天，各种活动和赛事的安排已经达到饱和状态。"上海国际赛车场每年经营的活动很丰富，包括A1赛车、赛车嘉年华、汽车品牌发布、汽车俱乐部的活动，品牌汽车研发测试和赛场观光等等项目。"

对于上海国际赛车场缘何经过8年厚积才薄发，负责人表示："当时F1刚到上海，我们刚建好，设施也并不齐全，还谈不上有关注度，冠名的价值就是从关注度上来体现的，关注度是需要时间积累的。经过7年的F1比赛和活动，我们积累的人气和影响有了冠名的基础。"

【赞助理由】

1. 时间 2010年12月7日，梅赛德斯奔驰公司宣布从2011年开始，上海世博文化中心正式更名为梅赛德斯奔驰文化中心，紧接着半年的时间奥迪公司便宣布冠名上海国际赛车场，这存在着明显的竞争意味。

2. 品牌对比 奥迪公司作为大众汽车旗下品牌，有着100多年的历史。在其中50多年中，奥迪这个品牌经历过战争和萧条，在1975年之后，奥迪公司开始了复苏的计划。奥迪品牌定位中高端用户，在全球有着广泛的群众基础，并且得到了消费者的喜爱。

奔驰公司历史比奥迪公司晚11年，创立于1900年，也是德国品牌，目前它是戴姆勒公司旗下的品牌。梅赛德斯-奔驰以高质量、高性能的汽车产品闻名于世,除了高档豪华轿车外,奔驰公司还是世界上最著名的大客车和重型载重汽车的生产厂家。

从上面简短的两段介绍中可以看出,奥迪和奔驰互为抢镜的竞争对手。两个品牌在其品牌定位和消费者定位上都有着很多的相同之处,双方的竞争也从普通的销售领域扩展到了无形资产等方面。

【赞助效果】

调查显示,上海市30岁以下的青年对于奔驰有着更高的品牌偏好度,同时对于奔驰冠名世博文化中心的行为也有着很高的认知度。具体数据如图8-2,8-3。

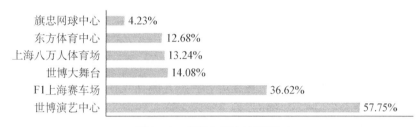

图8-2 场馆与冠名商的配对

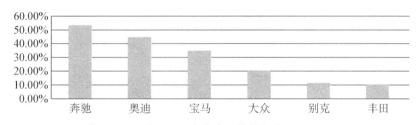

图8-3 汽车类品牌偏好度

从图8-2、8-3的数据中可以看出,无论是在冠名行为的认知度还是品牌的偏好度方面,奔驰公司都取得了较好的效果。

【原因分析】

奥迪冠名上海国际赛车场为何没有取得与奔驰冠名世博文化中心的相同效果呢?首先我们来看上海国际赛车场。根据数据,其场地每年的活动其实是非常丰富,可以说活动的数量不比世博文化中心少,但是其主要存在以下问题。

(1) 场地活动虽然很多,但是活动形式有局限,活动的受众人群也很受限制。奥迪国际赛车场的活动多数为试驾性质,这种形式的受众人群有限,对于潜在受众的辐射能力不足。

(2) 反观梅赛德斯奔驰文化中心,其活动都是面向大众市场进行售票的行为,其中以张学友为代表的一系列明星演唱会,更是吸引到众多的市民前往观看。

（3）奥迪国际赛车场本身存在着一定的尴尬，即是每年的试驾活动不仅仅限于奥迪品牌，还包括了保时捷等其他的汽车品牌，对于奥迪的品牌宣传形成了一定的竞争抵消作用。

■ 案例思考题

1. 奥迪冠名上海国际赛车场的主要目的是什么？
2. 奥迪冠名上海国际赛车场相对于奔驰中心有何优势？
3. 奥迪冠名后应制定什么样的营销策略？

本章小结

体育场馆赞助的形式多种多样，它包括了体育场馆冠名赞助、场馆包厢赞助、场馆内硬件赞助、场馆内软件赞助、场馆活动赞助等形式，不同场馆的体育赞助形式也不尽相同。在如今场馆商业形式发展的今天，每一个场馆的赞助形式和方式都会根据自身的特点、性质和功能而不同，这需要场馆方对自身场馆资源进行深度发掘和开发。

赞助商赞助场馆的目的和策略是从企业自身的品牌角度出发，其主要目的包括了提升品牌的知名度、美誉度，提升品牌竞争力等方面，而企业在选择场馆时也应该从多角度、多方面进行观察和评估，从而找到最适合品牌自身定位和形象的场馆，从而联合场馆实力，为企业的宣传和发展提供基础和支持。

本章思考题

1. 体育场馆赞助和其他体育赞助类型相比的差异性体现在哪些方面？
2. 体育场馆赞助的形式主要包括哪几种？
3. 体育场馆赞助适用于什么样的企业？可以帮助他们达成什么样的目标？
4. 企业赞助场馆后的营销策略应注意哪些问题？

推荐阅读

[1] 〔美〕肖洛宾阿蒙等编著.体育场馆赛事筹办与风险管理[M].沈阳:辽宁科学技术出版社,2005

[2] 易国庆主编.体育场馆的经营与管理[M].北京:人民体育出版社,2009

[3] 钟天朗.体育服务业导论[M].上海:复旦大学出版社,2008

[4] 杨远波著.体育场馆经营导论[M].广州:西南财经大学出版社,2006

第九章 体育赞助营销创新

"我们致力于为我们的客户提供多种方式来体验国际足联南非世界杯的快乐与激情。通过特定主题的菜单、包装、餐厅推广、创新数字活动、社区青年诊所和队伍赞助,我们的目标在于让我们的顾客与国际足联世界杯前所未有般紧密相连。"

——麦当劳全球通信部副总裁 Bridget Coffing

本章要点

- 激活营销
- 联合营销
- 公益营销
- 草根营销

第一节 激活营销

一、激活营销概述

赞助是企业的一种投资行为,这个过程中企业都希望可以从这笔投资中获取到最大的利益回报。单独的赞助行为能达到的效果是有限的,所以企业需要一个推进的力量,能很好地整合自身的赞助资源,发挥最大的效用。因此产生了激活营销。

激活营销(activation)是指在获得赞助资源的前提下,以企业的营销目标为目的,利用广告、公关、活动等手段将赞助资源进行更大程度的传播,以赞助资源为依托与目标消费者进行有效沟通的企业营销手段。

除了能全面整合赞助资源,进行推广以外,激活营销还起到一个非常重要的作用,那就是有助于让消费者从由许多企业和品牌营造的层层迷雾中找到正确的信息,看到真正的赞助商。体育的巨大魅力吸引了诸多的赞助商企业,但由于高额的赞助经费以及赞助的排他性等原因,很多企业会选择伏击营销作为其突出重围的方式。此时,合理地利用激活营销就能对此类伏击进行巨大的冲击,让消费者认识到官方的赞助企业,对产品进行购买。

二、激活营销的特点

(一)引导性

激活营销是在无需求的情况下实行的。无需求,是指市场消费者对某种产品或服务不否定、不厌恶,只是漠不关心,没有兴趣的一种需求状态。所以激活营销即设法引起消费者的兴趣,刺激其对某种产品或服务的需求,使无需求变为正需求。引导消费者对产品产生认识、需求最终变成购买行为。

(二)针对性

正如上文所说,激活营销是刺激消费者的需求,所以激活营销同时具有针对性。因为企业的产品是有特定目标消费群体的,所以,在运用激活营销时主要面对赞助商的受众进行,具有很强的针对效果。

(三)时效性

为了进行最大限度的传播,企业会将各种激活营销行为集中在一段时间内实施,以确保给目标消费群体轰炸式的信息传播。多种资源充分利用,各种形式轮番上阵,一波接一波刺激消费者。

(四)多样性

由于利用了该阶段几乎所有的营销资源,所以激活营销的方式非常多元化。从单纯的广告投放到产品销售和促销,还有新产品的开发,甚至可以上升到企业文化与核心竞争力的传播等方面,这些多样的方式是其他营销手段难以比拟的。

实践链接

通用汽车(General Motors)是2000年悉尼奥运会的官方合作伙伴。奥运会比赛一共持续17天,通用汽车的奥运营销推广为19个月。早在比赛开始前1年多就开始进行了激活营销推广,并结合多种创新营销方式,直到比赛结束后才终止。在推广期间一直使用与奥运会的联合LOGO,大力强化了自身与奥运的关联程度。虽然赛事举办时期是激活营销的主要阶段,但我们不能忽视赛事举办之前的这段时间,甚至比赛之后也有我们可以利用推广的空间。

2004年雅典奥运会,麦当劳(Mcdonald's)在全球13个国家选取了最优秀的员工来到比赛现场为大家提供餐饮服务。虽然仍是服务工作,但却强化了员工对麦当劳企业文化的认同感,为奥运会服务使他们不但可以亲身感受奥运氛围,同时对自我价值有了肯定和提升。

乔丹(Michael Jordan)是美国NBA著名篮球运动员,被称为"空中飞人"。他在篮球职业生涯中创造了刷屏般不胜枚举的纪录,是公认的全世界最棒的篮球运动员,也是NBA历史上第一位拥有"世纪运动员"称号的巨星。他除了进行自身的代言外更与NIKE公司签约,联合推出了经典的NIKE乔丹系列篮球鞋,这不仅打造了一个经典的篮球鞋系列,更使乔丹的名字和形象更细腻和具体的深入人心。1996年一部《空中大灌篮》,为片商赢得了巨额票房,仅纪念品和录像带的销售就突破20亿美元。

三、激活营销策略

(一) 与企业的产品研发相结合

产品研发是企业生生不息的源动力,是一个长久、持续的过程。一个企业的新型产品不断产生,已经让消费者眼花缭乱,同时还要面对市场上相同或相似行业的产品的激烈竞争,如何让自己的产品脱颖而出就是个很重要的问题。在激活营销中,企业经常选择一款新的、有特色的主打产品将其与赞助对象进行结合,通过与赞助对象的集体曝光、建立密切关联,将其与其他同类型产品区别开来,形成自己的特色。

2012年,在被誉为四大满贯之一的法国网球公开赛期间,官方汽车合作伙伴东风标致推出了罗兰·加洛斯特别版,特别版车身印有法网官方LOGO,借法网之势掀起了一阵时尚风潮。

(二) 与企业的广告制作和投放相结合

作为激活营销最主要的形式之一,广告的制作和投放是企业赞助投入力度最大的一项,也是所有赞助商必定会使用的一项。因为广告是对消费者最直接的感官刺激,可以影响消费者的需求和选择取向,它出现在日常生活的各个角落:电视、网络、地铁、购物中心、主流街道等,当然还有体育赛事和活动的现场。形式也十分多样化,包括了杂志硬广、电视广告、网络广告、地铁广告、户外广告版、赛事现场广告牌……激活营销中广告的制作最好与赞助对象的主题紧密契合,形成高强度的关联。投放的位置以比赛和活动现场为主,电视网络为辅,同时在人流较多的区域进行投放。对于像奥运会这种比赛现场不能出现广告牌的比赛,赞助商就要在其他方面,尤其是电视转播和户外媒体上多下点工夫了。

美国橄榄球联盟(NFL)因其超高的关注度吸引了如百事可乐、三星、佳能等国际企业,这些赞助商在NFL身上总共赞助金额达到11亿美金,其中50%以上都用来制作投放电视广告,剩余的部分用来支持印刷广告、现场销售、网络广告等等。

(三) 与企业的渠道优化相结合

激活营销中不仅仅有对外部消费者的推广部分,还包含了对经销商、客户和员工这些内部的群体福利。因为产品经销商是保证企业产品销售的重要部分,客户是企业的生命之本,而员工辛苦的工作保证了企业日常的基本运转,作为企业功臣的他们当然不能被忘记。所以,激活营销也要为他们提供优质的招待礼遇服务,如邀请他们观看比赛、参与晚宴活动等,作为对他们辛苦的奖励与回报,提升大家的企业认同感和忠诚度,这样优化企业的渠道让企业更加顺利地运转下去。

(四) 开展现场体验和销售活动

放眼现今的国际性赛事,比赛的现场都会设有品牌天地的企业展示区域。因为现场体验和销售消费者对产品最直观的感受,也是企业直接提高销售收入的最直接的方式,所以这种形式得到越来越多企业所接受。赞助商在现场可以销售自己的产品,还可以设置体验环节,让消费者体验产品的技术或者感受企业的文化和核心竞争力,增强消费者对企业及其产品的认同感。

柯达公司在奥运会比赛现场的产品展示区就紧密结合它最新的技术,观众可以将自己数码相机中的照片存储到赠送的碟片中,来节约相机存储卡的空间,顺便还可以直接上传网络分享照片,与全球其他朋友一起分享奥运的激情时刻。

(五) 与企业的其他促销活动相结合

企业可以开展促销活动,让消费者通过购买企业产品后,获得拥有折扣价格购买其他产品的机会。折扣的产品可以是本企业的其他产品或者联合企业的产品,也可以是与赞助对象相关的,例如纪念品、门票、吉祥物等。一个成功的例子就是美国汽车协会(AAA)与美国职业篮球联盟(NBA)的底特律活塞队成为合作伙伴后,AAA的会员可以通过多种途径优惠的获得活塞队比赛的门票。

(六) 开展企业门店包装和体验活动

随着赞助行为的发生,企业会对门店配以赞助主题相关的元素进行包装,同时增加体验活动,吸引顾客,这样便可以将企业与赞助对象的形象融合在一起,给顾客留下深刻印象。同时,赛事现场还会举办一些包装和体验活动,这些活动偏向娱乐化,主要让消费者感受到企业活力、友好的氛围和值得信赖的感觉。2004年雅典奥运会时,可口可乐公司的现场展示区就设置了一棵"奥运橄榄树",前5000名进入可口可乐公司展示区的游客,他们的名字将被刻在橄榄叶上,奥运会结束后这些名字会和这棵橄榄树一起永远留在雅典城。

本节案例

"i大师,i出色"鸿星尔克上海ATP1000网球大师赛激活营销

鸿星尔克集团创建于2000年6月,主要业务为专业研究、设计、生产及销售本集团品牌"鸿星尔克"、"ERKE"的体育用品。产品系列包括运动鞋、运动服以及各种相关运动配件。鸿星尔克在成立之初就以"科技领跑"作为其发展战略,是国内第一家以科技为主导的运动品牌。企业倡导年轻、时尚、阳光的生活方式,致力于支持、推动中国体育事业的发展,把握历史赋予的机遇,迎接全球市场的挑战,乘风破浪,锐意进取,不断创造新辉煌,为树立体育用品行业典范,为打造百年世界品牌努力奋斗。

2009年开始,鸿星尔克正式签约上海ATP1000网球大师赛,成为其赛事官方服装合作伙伴,合约为期5年。所以近年来在上海ATP1000网球大师赛举办期间我们都可以看到鸿星尔克活跃的身影,大力运用激活营销来宣传推广品牌,其与网球、与大师赛的结合,值得我们研究和学习。

在鸿星尔克赞助上海网球大师赛的过程中所获得的赞助资源包括:官方服装赞助商荣誉、大师赛内场门票、球童选拔活动冠名、场馆内冠名包厢一个、大师赛广场现场活动区域、品牌天地两个展位。各种赞助资源和激活营销之间存在多种多样复杂的组合方式,但所有的组合都在围绕3个中心进行展开即:罗布雷多、球童选拔活动以及媒体。

罗布雷多(Tommy Robredo),西班牙网球明星,现为鸿星尔克签约球星。从1998年进入职业网坛,其职业生涯中曾获得9个ATP单打冠军、3个双打冠军,2006~2007年连续2

年世界排名前10,连续10年排名前30,堪称当今网坛最稳定的选手。

球童选拔活动是鸿星尔克每年都要举办的推广活动之一。主要针对14~20岁的青少年,通过海选的形式,以"球童课堂"的形式对所有参加选拔的同学进行分组培训,由体育局老师教授球童技能,并由经验丰富的球童进行指导和示范。配合网球知识的书面考察,作为选拔的参考成绩。最终在所有参加的数百名参赛者中只选拔出20名候选人,正式成为网球大师赛的球童。

鸿星尔克公司每年都会在赛事期间召开相关主题的新闻发布会,广泛邀请各级各类媒体,对罗布雷多和球童选拔活动进行深度报道,以达到其品牌宣传和推广的目的。

值得肯定的是,鸿星尔克在其赞助营销中,非常注重赞助资源之间的互动和结合,其运用可以主要分为以下几种:

1. 罗布雷多与大师赛现场活动之间的互动　在罗布雷多的非比赛日,鸿星尔克安排罗布雷多来到活动区与球迷进行见面会。这一活动引起了观众的极大关注,罗布雷多的现身更是引起无数观众的围观。虽然罗布雷多球迷见面会的时间并不长,在罗布雷多名人效应的辐射下现场活动在后来的几天中人气得到极大提升,罗布雷多为现场活动取得理想效果加入了强劲的动力。

2. 罗布雷多与品牌天地展台之间的互动　在鸿星尔克的安排下,罗布雷多在训练后来到品牌天地的鸿星尔克展台,挑选自己喜欢的运动服装。罗布雷多的出现引起了品牌天地所有观众的注意。罗布雷多的现场试衣更是将鸿星尔克阳光、时尚的品牌理念表现得淋漓尽致,在罗布雷多离开品牌天地后鸿星尔克站台内的服饰销售达到大师赛期间的最高潮。

3. 球童选拔活动与门票资源之间的互动　借助官方服装赞助商的权益,鸿星尔克可以获得每天10张大师赛内场门票,鸿星尔克借助门票组成了"鸿星尔克——罗布雷多粉丝助威团"。而在球童选拔过程中落选的球迷就可以通过自愿报名的方式成为助威团的一员,两者的互动不仅充分利用了门票的资源,更为球童选拔活动画上了一个完美的句号,并在青少年心中留下了良好的形象。

4. 球童选拔活动与现场活动之间的互动　鸿星尔克在现场活动区专门设置了球童体验项目,将球童最常用的两个动作展臂抛球及地滚球带入活动现场。这两个项目的出现成

为整个中心广场最受欢迎的参与项目,观众争相参与来体验球童的工作状态。观众在参与项目的过程中牢牢地将鸿星尔克和球童两个关键词捆绑在了一起,对鸿星尔克的网球战略有了更加深刻的记忆。

5. 媒体与门票资源之间的互动　大师赛比赛期间,每天凌晨部分大型SNS社交网站都会开展抢票互动,最先留言的几位网友即可获得由鸿星尔克提供的免费的大师赛门票,媒体与门票资源之间的结合不仅增加了新闻爆点更大大提高了资源的利用率。

6. 罗布雷多、媒体、门票资源与球童选拔之间的互动

鸿星尔克将球童选拔的落选者与媒体抢票成功的观众组在一起,形成"鸿星尔克——罗布雷多粉丝助威团"。在鸿星尔克的统一组织下,每个罗布雷多的比赛日都会有10位身穿鸿星尔克服装的助威团在赛场为罗布雷多加油助威。助威团统一的服装风格、整齐的口号声以及形态各异的标志一出现就成为场内观众和媒体争相报道的焦点,助威团高亢的气势也点燃了罗布雷多的气势,为罗布雷多的比赛注入了新的活力。

整个激活营销过程,鸿星尔克很好地整合了赛事资源,使得"年轻、时尚、阳光"的品牌形象更深入人心。

第二节　联合营销

一、联合营销概述

联合营销(cross-promotion)又称合作营销,是指两个以上的企业或品牌拥有不同的关键资源,为了彼此的利益,进行战略联盟,交换或联合彼此的资源,合作开展营销活动,以创造竞争优势。联合营销的最大好处是可以使联合体内的各成员以较少费用获得较大的营销效果,有时还能达到单独营销无法达到的目的。品牌联合营销的精髓就是"联合",让品牌的优势资源得以集中、共享、爆发。联合营销的本质是企业间为彼此的利益,进行战略联盟,优势互补。目的是为了实现商业利益共赢活动,并借助赛事和营销活动提升自己的形象或促进销售。

联合营销在品牌推广方面的优势主要表现在以下几方面。

(1) 通过营销渠道的互相融合,扩大了与消费者的接触机会,更能体现一种服务意识。

(2) 进行互相信任背书,赢取消费者好感;对所提供的服务和产品,进行捆绑销售,实现更大市场、更大诱惑力的占有。

(3) 赢取媒介关注,占有媒介转载曝光的频率。

联合营销的兴起与当今市场激烈竞争和科技飞速发展有着密切关系。面对众多水平更

高、实力更强的对手,任何一个企业都不可能在所有方面处于优势。在这种形势下,具有优势互补关系的企业便纷纷联合起来,实施联合营销,共同开发新产品、共享人才和资源,共同提供服务等,从而降低竞争风险,增强企业竞争能力。联合营销只要运用得当,不但对双方都有利,有时还可获得单独营销无法达到的效果。

二、联合营销的特点

(一) 合作性

联合营销,其最根本的特点就是联合、合作。企业和品牌拥有各自的资源,但双方乃至多方良好的合作可以合理、充分利用资源,并创造出更多的价值。一般情况下,企业或品牌间会选择与自己相合适的方式进行合作。这种合适有可能是企业或品牌价值和形象高度一致或接近,也可以是目标市场相同或相近,还可以是优势可以达到互补等。一般情况下,联合营销的合作可以分为水平合作、垂直合作以及交叉合作3种。

(二) 共享性

共享性是联合营销中合作性进一步的升华。所谓共享是指在合作过程中,企业或品牌之间的资源和渠道可以进行分享。各方企业能否资源共享、优势互补,对联合营销成功与否有着很大的影响。品牌之间开展联合营销,既是为借助外来资源弥补自我品牌的缺陷,同时也是为强化已有的优势资源,获得更多的竞争先机。因此,联合营销所选择的合作品牌必须符合资源共享和优势互补的要求,即联合营销的品牌之间必须拥有共同的直接或间接资源,如面对相似的市场、类同的渠道终端和一致的目标消费群体。

(三) 战略性

随着市场的发展,企业或品牌之间的竞争愈演愈烈,各种营销方式层出不穷,联合营销也得到了广泛的运用。然而此时联合营销的使用已经不仅仅局限为一种营销方式和手段,合理地使用联合营销将会是一个强有力的战略行为。这便是战略性的含义,也是联合营销区别于其他营销方式最为明显的一个特点。联合营销可以达到的战略目标行为有:巩固已有的市场地位、进入新市场、有助于多元化战略的展开、减少无意竞争等情况。

实践链接

联想集团联手阿里巴巴进行奥运火炬手选拔,可以看作资源共享和优势互补的典范。2007年9月,联想与阿里巴巴联手,将奥运火炬手的选拔对象扩大到网商这一新兴群体。借助此次联合营销活动,联想在中小企业中树立良好的品牌形象,而阿里巴巴则通过这一活动为今后更多参与奥运营销活动做了铺垫。

2006年5月6日开始,青岛啤酒和久久丫在上海、北京、广州、深圳四地陆续召开新闻发布会,双方联合打出了"看世界杯,喝青岛啤酒,啃久久丫"的口号。在世界杯开赛前半个月,久久丫全国数百家分店统一更换成了"世界杯"版形象,所有产品包装、店面、工作服,都印上了"看世界杯,喝青岛啤酒,啃久久丫"的口号和标志,甚至把世界杯赛程表印上了包装袋。世界杯比赛当天,久久丫全国销量翻了几乎一倍。接下来的1个月里,久久丫全国营业额达到1 800万,比前一年同期增长100%。

可口可乐与腾讯在中国的目标市场十分接近,可口可乐的目标市场主要包括儿童和中青年,腾讯的目标市场是大量的中青年网民。两者在目标市场上基本相同。这成为可口可乐与腾讯进行联合营销的基础。对于两个都一直致力于带给用户最热门潮流和文化的企业而言,双方极其接近的用户定位、类似的品牌价值观和相同的传播诉求,都为他们能够合作推出诸如可乐QQ秀、QQ宠物"可乐猪"等受年轻用户热烈欢迎的产品奠定了现实基础。

同时我们可以看到,可口可乐选择腾讯作为战略合作伙伴,是看到了互联网作为营销平台的广阔空间。腾讯拥有众多的QQ用户和丰富的网络资源,这些为可口可乐针对年轻消费者进行网络方面的营销提供了很好的平台。而可口可乐的传统渠道和丰富的品牌运作经验,也为腾讯公司提供了很好的借鉴。

三、联合营销策略

(一)发展业务合作伙伴

联合营销中企业寻找业务合作伙伴,结成联盟,可以增强对整个行业市场的影响力,有利于扩大联盟的客户群,可以在一定程度上降低营销费用,同时开展营销活动,双方都是很好的展示。

希尔顿酒店和美国联合航空公司两者在奥运会期间就互相合作,成为业务伙伴。首先他们共同赞助了美国奥委会,成为他们的官方酒店和指定航空赞助商,希尔顿酒店的客户可以以优惠的价格并优先订到美国联合航空公司的机票,而美国联合航空公司的会员也能以同样的待遇入住希尔顿酒店。

(二)联合促销降低成本

联合营销的成本费用由各合作方分摊,降低了营销投入,同时却可能收到更好的效果。这是联合促销最直接可见的优点。无论一次营销活动的大小,企业总要为此付出相应的成本。而联合营销的费用一般是由双方共同投入,相当于双方共同进行一定程度的免费营销和宣传,企业影响扩大,销量增加,营销费用和成本却减少了。

中国人民财产保险股份有限公司、中国银行、大众汽车同为北京2008年奥运会合作伙伴。3家企业分属不同行业,为充分利用奥运营销平台,加强奥运合作伙伴之间合作,联合开展面向特定客户群的购车全程服务合作计划。通过优惠办理购车、汽车贷款、车辆保险等具体业务,促进各方在汽车销售市场方面的业务发展。这种不同行业企业的联合营销能产生名牌叠加效应,达到双赢目的。

(三)联合宣传分享媒体渠道

联合营销能结合各方的媒体宣传渠道进行整合,从而达到多角度、多次数的报道和宣传,提高各方的品牌曝光度。

上海ATP1000网球大师赛和F1上海大奖赛均为上海六大国际赛事,在上海、中国乃至国际都有较高的知名度。而且两者同属久事赛事旗下的著名赛事,这两个赛事的官方网站建立的友情链接,并处在网站明显位置。喜欢网球的球迷朋友在浏览上海ATP1000网球大师赛官网的同时可以看到F1上海大奖赛,反之亦然。这样的媒体渠道的共享使两者在网民中的曝光度至少提高了1倍。

(四) 共享渠道互惠互利

联合营销能整合并发挥各方优势资源,降低营销成本,为客户带来增值服务,实现互惠互利、收益共享。互利互惠是联合营销最基本的原则,只有合作各方都能得到好处,联合营销才能顺利进行。

搜狐与ADIDAS均为奥运会赞助商,双方品牌、渠道、资源全面共享,共建网络体育频道,将搜狐体育改为ADIDAS·搜狐体育。搜狐借助ADIDAS的品牌号召力,吸引了大量ADIDAS消费者,并转化为自己忠实的网络受众。ADIDAS在共建搜狐体育频道的过程中,也吸引了大量搜狐网民的关注,搜狐与ADIDAS共建网络体育频道互利互惠取得了双赢效果。

(五) 联合开发新产品

最后将联合营销做到极致的便是合作开发新产品,这样完全将宣传的资源和渠道做到完全的结合,销售和宣传一体,品牌的曝光也因此同步。

作为奥运会TOP赞助商的麦当劳和可口可乐,一直保持着非常好的合作关系,2008年奥运会期间,双方共同合作推出了"奥运狂欢杯",由可口可乐制作在麦当劳出售,只要在麦当劳进行一定的消费便可获得"奥运狂欢杯"。这种联手推出新产品的行为不仅促进销售,还增强了曝光,取得了非常好的效果,于是在2012年伦敦奥运会期间两位奥运合作伙伴又继续推出了此项业务。

联想与可口可乐的联合营销

2005年,一款由SHE代言的广告风靡中国市场,与往常不同的是,其他广告是因为代言人或者广告设计抓人眼球,而这款广告引起震撼却是因为"内容和形式"。这便是由两大奥运TOP赞助商联想和可口可乐共同推出的广告,其中,联想成为可口可乐的奖品提供者和游戏鼎力支持单位。

联想与可口可乐的联合营销遵循着这样的"原则":

第一,两者的产品具有一定的互补性。这次活动对于联想和可口可乐来说都是各取所需,相得益彰的:可口可乐得到了奥运TOP赞助商的奖品,且有了联想支持,其推出的相关游戏也更加有号召力。

第二,而联想成为奥运会TOP赞助商之后,成功地与拥有更多奥运营销经验的品牌进行互动,真正地与它们站在了同一等级上,同时借用了可口可乐一流的广告设计,能够极大地提高转播频次。

第三,两者的内涵做到了高度一致,同样作为行业领导者,联想的行业地位与可口可乐是匹配的。

第四,面对奥运营销,双方所诉求的核心内容也比较趋同,因为"时尚、激情、Cool"的感觉是相对一致的,能够让消费者在互动中感受彼此的产品理念,加强消费者的认知度。

不得不承认,由联想和可口可乐共同演绎的这款广告,使用动画和真人结合的流行方式,以可乐的激情为主线,充分展示了联想和可口可乐所代表的时尚潮流。同时,将游戏的软件、硬件与消费者的日常生活形态进行了良好的结合,成为联合营销的一个经典案例。

但两者的联合营销并没有到此结束。2006年3月20日,双方宣布结成市场战略合作伙伴关系,根据双方签署的合作意向,联想成为可口可乐合作伙伴的同时,双方在2006年开展了相关的市场推广活动,即发动名为"揭金盖,畅饮畅赢,欢享我的数码世界"的全国性促销活动,中奖者可获得由联想生产的数码产品。

其实早在1992年亚特兰大奥运会时可口可乐公司与电玩软件商Sportlab、松下电器、Discovery频道、Champion运动用品公司、锐步和麦当劳等7家厂商联合出资两亿多美元兴建了亚特兰大奥运公园。走进公园,到处都是大大小小的可口可乐的标志,完全是一个浓缩的可口可乐世界。

第三节 公益营销

一、公益营销概述

1981年美国运通公司为帮助旧金山某一艺术团体筹募基金,采取一项新措施,即当每一次信用卡消费或申请新信用卡时,美国运通公司便捐出一定比例的所得给该艺术团体。由于在此区域性的市场测试结果非常成功,因此美国运通公司将以"Cause-Related Marketing"(公益营销)的名称申请专利。到了1983年,美国运通又与艾丽斯岛自由女神像基金会合作,共同为修整自由女神像来募集基金;这项营销活动在短短3个月内,共募集到了170多万美元,超过原预期目标的3倍多,而美国运通卡的使用率也比前一年同期间提高28%,并且发行了大量的新卡。自此,公益营销的合作方式就广为各种营利与非营利组织所采用。

公益营销其实就是与公益组织合作,充分利用其权威性、公益性资源,搭建一个能让消费者认同的营销平台,促进市场销售的营销模式。公益营销的本质在于企业借助公益活动与消费者沟通,树立良好的企业形象,并借以良好的企业形象营销消费者,使其对企业的产品产生偏好,在做购买决策时优先选择该企业的产品的一种营销行为。体育用品企业实施公益营销将传达企业的"社会责任感",增强社会公众对企业的信任,使消费者感到温馨,在消费者心中树立积极投身公益事业的品牌形象,使该品牌在形形色色的品牌之中脱颖而出,聚焦所有目光,区别于其他竞争品牌。

二、公益营销的特点

(一) 公益性

公益营销顾名思义是公益性的营销方式,而公益性也是它最为核心的部分。无论目的和方式如何,它始终是采用与公众利益相关的事件、行为作为营销载体,企业选择与非盈利组织的资源进行合作,为公司赢取销售、社会形象、品牌传播的目的,而公众也在此获利,从而达到双赢的局面。这里所说的非盈利组织的资源往往都是能让公众广泛认同、信任的,由于这些组织的权威性可以被最广大消费者接受,而他们的公益性又可以得到国家各级主管部门的支持。

(二) 必要性

公益营销在树立企业品牌形象、承担社会责任、促进企业效益等方面具有重要意义。在追求经济发展的很长一段时间,企业为了追求利润最大化,不惜损害社会的公共利益来掠夺社会资源和自然资源,在现代社会,人们开始注重社会健康的可持续发展,企业的责任不再只是创造经济利益,还要兼顾社会利益。因此,在社会大众的眼中,企业在自身发展的同时,必须要自觉承担相应的社会责任,否则企业就可能丧失消费者对于品牌的信任度,而最终在激烈的市场竞争中落于下风。

(三) 关联性

品牌传播的"项链理论"告诉我们:所有传播推广都必须围绕一个核心去运作。品牌核心理念及战略一经确定,便要持续不断地进行传播,所有的传播动作,包括公益活动,都以此为主线,保证企业主题的统一性及连续性。而体育赞助的公益营销,赞助商应特别注重以体育活动、体育锻炼或体育赛事为核心的营销理念和创意哲学。其原因主要在于:①在社会大众的眼中,体育本身就是具有公益性特征的社会活动,人们会很自然地把体育归属到公益事业的范畴之内;②企业既然已经向体育资源支付出一笔价值不菲的赞助权益使用费,就需要将自己的活动根植于体育这个本体上,才能提高营销的效益。

(四) 传播性

在中国的传统思维中,做好事不留名是一种最高尚的道德情操。受此思维影响,有的企业家在进行公益赞助时,纯粹只考虑到尽一份企业的社会责任,只做好事不留名,这样反而与营销的目的相违背了。公益营销究其本质还是一种营销手段,所以公益营销的成功实施,必须整合企业本身的资源,通过具有吸引力和创意性的活动,使之成为大众关心的话题、议题,成为具有新闻价值的事件,因而吸引媒体的报道与消费者的参与,使这一事件得到传播,从而达到提升企业形象,促进销售,达到营销的目的。

实践链接

恒源祥集团有限公司副总经理张欣表示,恒源祥2008年北京国际马拉松赛将与中国青少年发展基金会合作,除了从每位参赛选手报名费里提取2元以外,还将把赛事所筹得的善款、赛事赞助商中国人寿的形象代言人姚明签名篮球拍卖所得款项,全部用于资助四川灾区儿童来京参加儿童跑活动,以及用于为灾区希望小学配置体育器材、建设快乐体育园地,帮助我国贫困地区青少年提高身体素质,创造健康快乐成长环境,从而实现"家家恒源祥,人人健康跑"的目标。

2007年12月13日,海尔集团公布了"海尔奥运希望小学计划"。根据计划内容,在北京奥运会期间,中国奥运健儿每夺得一枚金牌,海尔就为贫困地区的孩子们捐建一所希望小学,让奥运之光点燃"希望"。在奥运开幕当日,海尔集团非常高调地启动"一枚金牌,一所希望小学"计划,将其奥运传播推向了高潮。

2010年5月新飞电器携手宋庆龄基金会,通过最大的高端即时通信平台MSN,在网络上发起"关爱中国留守儿童,新飞打造爱心工程"为主题的"新飞中国绿"爱心传递活动。短短的40天中,400多万MSN(中国)用户参与爱心传递。此外,最大的门户网站新浪也以邮件方式向3 000万高端用户进行活动传播。一时间,"留守儿童"成为网络上的热门词语。在网络成为主流媒体的今天,新飞联手MSN和新浪打造的网络互动。在网络成为主流媒体的今天,新飞联手MSN和新浪打造的网络互动公益平台,让人们不再仅仅是参与者,更可以成为活动积极的号召者和发起者,将爱心传递给千万网民,发动大家共同为留守儿童贡献力量,不仅发挥了网络力量营造和谐营销,广泛的传播效果又为新飞电器取得了成功的品牌效应。

三、公益营销策略

(一)控制公益营销活动成本

一个良好的企业需要有出色的利润与良好的公众形象,企业不能只顾自身利益而忽视社会效益,也不能不顾自身利益用企业的钱去盲目回馈社会,所以要控制好公益营销活动的成本。在这里,我们需要明确的一个前提就是,赞助商所做的是一种以公益为平台的营销活动,而非单纯的捐赠行为。企业在做公益活动的过程中,不宜加入过多的品牌渲染和产品展示等商业元素,且近年来公益活动的复制性很强,这些都造成了赞助商们在公益营销的活动中很难形成对于品牌或产品推广强有力的支撑,因此,赞助商们在制定其公益营销计划时应注意控制整个活动执行的预算和成本。在此情况下,对于企业比较实际的做法,则是选择将原有的营销计划中的活动环节进行公益化,这样既可以一定程度上减少成本的投入,又能完成固定的营销行为。

(二)加大公益活动宣传环节的投入

企业参与活动环节节省成本相反的则在于,赞助商们应加大在宣传环节上的投入。企业参与社会活动并非一时兴起的随意决策,也非迫于外在压力不得已而为之的短期行为。企业进行公益营销的目的在于,通过系统规划和有计划的战略实施,能够有效地传播企业良好的品牌形象并产生真实而广泛的社会影响。此时,媒体则应发挥至关重要的作用,从全国性到地方性媒体的参与,涵盖了电视媒体、平面媒体、网络媒体等多种媒体平台的报道,将会使企业的公益活动达到事半功倍的效果。在此,建议企业可以选择一些具有较高营销力的国际国内公益组织,如国际红十字联合会和联合国青少年发展基金组织等,这些公益组织拥有丰富的公益运作经验,最重要的是他们大多拥有非常成熟而稳定的媒体报道网络,这些都对提升企业的公益营销效果提供了强有力的保障。

(三)选取和赞助资源关联性强的公益活动对象

在今天竞争空前激烈的市场经营环境下,越来越多的企业开始选择公益营销,作为其协调与政府、与社会之间的关系,切实提升企业竞争力的方式之一。而企业要想在消费者心目中留下更加深刻的印象,则必须选择与企业自身品牌或文化契合度更高的赞助资源,这样才能够让受众形成一定的品牌属性联想。

NIKE公司设立了可持续商业和创新部门,不仅为了品牌传播,而是出于商业模式创新的需要。将品牌社会责任融合到自己的服务和产品中,而不是按照大众的方式打行善战。NIKE

公司的公益项目选择与品牌相联系,如对旧运动鞋进行回收,之后将之转化变成运动设施的表层材料。到目前为止,通过这种方式改造的训练器材超过了2 000万件再生品T恤。南非世界杯,NIKE公司赞助了9支球队,这些球队就是身着这样的再生品T恤参加比赛的。

(四)注重公益活动的故事性

公益营销是企业战略的一部分,而不是做一两次"好事"。对于赞助商,公益营销并不是一个简单的捐钱行为,而应该是一个有背景、有主题、有过程且有结果的公益故事。同样,如何将企业的公益营销串联成一系列有内部关联的系列活动,通过公益活动的持续和传承,产生1+1>2的效果,这应该是每个致力于提升公益营销效益的赞助商企业应该思考的问题。

2001年北京申办奥运会是举国关注的大事,农夫山泉此时在中央电视台一直播放一个"再小的力量也是一种支持,从现在起每喝一瓶农夫山泉,您就为申奥捐出了一分钱"的广告,让人分不清这是商业广告还是公益广告。就在广告播放的半年多的时间里,农夫山泉的销量达到了5亿瓶,为上年同期销量的一倍。申奥成功后,农夫山泉的"一分钱"转移到了阳光工程公益项目,为全国各地缺乏基础体育设施的中小学捐赠价值不菲的体育器材。阳光工程一直持续了7年,这期间广告语换成了"您每购买一瓶农夫山泉,就为贫困山区的孩子捐出一分钱"。这个公益项目不仅得到消费者的支持,也得到了国家体育总局的大力支持。如果说第一次农夫山泉用这"一分钱"打了一个擦边球,那在申奥成功后这"一分钱"则真的做成了公益营销的典范。

本节案例①

"美的梦之队"启动公益体育营销

2012年3月18日,美的联手中国红十字基金会在京举行新闻发布会,宣布启动"美的梦之队,圆梦北京"公益体育营销活动。中国红十字基金会常务副理事长汤声闻、奥运之星保障基金负责人季婷、前国际马拉松冠军艾冬梅、2000年悉尼奥运会20公里竞走冠军王丽萍,以及国美、苏宁、家乐福等零售商均出席了本场发布会。

全民健身 美的开小家电公益体育营销先河

美的生活电器市场部总监张鹏超表示,作为中国国家跳水队、游泳队的主赞助商,美的电饭煲、电磁炉、饮水机、电压力锅、电水壶等小家电又都是行业第一,因此在全国88个城市展开"美的梦之队 圆梦北京"的奥运营销活动,届时,预计每场活动都将有超过万名的消费者进行参与,通过民众参与的公益、体育活动,以选拔、晋级等方式,让全民健身观念深入人心。活动最终选出20名优胜者同赴北京,替消费者圆梦,亲身感受北京奥运气氛。

与此同时,美的生活电器将捐助中国红十字基金会旗下的"奥运之星保障基金"项目,资助那些为中国体育事业做出卓越贡献的退役奥运冠军、世界冠军、教练员以及明日之星到北京看奥运。

十分爱心传递 支持奥运之星

作为资助"奥运传递梦想——圆昔日奥运冠军的奥运之梦"公益活动的首家企业,美的

---

① 资料来源:http://m.21cn.com/itnews/qydt/2008/03/20/4503956.shtml

除现金援助外,此次公益活动将从两个方面展开:通过终端销售层面,利用覆盖全国的零售渠道,启动"十分爱心传递,支持奥运之星"活动,承诺活动期间,每销售一台生活电器产品,就向"奥运之星保障基金"捐赠10分钱。此外,美的还策划大型网络爱心传递"接力赛"活动,通过与网站的合作,调动网友的参与热情,传递公益,传递爱心。网友可进入中国红十字基金会"奥运之星博客基金"官方网站(www.ossf.org.cn),在"美的梦之队圆梦专区",点击"爱心"按钮,从而转入"美的梦之队圆梦北京"主题网站。每点击"美的梦之队圆梦北京"主题网站一次,美的将为"奥运之星保障基金"捐出一分钱。

据了解,奥运之星保障基金是中国红十字基金会2007年4月设立的专项公益基金,旨在动员社会力量向曾经为国家做出贡献的退役运动员、教练员及国家正在培养的明日之星,在身体遭受运动损伤而面临医疗、学习、就业等困境时提供社会援助,同时协助政府进一步改善和提高退役运动员生活条件,更好地激励运动员顽强拼搏为国争光。目前,该基金项目已经成功救助了前国际马拉松冠军艾冬梅、四川省体操运动员兰芸、前全国高山滑雪冠军赵咏华3位运动员。为支持北京奥运会,该基金启动了资助百名退役奥运冠军、世界冠军、教练、有培养潜力的奥运希望之星到北京观看2008奥运比赛的"奥运传递梦想——圆昔日奥运冠军的奥运之梦"公益活动。

"奥运之星保障基金"负责人季婷表示,美的的爱心捐助将为运动员更好地解决后顾之忧,同时也希望能有更多像美的这样有社会责任心的企业能加入到"奥运之星保障基金"项目中来,为中国体育事业的发展作出更大的贡献。国美、苏宁、家乐福等零售商代表在会上表示,将全力支持这次"美的梦之队圆梦北京"大型公益活动。

据营销专家分析,此次与中国红基会"奥运之星保障基金"携手,是小家电行业创新差异化的营销举措,美的通过全民健身,让消费者近距离感受奥运氛围,直接同目标消费群体有机互动,尽管美的是奥运的非官方赞助商,但通过打造这样一个平台,可望达到奥运官方赞助商一样的传播效果。

第四节

草 根 营 销

一、草根营销概述

草根营销(grassroots promotion),是指面向普通人群的一种低调的、民众化的营销宣传方式,是一种强调个体的营销推广方式,其与传统营销的区别在于不再倚重对传统大众传媒的使用,更注重使用那些贴近"草根"的传播渠道。

"草根"一词源于19世纪的美国,那时正值淘金狂潮,传说草生长得最茂盛的地方下面就藏着黄金。后来被引入社会学领域,用来表示"基层"、"大众"的意思。这个低成本、高效率的传播方式在"眼球经济"愈发明显的时代已经成为炙手可热的营销利器。互联网的低成本传播和高回报率把草根营销推向了营销的最前沿,而在同样的指导思想下,终端营销、口碑营销也大行其道。草根营销的魅力吸引着越来越多的人,于是一场营销革命就此展开。

真正让公众和企业意识到草根营销威力的,是近几年的几个大型草根营销公共事件,例超级女声。但是,并不是每个围绕草根的营销行动都能走向成功。草根营销可以理解为零距离营销,其实质就是迅速将品牌距离缩短,抛开所有笼罩在品牌上的光环,撕去半推半就的面具。成功的草根营销必须是尽可能地创造零距离的感觉。无论是内容,渠道必须匹配一致,从认知的形成来看,任何一个环节出现不匹配,草根营销所引发的关注度就会有巨大的差别。但同时我们还必须清醒地看到,并不是每个品牌都适合草根营销,所以我们在选择草根营销时要十分慎重。

二、草根营销的特点

(一) 大众性

草根营销象征了一个新的营销时代的到来,这次不再是企业或大众媒体引导教育受众,而是转变成一种受众自我传播和自我教育的形式;而草根营销的内容也不再倚重名人效应,转而开始"讲述老百姓身边的故事";草根营销的平台不再是传统的大众传媒,而是选择了更为贴近"草根"的传播方式,包括传统的印刷小广告,口碑相传,大型高参与度的互动活动,以及互联网出现后的BBS、博客等。从传播方式、传播内容等都变得倚靠大众、贴近群众。

(二) 传导性

草根代表了群众和基层,是一个基数很大的群体,几乎是群众的代表。通过群众口口相传,具有很强的可靠性和真实性,所以好的产品和品牌将会迅速得到更多人的认可。但是,一旦企业或品牌在营销过程中间出现差错和问题,那么这些问题就算很小也会很快被传播出去,并且不断被放大,很难被阻止。

(三) 推广性

由于代表广大普通受众,草根营销便是一个很大的、直接的推广平台,它可以在一定的时间和空间内聚集大量的消费群体。企业的产品和品牌在活动现场就可以进行直接的曝光,使得消费者对品牌有了一定的印象。同时草根营销现场还可以进行产品的体验推广,让群众直接了解产品的情况。

(四) 互动性

互动是指相互作用、相互影响。日常中的互动是指社会上个人与个人之间,群体与群体之间通过语言或其他手段传播信息而发生的相互依赖行为的过程。互动性在草根营销中也有较多的体现,草根营销为企业和受众之间提供了一个交流和互动的平台,受众可以在草根活动的互动中,更好的体会赞助商的品牌文化以及产品特性。

实践链接

2004年,361°运动品牌结盟CCTV-5篮球公园栏目推广娱乐篮球大赛。协议共3年6 000万元。这是CCTV-5当时最大单笔赞助费。361°首先是看中了CCTV-5的品牌,尤其在北方地区,CCTV-5拥有绝对的影响力;其次就是全国目前有3亿人在打篮球,通过与中央台牵手,361°遍布全国的4 500家门店网点可与活动结合起来实现草根营销。2005年1月,篮球公园开播,10月底在北京结束第一年的赛事。一年下来,节目收视率进入了前10位,361°的订单也快速上升。在娱乐篮球活动正式开播时,361°海南订货会订单就超过预期,到9月广州秋季订货会时,销售更实现了井喷式的突破。361°的数字显示,订单数量增加了60%。

2007年2月6日,海尔"奥运城市行"活动正式启动,通过向世界介绍中国各个城市如何为迎接2008年奥运会,作出怎样的不懈努力和贡献,从而传播北京奥运会的全民参与精神,鼓励更广泛的人群参与奥运。这项中国第一个奥运城市传播活动,由央视和海尔携手打造。

2006年7月18日,时值北京申奥成功5周年之际,青岛啤酒正式对外宣布,其携手中国奥委会新闻委员会、中央人民广播电台以及湖南卫视共同打造的全民急速行走活动"青岛啤酒——我是冠军"正式拉开序幕。这项大型全民体育运动将在长沙、福州、广州、沈阳、南宁、南京等6大城市展开。活动不限年龄、不限性别、无门槛参与。以博大的奥运精神,吸引所有的普通老百姓参与到这种比赛中来。整个赛事得到了中央人民广播电台以及6个参与城市的媒体全程关注和报道。

三、草根营销策略

(一) 在社区、学校和写字楼与草根受众形成互动

草根营销的关键是让大众动起来,而与社区居民、学校学生以及写字楼白领的互动则可以为企业带来无限的商机。社区、学校和写字楼分别代表了不同类型的草根受众群体,这些也是他们日常生活经常出入的地方,除此以外,这些场所坐落的地段一般都有大量的人流量聚集。所以赞助商将自己的草根营销活动设置在这些区域,同时利用趣味的游戏吸引大家的参与,让受众在参与的过程中感受到快乐和满足,这样不仅可以影响赞助商的直接目标群体,还能间接覆盖到周边的人群,一举两得。

一直致力于草根营销的百事可乐在奥运年推出了一系列草根营销活动,从"百事我创,我要上罐"的网络选秀开始,到"13亿激情,敢为中国红"新闻发布会,再到"舞动中国"百事草根体育活动,遍布了中国100多个城市,在北京国际金融中心、王府井及上海市徐家汇等中心区域成功引爆高度关注。

(二) 活动设计紧扣赞助主题

群众参与营销活动注重的是自己的参与体验,他们并不像专业的体育营销人士会去注意活动中的赞助细节。所以在设计活动时,我们要紧紧围绕赞助主题,明显突出赞助商的品牌和产品,给予草根们最直接的感官刺激,让他们对活动的赞助商留下深刻的印象。

全国青少年3人篮球冠军挑战赛是肯德基每年都会举办的面对青少年的草根体育赛事。它的活动主题虽然每年都有所不同,但都与肯德基倡导的"均衡营养、健康生活"的理念紧密相关。在活动现场的观众体验区项目的包装和活动设计也和健康理念以及篮球运动紧紧结合在一起,突出了肯德基的健康新主张。

(三) 与全民健身相结合争取政府支持

草根营销在开展过程中存在着广泛性和互动性等重要特征,这就需要得到政府给予一定的政策支持和经济支持。而事实上,赞助商的草根营销活动大多与政府建立和谐社会、促进全民健身、提高大众生活质量和满意度的目标不谋而合,赞助商将体育活动趣味化,提供

丰富的奖品作为激励,这些都是政府乐于见到的,而反过来赞助商也希望在参与受众的组织、场地和专业指导方面得到政府的支持。因此,赞助商在策划草根营销活动时,也考虑政府因素,积极与体育局、教育局等主管机关沟通并寻求支持和帮助。

"百威万人骑行迎奥运"全国巡游活动是百威集团与国家体育局合办的迎接2008年北京奥运会的主题活动,参与人数达到万人以上,从广州出发,兵分两路,途经11个城市,汇集到北京。整个巡游过程由于得到了国家体育局的大力支持,沿途交通方面的问题都得到了很好的解决,各城市的政府都进行了友好的配合,大大降低了活动举办过程中的难度,减少了一定的风险。

(四)提升活动的趣味性吸引受众参与

丰富的活动内容会给参与者带来良好的体验经历,这种体验经历会产生良好的催化作用,会不断激发参与者的参与热情。高涨的参与热情会让参与者的记忆更加持久,这种记忆会影响参与者身边的亲朋好友也参与到草根营销中来,从而扩大草根营销的影响力。当然与此同时也要挖掘群众深层次的需求,当草根的需求得到了满足,顺利开展草根营销则不在话下。

"上海坐标城市定向挑战赛"创始于2011年,当年首届举办就获得巨大的成功。2012年比赛吸取上一届参赛选手提出的意见,在将队伍进行分类的同时,还增加了多个穿越地点,每个地点的任务趣味性和难度也有了进一步的提升。改进后的比赛活动项目吸引了300多支队伍参赛,是上年参赛队伍的4倍之多!

本节案例

安利纽崔莱健康跑

作为安利公司旗下的主打品牌,纽崔莱自1934年研制出世界上第一种多种维生素和矿物质营养补充食品。到今天,已有78年的历史,并已行销全球51个国家和地区。1998年,纽崔莱来到了中国,成为最早进入中国市场的外资营养保健食品品牌之 。保健食品行业在国外已经拥有了非常成熟的市场,国内虽然竞争激烈,但却有着巨大的市场机会。因此,纽崔莱在进入中国市场伊始,就开始了其品牌建设之路。

随着生活水平的逐渐提高,健康越来越为人们所关注,纽崔莱希望通过赞助甚至筹办一些大众体育活动,把"营养+运动=健康"的健康生活理念传播给每一个人。正是基于这些考虑,2002年6月,首届"安利纽崔莱活力健康跑"在上海举行,吸引了超过2万人参与,取得了积极的效果,开创了大型全民健身运动的先河。

安利纽崔莱健康跑活动是人人都可参与的非竞技类健身活动,可以以跑或走的方式完成全程。活动当天的内容包括：起跑仪式、5.5公里非竞技性健康跑（走）和终点体育场内的全民健身活动展示、场外的健康咨询和测试以及安利运动嘉年华活动。旨在创造出一个社区团聚、家庭团聚的轻松愉快的盛大健身节日。

安利纽崔莱健康跑从一个城市，迅速扩张到大江南北，截止到2009年已经覆盖全国25个大城市，共吸引240万人次参与，成为活动当地的标志性全民健身活动。为了让活动更深入人心，纽崔莱别出心裁地推出了卡通电视形象广告和平面广告，在活动当地选择了各具特色的媒体组合，通过整合的市场推广计划宣传健康跑活动。活动擅长结合时下最热门的话题，最大限度吸引消费者的关注，例如2007年特殊奥林匹克运动会加油、四川地震等，并给予了资金及精神上的支持，让活动具有更深刻的意义。正是基于多方面的精心策划，"安利纽崔莱健康跑"的知名度达到了40%，那些知道该活动的消费者对纽崔莱的喜好度比不知道该活动的消费者高出11%，在安利的喜好度方面则高出16%。可以说纽崔莱已经把健康跑塑造成了一个品牌，同时也利用该活动成功地进行了品牌建设。

本章案例

中宏保险的北京奥运营销

北京2008年奥运会寿险合作伙伴
Life Insurance Partner of the Beijing 2008 Olympic Games

【赞助背景】

中宏人寿保险有限公司是国内首家中外合资人寿保险公司，由加拿大宏利人寿保险（国际）有限公司和中国对外经济贸易信托投资公司（中化公司核心成员）合资组建，公司于1996年11月26日在上海正式成立。其中宏利人寿保险（国际）有限公司是宏利金融集团属下的成员公司，2004年，宏利金融成功合并恒康金融服务有限公司，同时取得了恒康于1994年开始的国际奥委会全球合作伙伴所有相关权益。因此，中宏人寿保险也成为北京2008奥运会寿险合作伙伴。

由于缺乏体育营销的经验，以及在2004年雅典奥运会上，恒康保险没有做过多宣传就惨淡收场，这一次中宏保险邀请了著名的体育经纪公司八方环球为其制定2008年北京奥运会营销推广策略。

【赞助目标】
- 增加企业在国内的知名度
- 强化企业是奥运会TOP赞助商的品牌形象
- 提高企业收益
- 优化企业渠道

【目标受众】
- 保险经纪
- 保险业务分销商
- 客户/消费者

- 政府/相关部门

【主题与口号】

主题：提高生命质量"Improving Quality of Life"

口号：生命的狂欢"A Celebration of Life"

中宏保险的产品和服务归根到底就是一个理念，那就是提高顾客的生命质量。抛开其他不谈，中宏的产品和服务以及众多活动都在为顾客的生命质量提供帮助和支持。所以主题和口号很好地贴合了中宏保险的企业文化。另外，该主题也完美契合了奥林匹克运动的价值观，即希望通过体育为人类和世界创造美好的生活，同时也很好地呼应了北京奥组委奥运新生活的主张。

【赞助营销】

1. 公众/媒体传播　口号会与中宏保险与奥运会的联合LOGO一起出现在中宏人寿一切相关的产品、用品之上，包括：

— 销售手册

— 宣传杂志/信息通讯

— 年报

— 广告（电视、网络、户外、平面、广播）

— 名片/信纸的信头

— 赠品

— 互联网

— 电子邮件

— 培训材料/招聘材料

— 新闻通告

2. 主题事件

— "成就梦想人生"——中宏保险成为中国跆拳道队官方赞助商签约仪式

— 聘任雅典奥运会跆拳道冠军罗薇担任企业奥运形象大使

— 以北京奥运会组委会提倡的"绿色奥运"为主题，组织员工和代理人多次参加植树活动

— 以儿童为对象在各主要营运城市举行"奥运宝宝欢乐营"活动

— 中宏保险广东分公司"迎奥运10万人签名"活动

【业界评论】

面对强敌当前，在奥运营销的决战最后关头，中宏依靠外资融资成功成为奥运会寿险合作伙伴，拥有和中国人保财险同等的地位。而中宏似乎并没有完全认识到手中握着的大权，虽然借成功赞助中国跆拳道队造势，但是在中国平安保险的天价保单的巨大炒作下，赞助跆拳道队的消息迅速被浪潮淹没。另外，从传播的广度来看也只是局限在最为传统的平面媒体

上，在网络和电视上都没有太多的动静。

■ **案例思考题**

1. 中宏保险的奥运营销分别运用了哪些营销方法？
2. 中宏保险的赞助主题和口号与赞助目标和赞助行为是否契合？
3. 分析此次中宏保险奥运营销中主题事件的优缺点？
4. 你认为本次中宏保险的奥运营销成功吗？为什么？

本章小结

随着市场竞争愈发激烈，许多企业投向了体育赞助的怀抱，希望通过体育的魅力能为企业增加销售量、提升知名度以及美誉度。然后身在市场的我们必须谨记，体育赞助固然是完成以上目标的重要途径，但是体育赞助不是一个单独的行为，它还需要多种营销方式加以辅助和配合，才能获得更高的赞助回报收益，体现出体育完美的赞助价值。尤其是在现在众多企业都试图在体育赞助领域大展拳脚的时候，选择正确、有效、创新的体育赞助营销方法才是制胜的关键！当然本文只是列举了其中一些典型的营销方法，还有很多值得大家去探索。

本章思考题

1. 激活营销的特点是什么？
2. 联合营销有哪几种方式？
3. 公益营销的必要性是如何体现的？
4. 草根营销如何真正实现与受众的互动？

推荐阅读

[1] Alain Ferrand, Luiggino Torrigiani, Andreu Camps. Routledge Handbook of Sports Sponsorship: Successful Strategies [M]. London: Routledge, 2007

[2] Sem Fullerton. SPORTS Marketing (Second edition) [M]. New York: McGraw-Hill Irwin, 2005

[3] 韦三水. 以运动为名：后奥运时代的体育营销[M]. 北京：中信出版社，2004

[4] 关键. 中国式成长：微利时代下的体育营销[M]. 南京：凤凰出版社，2009

第十章 体育赞助的管理

"安踏拿下中国奥委会赞助权益代价不菲,曾有一个运动用品企业对我说,从实在生意的角度算,只能支付安踏价格的70%,高出70%就觉得不合适,可是他们衡量价值的角度,没有考虑我们的战略需求。就安踏来说,最缺的就是代表中国体育制高点的赞助回报权益。"

——安踏执行总裁丁世忠

本章要点

- 体育赞助提案的一般结构和重点
- 体育赞助的回报内容
- 体育赞助的定价方法和注意事项
- 体育赞助的谈判方法

第一节 体育赞助的提案

一、体育赞助的一般管理流程

企业进行体育赞助项目可分为4阶段式:战略规划,策略规划,赞助决策与管理,总结评估(图10-1)。其中战略规划阶段是企业经营的大脑,大多由企业的高层确定市场营销目标和预算计划,接着则是由企业的市场营销部门执行的赞助战术,包括了依据目标受众、赞助时机等因素的考虑,选择合适有效的赞助对象,赞助谈判和实施,以及最终的效果评估。

二、体育赞助提案

(一)什么是体育赞助提案

《辞海》对提案一词的解释是"提请国家代表机关或一定组织的会议讨论、处理的建议,

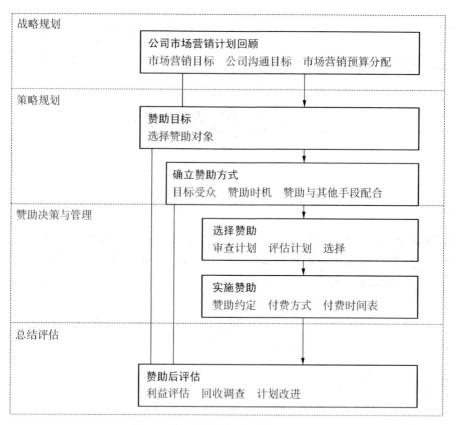

图 10-1　企业体育赞助管理流程图

一般由出席人和法律、章程上规定的机构或个人提出"。而体育赞助提案则是指以体育赞助为主题,融合企业与体育主体发展的商业策划,体育赞助提案一般是由赞助资源的招商部门或第三方经纪公司向有合作意向的赞助商提出的合作建议和策略说明。和普通的招商方案相比,体育赞助的提案更具针对性和目的性。

(二) 体育赞助提案的重点

1. **赞助资源价值——基础**　赞助资源自身价值指的是赞助个案所拥有的各种可赞助资源价值的总和。这些资源有体育组织的地位、级别、声望、水平和信誉;体育赛事和活动的层次、内容、性质、举办者参加者时间和空间;运动员的层次、水平、形象和人缘等,使之发挥最大的作用还要制造卖点或闪光点去创造机遇和可能性。

2. **赞助回报质量——核心**　提高赞助回报的质量是体育赞助营销的核心,赞助资源为赞助商提供的回报为提案奠定了良好的物质基础。坚持质量第一,坚持创新。此外回报质量还体现在回报的新颖度、能见度、曝光度、可信度、亲切度和美好度等方面。针对个案特点,挖空心思地在这 6 个度上大做文章使其充满诱惑力和吸引力。

3. **赞助创意——灵魂**　赞助创意就是赞助策划人员对赞助活动所进行的创造性形象思维活动,是未来赞助活动的主题内容和表现形式所进行的艺术勾画。体育赞助是一门综合性艺术,涉及商业、体育、文化、心理、美术、音乐、文学、新闻、传媒、广告等领域,策划者只有综合运用上述各个领域的精华并结合各个赞助个案以及赞助企业的特征主题和目标创造出充满魅力的赞助精品,让受众自然而然地接受赞助者的意图对之产生良好而深刻的印象乃至购买的欲望。

三、一般赞助提案的结构

（一）提案标题

一份完整的体育赞助提案,必须有一个标题,标题撰写要明白易懂,使人一读就明白这是一份活动策划书而不是一份工作小结或评估报告。标题可以直接写成"××公司××活动赞助方案",也可以采用点明某一活动主题的词语作为主标题,而将"××公司××活动赞助策划方案"作为副标题列在其下,例如《"红动全球"××公司××活动赞助方案》。一个好的提案标题可以直接揭示赞助提案的内容,同时可以借助创新的词语、语法组合将赞助商理念、赛事理念、合作方式等核心内容生动的展现出来,如《"研途有您"××大学研究生体育节赞助方案》等。

（二）背景介绍

即简略地介绍组织策划这份文案的背景情况,前言撰写要简明扼要。因为,任何一项体育赞助活动的策划、组织和实施,都不是无缘无故的,均有其特定的背景和需要。只有阐明了这一背景和需要,才能引出后面的具体策划内容（方案）,也才能说明赞助行为的迫切性和意义所在。赞助提案脱离了特定背景,会使人看了不得要领。

（三）活动介绍

本次赞助的目的、意义应用简洁明了的语言将目的要点表述清楚。在陈述目的要点时,该活动的核心构成或策划的独到之处及由此产生的意义（经济效益、社会利益、媒体效应等）都应该明确写出。赞助目标要具体化,并需要满足重要性、可行性、时效性。

> **实践链接**
>
> **北京国际马拉松赛事概况**
> **赛事名称**:北京国际马拉松赛
> **比赛日期**:2011年10月16日 8:00
> **起/终点**:天安门广场—国家奥林匹克体育中心
> **比赛项目**:
> - 全程马拉松赛(42.195公里)
> - 半程马拉松赛(21.097 5公里)
> - 9公里
> - 迷你马拉松(4.2公里)
>
> **批准单位**:国际田径协会联合会
> **备案单位**:国际马拉松及长跑协会
> **主办单位**:中国田径协会
> **推广单位**:中奥路跑(北京)体育管理有限公司
> **电视转播**:中央电视台体育频道现场直播170分钟以上

赛事简介：
- 北京马拉松是国际田径联合会批准的金标赛事之一，是国内最高规格的马拉松比赛。
- 中国唯一在天安门广场举办的国际性体育赛事。
- 北京马拉松代表着北京的风貌，是北京的城市名片。

（四）受众分析

受众分析主要包括两个方面即赞助商的受众人群分析及赞助资源的受众分析，通过两者的对比发现赞助商与赞助资源受众的异同，对于受众的分析一般从受众的性别、年龄、收入、职业、性格特点、生活方式等角度进行。

实践链接

某知名汽车品牌赞助某高尔夫球赛的受众分析

1. 赛事观众逐年递增，以每年15%的速度增长。
2. 赛事的观众男性比例为67%，与贵公司销售对象符合。
3. 赛事观众30～50岁比例为72%，与贵公司受众年龄相符。
4. 赛事50%以上观众年收入30万元以上，与贵公司产品定位相符。

（五）赞助契合点

赞助双方之间的契合点是促使赞助成功最重要的因素，只有赞助双方具有较多的契合点时，才能达到理想的赞助效果。此时的契合包括品牌形象、受众人群、产品、服务、渠道、宣传等多方面的契合，其中最主要的就是品牌形象及受众人群。正如VOLVO盛事总裁梅尔派亚特所说VOLVO品牌的核心价值就是品质、安全和环保，产品的消费者指向中上层人物群体。具有悠久历史和传统的高尔夫运动，它所弘扬的正直、诚信和自律，与VOLVO的经营理念不谋而合。为此VOLVO盛事管理公司制定了一系列长期投资职业高尔夫赛事的计划，通过在欧洲和亚洲的高尔夫赛事赞助确立了VOLVO在国际职业高尔夫领域的地位和声望，有效地提升了顾客对企业的品牌能力信任，这也是VOLVO坚持对高尔夫赞助长达18年的原因。得知双方契合点再进行提案，将成功引起对方兴趣，从而推动赞助的达成。

（六）媒体计划

媒体计划是将赞助相关信息通过媒体进行发布及传播的过程。一般的体育赞助媒体计划会分为几个阶段，在不同的阶段设置不同的宣传重点，借助不同的媒体形式组合进行大众范围或特定人群内的有效传播。在媒体计划的撰写时主要分为3个部分，第一部分为历史数据即往届资源的媒体受众情况及基本信息；第二部分为本届资源的媒体合作单位及其受众；第三部分为媒体实施计划，包括每一阶段的报道重点及参与媒体。

（七）赞助回报

体育赞助是一项商务合作，其本质是资源的互换，赞助商以金钱加实物的方式进行交易，而被赞助方则依靠转让或出售赞助资源进行交换。赞助回报根据赞助商的不同诉求一般分为有形与无形两大类，根据两大类下的不同赞助权益进行分项出售或打包出售。关于赞助回报的具体形式下文会做详细阐述。

实践链接

某赛事提供的赞助回报清单

- 赞助商获得赛事总冠名权（如：AAA 杯××网球大师赛）。
- 赞助商将在活动新闻发布会、活动通风会、最后的颁奖晚会现场最重要位置（含背板等）独家标示并展示企业 LOGO。
- 在所有活动中均明确以上赞助商（含网站和大会指定媒体宣传）；所有对外资料、宣传册、海报等宣传资料，所有宣传广告（平面、电视）中，均出现赞助商。
- 获赠价值 6 800 元的 VIP 专席票 20 张，价值 3 800 元的嘉宾票 20 张，所有赠票组委会将加盖"赠票"字样，乙方不得有偿转让和出售；（注：颁奖典礼及论坛收费，其中嘉宾票 3 800 元/人，含注册费、资料费、茶点费、颁奖晚宴，VIP 专席票 6 800 元/人，含注册费、资料费及 3 晚五星级酒店的住宿费、茶点费、颁奖晚宴）。
- 在大会指定网站"人民网传媒频道"及门户网站新浪网（www.sina.com）、北青网显著位置发布企业名称或 LOGO 不少于 3 个月。
- 主持人特别鸣谢并邀请赞助商代表上台讲话（30 分钟）。
- 赞助商将获得活动组委会颁发的荣誉证书和奖杯。组委会将邀请主办、协办媒体进行专题报道，部分媒体将做企业专访。
- 独家拥有大会现场主席台两旁广告牌 2 块。

（八）合作方式

体育赞助中合作方式分为多种，一般包括冠名赞助商、创始赞助商、白金赞助商、荣誉赞助商、供应商、指定行业赞助商（如明星服装赞助商等）、官方合作伙伴等，不同级别的赞助商所获得的权益不同，出资形式也不尽相同。

（九）赞助执行

赞助执行即预计如赞助意向达成后赞助权益的落实，此时需要在合理的时间内大致预算处将有的工作量并进行合理的安排。此时需要编制第一版的赞助执行方案，通过赞助执行方案的撰写使赞助商了解赞助执行的大致流程并给赞助商对于赞助权益落实的信心。

实践链接

表 10-1　某体育赞助提案执行节选

工作内容	参与方	日期
确认活动公司	赞助商	10 月 18 日
确认总体活动框架方案和预算	赞助商/经纪公司	10 月 20 日
活动执行清单	经纪公司	10 月 20 日

续　表

工作内容	参与方	日期
活动场地和酒店确认	赞助商/经纪公司	10月20日
确认出席活动的VIP	赞助商	10月22日
活动搭建方案确认并开始制作	赞助商/经纪公司	10月24日
前期媒体预热稿发放	经纪公司	10月26日
发布会媒体开始邀请并RSVP	经纪公司	10月26日
活动各个第三方资源沟通和执行实施	经纪公司	10月18日
活动搭建进场	经纪公司	10月31日
活动彩排	经纪公司	11月1日
活动日	经纪公司	11月2日

（十）赞助评估

提案中的赞助评估都是事前的预评估，预测赞助成功后可能的赞助结果。合理的赞助评估所给出的项目备选方案分析和比较数据以及各种项目评估的结果都是项目决策的前期和保障，可以给赞助商鼓励，让赞助商明确赞助的价值和意义，为赞助商决策提供依据。除此之外赞助评估还可以减少或避免项目决策失误提供保证，而且能够大大优化项目决策的结果。

体育赞助的评估在本书的最后单独列为一章，此章不再赘述。

（十一）经费预算

财务预算是一系列专门反映体育赞助项目预计财务状况和经营成果，以及现金收支等价值指标的各种预算的总称，具体包括现金预算、预算项目、预计现金流量表等内容。

实践链接

表10-2　经费预算

项目	内容	费用(元)
活动场地	3天，包括搭建、彩排和活动当天	80 000
场地布置	场地搭建和环境布置	180 000
	灯光、音响设备	120 000
第三方专业人士	主持人，大鼓/舞蹈表演，模特走秀及相关化妆师道具，礼仪，保安，清洁，鲜花，helper，摄影，摄像，现在直播，VIDEO编辑等	170 000
酒店/餐饮及会务安排	100人茶歇，15人1.5夜在昆仑饭店住宿，15个2顿自助餐，15人欢迎晚宴(以盘古七星为例)，4个国家共12人经济舱机票费用等	175 000

续　表

项　目	内　容	费用(元)
媒体费用	新闻发布会媒体邀请,80人计算,平媒网络400元/人;电视600元/人;采访媒体1 000元/人	57 000
	深度媒体合作伙伴费用(包括××家平媒,1家网站,1家电视)	150 000
小型印刷制作物	邀请函、手提袋、新闻夹、餐券、车证、工作人员证件、荣誉证书、平面设计费等	30 000
经纪公司服务费	以上第三方费用的15%	
行政费用	国内/国外电话费用,复印与传真,光盘刻录费以及小物件快递、物料运输费用等;平面剪报/网络剪报/电视剪报收集费用	11 000

第二节 体育赞助的回报

一、名誉权

名誉权,是指公民或法人保持并维护自己名誉的权利,在体育赞助中是指赞助资源拥有者授权给赞助商的各种荣誉称号。一般包括冠名赞助商、赞助商、供应商、合作伙伴、特约合作伙伴、专项合作伙伴、独家合作伙伴等。通过荣誉权的获得,将两者品牌形象进行最直接的捆绑,给消费者最深刻的和直接的记忆点。如ADIDAS以13亿人民币的价格成为2008年北京奥运会的体育服装官方合作伙伴,为将这一名誉权进行最大化的利用,ADIDAS不仅在自己的官网上、实体店铺、新闻媒体、公司财务报表等多渠道进行宣传。为此ADIDAS还邀请赵蕊蕊等身穿ADIDAS的战袍拍摄奥运广告,并在北京永定门广场、沈阳东舜百货等地发布千人参与的奥运互动盛典。

二、明星参与机会

企业在进行赞助时可以获得赛事组织方、协会、经纪公司所拥有的明星参与到本企业营销推广活动的机会,这种机会可以是获得明星的肖像使用权如拍摄广告、宣传片,店内海报等,以及明星直接参与到品牌活动中的机会。获得这种明星参与的机会,可以在结合了赛事形象的同时进一步增添明星为企业形象带来帮助的可能,从而增强企业良好形象的宣传效果。

实践链接

每年的 ATP1000 上海网球大师赛举办期间,吉列锋速都会借助网球大师赛的热潮组织其代言人吉列冠军阵营中的费德勒参与球迷见面活动。2007年11月9日罗杰·费德勒在上海展览中心出席由吉列品牌主办的"刷新自信、赢在今天,吉列费德勒面对面"活动,费天王参加此次活动不仅与球迷进行了互动,更亲自主持了为数一千人的剃须成人礼仪式。来自全国各地的千余名年轻人蜂拥到场,与即将参加 ATP 网球大师杯的球王亲密互动。在亲切的互动中让球迷领略瑞士球王自信的冠军气质,也让现场观众体验到吉列冠军的深刻内涵。

三、现场展位及活动区

体育场馆、赛事、公关活动现场展位或互动展位是企业通过预先设计的展示或互动活动,在现场与目标受众直接接触的绝好时机,这种直观的展示和互动将品牌的形象深入到目标受众的印象中,尤其是为企业传递品牌理念和价值提供了一条很好的渠道。因此,场馆、赛事、公关活动现场的展位,也必须成为企业进行品牌形象或产品宣传的重要途径和重大权益。观众可以根据喜好就赞助商产品和信息进行深入了解,还可以参与赞助商的体验活动。展位的设置拉近了赞助商与观众的距离,产生了互动,赞助商由以前的被动式营销改为半主动式营销,更符合当今竞争的实际要求,更容易在观众心中留下印象,树立品牌的知名度。

实践链接

2009年上海 ATP1000 大师赛作为大师赛官方赞助商,可口可乐公司在场内精心策划了"可口可乐大师训练营",邀请热爱网球的消费者一展身手。"大师训练营"位于旗忠网球中心主赛场馆主入口旁的品牌天地内,红白相间的展区跃动在冷色调的场地之上,与比赛现场火热的气氛交相呼应。最引人注目的是训练营门口极富特色的巨型红色网球和球拍,将"可口可乐"与大师赛巧妙地融为一体。这些独具匠心的设计,使整个营地充满活力,动感十足。"可口可乐大师训练营"分为"可口可乐网球达人",暨wii网球对抗赛、"可口可乐重磅发球手"两项内容。现场工作人员会为通过两轮考验的"准大师们"拍摄立拍得相片,并领取由"可口可乐"颁发的"'可口可乐'大师训练营优秀学员证"。每当整点,中心舞台上还将上演多场精彩的表演秀。"可口可乐"网球拉拉宝贝们将为大家带来充满青春活力的现场表演。神奇的近身魔术师将吸引你目光的驻足和惊叹的尖叫。网球、"可口可乐"等小道具的奇妙运用为"可口可乐"大师训练营增添更多的奇幻与精彩。可口可乐的精彩活动吸引了大批现场观众的参与及围观,充分体现了可口可乐激情、活力的品牌形象并给现场观众留下了深刻的印象。

四、行业排他权

企业的赞助商地位所带来的排他性权利可以使企业在行业内树立一定的地位,从而获得突出的企业形象。特别对于高级别的赛事、顶级的场馆、顶级明星、顶级俱乐部及顶尖的国际组织赞助的排他性可以很好地为企业在行业内树立独特地位起到巨大的推动作用。执行这一原则最坚决的,恐怕非奥运会莫数。奥运会的赞助计划赋予了赞助企业垄断的权力,最大限度地确保赞助企业的商业利益,并因此促使奥运品牌的无形资产与日俱增,从而实现奥运与赞助企业的双赢。

实践链接

英利绿色能源公司成为世界杯足球赛全球赞助商中的首家中国企业,也是全球第一家分享世界杯盛宴的可再生能源企业。英利坚信"当南非世界杯的最后一粒进球画出一道美丽的弧线时,在这个世界上,人们会把太阳能同一个来自中国的企业联系在一起——那就是英利。"与世界杯的合作不仅使英利扬名世界,更让全世界观众牢牢记住了英利在新能源行业的领先地位。

五、特许产品经营权

欧洲特许经营联合会(European Franchise Federation)关于特许经营权的定义是,特许经营是一种营销产品和服务或技术的体系,基于在法律和财务上分离和独立的当事人——特许人和他的单个受许人之间紧密和持续的合作,依靠特许人授予其单个受许人以权利并附加义务,以便根据特许人的概念进行经营。在我国体育赞助中一般指赞助商可以获得赛事、俱乐部、国际组织等部门的授权,生产与赛事、俱乐部、国际组织的相关产品,已将两者形象进行有效捆绑,在宣传推广中达到共赢。

实践链接

在与上海ATP1000大师赛的长期合作中,鸿星尔克获得了赛事独家的"运动装备类特许纪念产品生产及经销商"权益。鸿星尔克公司总裁吴荣照认为鸿星尔克拥有的ATP1000赛事资源,能够为公司的产品研发、设计提供更为广阔的思路。鸿星尔克把赛事标志、球星元素以及赛事中备受人们关注的内容,融汇到产品设计中,满足鸿星尔克品牌潜在消费群体对时尚元素的追求,在不断升级产品科技性、专业性的同时,更注重产品的年轻化和时尚度。鸿星尔克将持续推出各系列的上海ATP1000大师赛特许纪念产品,通过这些令人耳目一新的产品,向人们展示品牌"时尚、年轻、阳光"的形象。

六、公关礼遇权

招待礼遇一直是企业赞助权益中的一个重要组成部分,在销售目标达成的过程中更是显得尤为重要。在IEG对企业赞助决策人进行的关于赞助研究年度调查(2004)回馈中显示77%的赞助项目希望获得招待礼遇权益,这在所有的赞助回报中排在首位。针对重要客户所安排的招待和娱乐活动,可以作为对其过去业绩的奖励以及对未来业务的促进,这些虽然都可以通过公司自己举办的招待礼遇活动所实现,但是如果能够利用重大体育赛事举办的契机,以赞助商的名义邀请那些重要客户进行联谊和洽谈业务,显然更具备吸引力,同时也会让企业取得更加满意的结果,就像很多企业老总说,在体育赛事的包厢里,总是最容易谈成生意的。

七、数据库共享权

在如今的营销时代,客户数据库对于任何一家企业来说都无疑是一座宝库,企业往往为了获得客户数据而费尽心思。因此,赞助商在获得赛事赞助机会时往往对于赛事所拥有的客户数据库有着强烈的追求。对于企业来说,获得赛事的客户数据库不仅可以准确、清晰地分析出目标客户的需求,从而为业务的发展注入活力,更可以通过赛事的客户渠道直接向目标客户进行宣传,这些对于赛事方客户数据的充分利用,对于赞助商无疑是业务发展的宝贵资源。体育营销人员可以使他们的数据库为赞助商直接进行电子邮件销售使用。当AT&T、新奇士和哈瓦德赞助了业余棒球联盟,他们不仅从赛事中取得了包括比赛广告牌在内的各种促销权利,他们还获得了青少年棒球联盟的参赛者数据库(Lefton,2003),这就使得赞助企业在此之后的促销活动中,可以以电子邮件的形式向30万名棒球联赛的青少年参赛者直接发送广告。

本节案例

"环青海湖"国际公路自行车赛赞助回报权益

一、赛事总冠名赞助商权益

名誉礼遇权:成为赛事唯一总冠名商,并成为赛事特别协办单位。

绝对排他权:赞助商主推产品成为赛事在同行业中唯一指定产品。

新闻公关权:在所有赞助商的同等赛事相关新闻发布、公关活动过程中享有首选权。

广告发布权:赞助商在赛事相关广告发布资源当中取得最为重要的发布权限。

商标使用权:赞助商在1年内有限使用本届环湖赛名称、LOGO以及吉祥物标志。

其他权益:赞助商同时享有双方约定的其他权益。

二、赛段冠名赞助商权益

名誉礼遇权:成为赛事相应赛段冠名商。

绝对排他权:赞助商成为该赛段在本届赛事中的唯一冠名商。

新闻公关权:在赛事相关新闻发布、公关活动过程当中享有选择权。

广告发布权:赞助商在赛事相关广告发布资源当中取得最为重要的发布权限。
商标使用权:赞助商在1年内有限使用本届环湖赛名称、LOGO以及吉祥物标志。
其他权益:赞助商同时享有双方约定的其他权益。

三、指定用品赞助商权益

名誉礼遇权:成为赛事指定产品商,并成为赛事特约赞助商。
绝对排他权:赞助商主推产品成为赛事在同行业中唯一指定用品。
新闻公关权:在所有助商的同等赛事相关新闻发布、公关活动过程中享有首选权。
广告发布权:赞助商在赛事相关广告发布资源当中取得最为重要的发布权限。
商标使用权:赞助商在1年内有限使用本届环海资名称、LOGO以及吉祥物标志。
其他权益:赞助商同时享有双方约定的其他权益。

四、比赛用品赞助商权益

赞助商权益:在赞助商选定的比赛用品中体现赞助商(产品)名称(LOGO)。

第三节 体育赞助的定价

一、体育赞助定价方法

(一)成本加成定价法

1. 成本加成定价法定义　完全成本加成定价法(即:成本加成定价法)是以全部成本作为定价基础,首先要估计单位产品的变动成本,然后再估计固定费用,并按照预期产量把固定费用分摊到单位产品上去,加上单位变动成本,求出全部成本,最后再全部成本上加上按目标利润率计算的利润额,即得出价格。

而体育赞助与其他产品定价的区别主要在于,体育赞助的成本加成定价法需要重点考虑的是体育赞助的成本包括哪些,按时间段进行划分包括前期的策划成本、人力成本,中期的谈判成本及后期的赞助权益获取成本及执行成本。将上述成本进行加成再加总预期利润即可获得体育赞助的定价。

2. 成本加成定价法的优缺点

(1)优点:①计算方法简便易行,资料容易取得且根据完全成本定价,能够保证所耗费的全部成本得到补偿,并在正常情况下能获得一定的利润;②不仅有利于保持价格的稳定,当赞助需求量增大时,按此方法定价,产品价格不会提高,而固定的加成,也使企业获得较稳定的利润。

(2)缺点:①忽视了赞助需求弹性的变化。不同的赞助产品在同一时期,同一的产品在不同时期(产品生命周期不同阶段),同一产品在不同的市场,其需求弹性都不相同。因此赞助价格在完全成本的基础上,加上固定的加成比例,不能适应迅速变化的市场要求,缺乏应有的竞争能力;②以完全成本作为定价基础缺乏灵活性,在有些情况下容易做出错误的决策。

（二）竞争导向定价法

1. 竞争导向定价法的定义　竞争导向定价法是企业通过研究竞争对手的生产条件、服务状况、价格水平等因素，依据自身的竞争实力，参考成本和供求状况来确定商品价格。以市场上竞争者的类似产品的价格作为本企业产品定价的参照系的一种定价方法，竞争导向定价主要包括随行就市定价法、产品差别定价法和密封投标定价法。

体育赞助中的竞争导向定价法主要是从横向和纵向两方面进行参考，横向方面需要参考同一时期同级别赞助资源的价格，而纵向方面则需要参考统一赞助资源在不同时期的赞助价格，进行合理定价。

2. 竞争导向定价法的优缺点

（1）优点：竞争导向定价法不仅充分考虑了赞助价格在市场上的竞争力，且定价较为灵活，机动性较强。

（2）缺点：竞争导向定价法过分关注在价格上的竞争，容易忽略其他赞助资源组合可能造成的产品差异化的竞争优势；并且容易引起竞争者报复，导致恶性地降价竞争，使公司毫无利润可言；实际上竞争者的价格变化并不能被精确地估算。

（三）媒体价值定价法

1. 媒体价值定价法的定义　媒体价值定价法是体育赞助定价区别于其他产品或服务所独有的定价方式，在体育赞助资源的发展过程中，传媒对体育赛事的影响非常巨大，也非常重要。体育赞助资源需要媒体的传播力量来宣传自己，提高影响力，从而取得盈利以扩大发展，而体育媒体在舆论监督等各个方面也对体育赞助资源的良性发展产生良好作用。体育赞助价值的提升同样与媒体的关系密不可分，目前体育赞助资源主要依靠媒体进行激活，有越顶级的媒体加入，赞助资源的价值就越高。媒体价值定价一般按照媒体自身等级、出现时长及出现位置几大方面进行分别定价。

2. 媒体价值定价法的优缺点

（1）优点：①直击重点，满足赞助商的核心需求；②定性分析与定量分析相结合，结论更具有现实的参考意义。

（2）媒体价值定价法的缺点：①不够全面不能全面反映赞助价值；②目前评估方式不够系统、科学；③在实际的操作中无法对所有媒体进行评估，只能就重点媒体的价值进行分析。

二、体育赞助定价中需注意的问题

（一）VIK

VIK 是体育赞助中的专有名词，全称为 value in kind，翻译成中文为实物赞助或实务赞助，指在体育赞助中可以通过支付劳务或产品代替货币进行交易获取赞助资源的交易方式。例如 2011 年 6 月 16 日，雷曼光电发布公告称，与中超公司达成合同，负责在 2011～2016 年赛季内提供中超联赛 14 个参赛俱乐部比赛场所使用的 LED 全彩显示屏(广告板)，总长为 3 360 m。合作 3 年期满后，LED 设备的所有权无偿转为中超公司所有，而作为交换雷曼光电将得到 2011-2016 赛季开发赛场二圈固定广告板的资格。世界杯组委会则对实物赞助提出了更明确的要求，世界杯所有的赞助商的实物赞助不能超过赞助总金额的 10%，因此在体育赞助的额定价中无论是赞助商还是赞助资源的拥有者都应善于利用这一体育赞助的特点。

（二）明星或名人出席费用

体育明星或名人的出席无疑会成为体育赞助中的亮点，而其出场费用对于赞助资源拥有者而言可能不需要付出很大代价，但对于赞助商而言却可以直接提升体育赞助的价值，可以根据出场的明星及名人提升赞助的报价。

（三）媒体相关费用

在体育赞助中尽管赞助商的目标不尽相同，但对于媒体的曝光是赞助商永恒的追求。因此在赞助提案的赞助回报中一般会设有媒体计划一栏，媒体的宣传根据赞助商的受众及产品的特点设置不同的媒体策略。不同类型的媒体及媒体组合会产生不同的媒体效果，也应设置不同的赞助定价，在中国目前央视的垄断地位决定了在央视的转播条件下，媒体曝光价值直线飙升的状况。

（四）赞助权益打包销售

赞助权益可以分为不同类型，根据赞助商的需求可以将赞助权益打包销售，把握住赞助商的核心需求后再增加附加值，充分利用赞助商对赞助费用敏感程度的边际效用递减将赞助权益进行打包提升赞助定价。

（五）配套营销费用

赞助权益获得后需要配套的营销活动进行激活，因此配套的营销活动是赞助商所需要的，在赞助定价的过程中可以根据配套营销活动的制定来确定赞助的定价。如1996年可口可乐公司赞助了当年的夏季奥运会，其赞助费是4 000万美元，但是为此付出的连带性其他营销费用是4.5亿美元。即可口可乐每花1美元的赞助费就同时在市场上投入11美元来巩固和加强宣传效果。喜力则表示根据赞助大师杯的经验，如果用1 000万元买下冠名权的话，至少要多准备2 000万～3 000万元用于后续的品牌推广，其中就包括店面活动、广告配合、产品促销等。

第四节 体育赞助的谈判

一、常见体育赞助谈判的原则

（一）平等自愿、协商一致的原则

平等自愿、协商一致原则要求体育赞助谈判的各方坚持在地位平等，自愿合作的条件下建立合作关系，并通过平等协商、公平交易来实现各方的权利和义务。体育赞助谈判的平等是指在体育赞助谈判中，无论各方的经济实力强弱，组织规模大小，其地位都是平等的。平等是体育赞助谈判的重要基础，平等是衡量体育赞助谈判成功的最基本标准。体育赞助谈判中的自愿是指具有独立行为能力的交易各方出于自身利益目标的追求，能够按照自己的意愿来进行谈判，并做出决定，而非外界的压力或他人的驱使来参加谈判。自愿是体育赞助谈判各方进行合作的重要前提和保证。

（二）有偿交换、互惠互利的原则

谈判是为了追求利益，让自己利益最大化的同时，也要让对方获利，实现双赢。在商务

交往中,谈判一直被视为是一种合作或作为合作而进行的准备。因此,体育赞助谈判最圆满的结局,应当是谈判的所有参与者各取所需,各偿所愿,同时也都照顾到其他各方的实际利益,是一种多赢的局面。互利原则。要求体育赞助谈判双方在适应对方需要的情况下,互通有无,使双方都能有所得;在考虑己方利益的同时,要照顾双方利益,使交易谈判结果实现等价交换,互惠互利。

(三) 合法原则

经济活动的宗旨是合法盈利,因此,任何谈判都是在一定的法律约束下进行的、谈判必须遵循合法原则。合法原则,是指谈判及其合同的签订必须遵守相关的法律法规,对于国际谈判,应当遵守国际法及尊重谈判对方所在国家的有关规定。所谓合法,主要体现在4个方面:谈判主体、交易项目、谈判过程中的行为、签订的合同必须合法。在体育赞助的谈判中最容易产生法律纠纷的3项内容就是知识产权、肖像权及国际法律之间不同而引起的法律纠纷。作为中国男篮的赞助商,可口可乐公司与中国篮协签订协议获得集体肖像权,并在可口可乐的商品中印上了包括姚明在内的所有中国男篮球员的头像。为此,姚明于2003年6月向上海市徐汇区人民法院提起诉讼,状告可口可乐公司侵犯其肖像权。类似的案例还有很多,因此在体育赞助的谈判中一定要认真审核赞助条款,尤其在跨国体育赞助谈判中面对不同的法律体系时认真研究法律条款及合同内容。

(四) 时效性原则

商务谈判要讲时效性原则,在一定的时间内做出最高的谈判价值,是商务谈判所追求的。守时、高效才能带来更大的利润价值和需求满足,从而使谈判顺利化、有效化。时效性原则就是要保证体育赞助谈判的效率和效益的统一,体育赞助谈判要在高效中进行,要提高谈判效率,降低谈判成本,不能进行马拉松式的谈判,否则对谈判双方都会造成很大困扰。加快谈判进程,同样是在降低谈判成本,提高谈判效率。体育赞助中还需注意的是明确赞助的周期及续约的可行性。

(五) 最低目标原则

谈判最低目标必须设定在谈判正式开始之前,因为整个谈判活动都要围绕这一目标进行。在设定谈判目标时,注意目标应有弹性,即我们通常说的要制订多层次目标,有理想目标、可接受目标、最低目标。谈判前制订的目标不是盲目的,而是在分析了对方情况,考虑了对方合理的利益基础上做出的,不是单方面的意愿。只有这样,谈判才能顺利进行下去,双方才有可能获得"满意"结果。

谈判目标是对谈判所要达到结果的设定,是指导谈判的核心。分析企业的内部条件和外部环境,根据企业的经营目标提出明确的谈判目标:例如体育赛事赞助的谈判目标,应该包括赞助权益目标、金额目标、时间目标、支付方式目标、相关营销活动目标、公关礼遇目标等。

二、体育赞助谈判需要注意的问题

(一) 制定客观和全局性的谈判策略

商务谈判策略是谈判人员在可以预见和可能发生的某种情况下采取的一系列相应行动方式、措施、技巧、战术和手段的总称。因此,一个优秀的谈判人员必须熟悉和掌握各种谈判策略与技巧,学会在谈判中灵活运用谈判策略,以促使谈判达到预期的目标。因此在进行谈判之前必须明了谈判的核心策略。在体育赞助谈判中首先要确立的就是客观及全局性的谈判策略,只有明确了核心的策略才能在这一策略的指导下进行具体谈判战术的部署及制定,才能在具体的谈判交锋中明确底线有所指导。

(二) 把握核心回报和重要回报的关系

赞助商的回报可以分为多种类型及多种组合,而赞助商的赞助需求又不尽相同。赞助商的需求可以分为知名度、品牌形象、业务发展三大需求,而每一赞助目标的实现路径及策略选择又不相同。明确赞助目标后才能明白需要实现路径,因此在进行赞助谈判时必须明确赞助商的核心需求并明了赞助商需要的核心回报是什么,其次重要回报是什么,以及一般回报是什么。在体育赞助的谈判中,核心回报一般是指不同级别的赞助商必须拥有这一等级最有价值的或者赞助商所独有的回报方式如冠名权或颁奖权等。而重要回报是这一等级赞助商拥有的主要回报方式,是赞助价值的主要体现点,如新闻发布会等。

(三) 注重活动元素及其价值

赞助权益是一种资源,而不仅仅是一个广告投放的平台,要将它整合到企业营销的各个部门去。现在很多富有国际体育赛事赞助经验的企业,已经不再将简单的广告曝光作为其进行赞助决策时首要考虑的因素了,获得赞助资源之后如何进行赞助资源的激活,利用赞助营销的配套活动将赞助商的品牌和形象深入消费者心中。因此,目前赞助商更多关注赞助能够带来什么互动和体验的平台,所以在体育赞助的谈判中企业在正确赞助资源的同时也应注重赞助营销配套活动权益及资源的争取。

(四) 灵活应变,组合应用

由于赞助资源的多样性,无论是赞助商还是赞助资源的拥有者都可以在体育赞助的谈判中灵活的应用不同的赞助资源组合。根据谈判进行的不同程度,适时对不同的赞助资源进行增加或减少,以满足赞助双方的需求。无论是企业还是赞助资源,都要对赞助的回报方式进行深入的了解和研究,力争以最低的成本获取对自己最有价值的收益和回报。对于赞助商而言的角度来说,要多争取一些附加回报方式,如门票、招待礼遇权益等。对于赞助资源拥有者而言,则应尽量通过权益转让的方式来争取赞助金额的保价。

(五) 对续约可能性进行约定

找到合适的合作者,对于赞助商或者赞助资源所有者来说,都不是一件容易的事,因此赞助意向的达成对于赞助商及赞助资源的拥有者来说,都耗费了极大的精力。能够在体育赞助意向达成后接着对续约可行性进行约定,对于双方来说无疑都是一个节省精力及劳务的选择,对于赞助商而言如果一期赞助效果良好,在下一个赞助周期的竞争中无疑取得了先发优势,而对于赞助资源的拥有者而言,则无须再次寻找赞助商,因此这一约定对双方来说都极为重要。

本章案例

"某体育品牌"WTA 年终总决赛合作方案

【背景介绍】

◆ 在全球的舞台上尽显运动魅力

● 世界女子第一运动

- 拥有全球最具知名度的运动女星
- 全球十大最受喜爱的女运动员中有 6 位是网球运动员
- WTA 球星拥有超越体育的独特感染力
- 拥有 8 亿全球粉丝——世界上排名第 4 的运动

【WTA 介绍】

◆ 从网球先驱……到今天的超级明星

- 1970 年,Billie Jean King 和"Original Nine"的成员们冒险以 1 美元签署了第一个职业合同,为休斯敦的赛事争取了 7 500 美元的奖金。
- 勇敢的先驱们为现今的球员开辟了光明之路,现在每年 56 场赛事 9 000 万美元奖金。

◆ 全球偶像

- 2010 全球十大最受喜爱的女运动员中有 6 位是网球运动员
- 全球三大最高收入的女运动员都是网球明星
- 莎拉波娃和大小威登上了 2011 福布斯最强大的名人排行榜
- 莎拉波娃在 2011 福布斯最具体育价值中排名第 8

◆ 超越体育

- WTA 的运动员不仅覆盖体育媒体,而且也是商业、时尚、生活类刊物的宠儿。

◆ 至高无上的终点

- 历经多个巡回赛,辗转无数个国家
- 汇聚网球的巅峰,抵达梦想的终点

【受众分析】

◆ 全球关注者的忠诚度与吸引力

◇ 品牌忠诚度

- 95% 对 WTA 赞助商持有良好印象
- 72% 会考虑转而购买 WTA 赞助商的产品
- 52% 已经成为 WTA 赞助商的消费者

◇ 对目标消费者有独特的吸引力

- 45% 的受众是女性,55% 是男性
- 76% 在 18～54 岁之间
- 69% 的受众拥有大学及以上的学位
- 50% 的受众是管理阶层

◇ 强大的消费能力

- 超过 34% 的受众收入高于 15 万美金
- 超过 22% 的受众是高级管理人员
- 居住在富裕繁华的大都市

【赛事媒体】

作为最引人关注的女子体育运动,女子网球享有全球著名媒体的全面报道。

◆ 电视媒体
- 2011年,1.8亿电视观众通过7 000小时的报道观看了WTA的赛事。
- 2011年,赛事观众增长78%。
- 2011年,16场比赛的观众就已经达到2亿,这已经超过2010全年的1.73亿。
- 2011年,赛事覆盖时间与2010年比增长17%(2010,5 200小时)。

◆ 网络社交媒体——2 700万人关注WTA
◇ 社交媒体大军中的全球第一网球品牌
- 是全球第一网球品牌在社会媒体当中
- 拥有85.6万WTA的粉丝在Facebook上
- 拥有900万WTA运动员的粉丝在Facebook上
- 拥有1 100万的YouTube视频

◇ 中国社会媒体
- 拥有440万WTA的粉丝
- 拥有630万WTA运动员的粉丝
- 拥有180万次优酷视频播放

◇ WTA官网
- 每年有1 300万用户
- 每年1.33亿的网页曝光

【赞助理由】

◆ 在中国特殊的地位

WTA与中国政府达成战略合作伙伴的关系,中国网球公开赛是WTA最重要的赛事之一,随着中国网球选手的迅速的成长和广泛的关注度,为WTA带来了:

- 李娜,一个历史性的国际偶像,第一个中国单打大满贯的冠军。
- 1.16亿中国观众通过CCTV观看了她的决赛,成为2011中国最高收视率的体育节目。

- 超过50万的球迷到现场观看网球赛事。
- 与CCTV达成协议,每年向3.3亿的中国观众直播20站WTA的巡回赛。
- 拥有近500万受众的最大社会媒体跟踪报道体育赛事。

在WTA前35大顶尖运动员排名里,中国有3名运动员位列其中,包括了排名第五的法网罗兰加洛斯大满贯冠军李娜。

◆ WTA年终总决赛
- WTA最具盛名的赛事
- 由52场赛事形成的"冠军之路"
- 世界最顶级的8名单打选手和4名双打选手
- 500万美元的赛事奖金—女子运动之最

◆ 介绍

2011年，随着WTA年终总决赛移师土耳其伊斯坦布尔，这个东西文化交融的国度，我们见证了TEB BNP巴黎银行WTA总决赛在上座率、收视率、媒体覆盖面和数字信号的传输上创造的新纪录。

在赛场上面对14 000观众前，佩特拉·科维托娃经过一场令人兴奋的激烈比赛击败了阿扎伦卡成功夺冠。

比赛现场的观众总人数达70 824，在每日的销售中平均有1 200张票在圣文亚当奥林匹克体育馆卖出。

◆ 中国和全球的品牌曝光度

- 全球3 600万电视观众
- 超过1 000小时转播覆盖
- 400小时的现场直播
- 通过CCTV-5进行60小时的播放覆盖人群超过2 000万人

【回报权益】

◆ 获得的合作权益

- 独家赛事官方运动服合作伙伴以及赛事官方赞助商的称号。
- 有权使用赛事名称及赛事LOGO进行宣传推广活动。
- 球童、司线裁判员以及电视转播工作人员穿着有甲方LOGO的服装，主裁判佩戴LOGO标志。
- 可获得赛事官方手册一页全彩广告。
- 获得赛事官网的广告位。
- 品牌将出现在赛事相关新闻发布会背景板。

■ 案例思考题

1. WTA年终总决赛的特点和价值体现在哪些方面？
2. 该体育品牌赞助的核心诉求是什么？
3. 该体育品牌获得了哪些赞助回报？

本章小结

从企业体育赞助管理流程来看，赞助提案处在赞助决策和管理的重要阶段。赞助提案可以说是企业将多种资源进行梳理的形式，并最终以文本或者书面的形式进行呈现。身处市场中，我们要清楚地了解到不同的资源组合、回报方式以及多样的定价方法，方便我们在最终的赞助谈判中不被一棒打蒙，有足够的底气和理由进行还击。最后，谈判过程要把握核心，注意重点资源，要客观的、全面的制定策略，灵活应变。

本章思考题

1. 体育赞助提案与赞助商招商方案的区别有哪些？

2. 体育赞助的回报方式有哪些？冠名赞助商的核心回报和重要回报有哪些？

3. 体育赞助的定价方法有哪些？应如何运用这些办法？

4. 体育赞助的谈判应注意哪些问题？

推荐阅读

［1］ Kim Skildum-Reid & Anne-Marie Grey. The Sponsorship Seeker's Toolkit (Third Edition)［M］. New York：McGraw-Hill，2008

［2］ Matthew DS. 体育营销学—战略性观点（董进霞译）［M］. 北京：清华大学出版社，2003

［3］ 秦椿林. 体育项目管理.［M］. 北京：高等教育出版社，2005

［4］ 杨晓生，程绍同. 体育赞助导论［M］. 北京：高等教育出版社，2004

第十一章 体育赞助的评估

> "体育赞助不再是简单的推销或者广告行为,而必须关注其作为营销手段的实际效果;在对于赞助商的调查中,只有27%的企业认为体育资源所提供的信息足以证明他们的赞助是物有所值的。"
>
> ——Sem Fullerton *Sports Marketing*

本章要点

- 体育赞助评估的难点
- 体育赞助销售效果的评估方法
- 体育赞助传播效果的评估方法
- 体育赞助沟通效果的评估方法

体育赞助评估是体育赞助活动中的一个重要环节。体育赞助的风险和利益是并存的,因此,针对体育赞助活动开展积极的评估,对于赞助双方都是极为重要的。对于赞助商而言,赞助前的风险有多大,赞助后的投入是否产生效益,这都需要通过赞助评估来检验;而对于被赞助的一方而言,体育赞助评估报告是说服企业提供赞助,并与之保持长期赞助伙伴关系的需要。

第一节 体育赞助评估的难点

近年来,中国体育市场在迅速发展,体育赞助的种类与数量在不断增加。以中国女排为例,20世纪80年代她们曾五夺世界冠军,但除了国家奖金外,基本上没有得到商家的赞助;2003~2004年新女排两夺世界冠军,却得到了数以亿计的商家赞助。对企业而言,赞助是一种营销手段;对当代体育赛事组织者而言,赞助与合作是成功举办大型比赛的必要条件。企业为什么选择赞助这种营销手段,为什么将体育赛事与运动队作为赞助对象,体育赛事为什么具有被赞助的价值,他们的价值是如何体现的,其价值究竟有多高? 这些问题的深入研究,对体育赞助双方都是必要的,它有利于从本质上理解体育赞助,以最佳的合作方式实施体育赞助,以有效的运营措施使赞助双方的应得利益最大化。

但是,体育赛事赞助的价值评估一直是体育界、营销领域及传媒领域的难点之一。在体育营销界,一方面,赛事组织者与赞助商均需要科学的体育赞助价值评估方法;另一方面,国内外均缺乏权威的、行之有效的体育赞助价值评估方法与评估体系。这不仅会使体育赞助行为的双方形成赞助策略上的不科学性,也会直接导致体育赛事组织与体育赞助实施过程中的不系统化和盲目性。而体育赞助评估的难点主要体现在以下几个方面。

一、体育赞助的整合性造成单一体育赞助的效果难以衡量

体育赞助是一项整合性十分强的营销活动,除了要与外部整合外,在企业内部各个职能部门,各种营销手段也要整合在一起,才能发挥赞助营销的最大作用。当广告、公关、销售促进等多种手段围绕赞助活动来展开的时候,很难将这些营销手段分别区隔开来,单独衡量它们各自取得的效果。

二、体育赞助的风险性使得体育赞助的效果难以预测和控制

毫无疑问,体育赞助是存在许多风险的。但在赞助方案实施前,评估者是无法预料这些潜在的风险的,有的风险就算可以预料,但要精确衡量出风险的大小也不是一件容易的事。此外,在赞助活动结束后,因为赞助活动而导致的风险可能并没有完全消失,它还会持续较长的一段时间,因此在某一时点上进行的评估也很难衡量这种风险的大小及其对企业造成的后果。

三、体育赞助评估指标的抽象性使得评估难以量化

体育赞助的目的,很多时候并不是为了单纯的提高销售量,往往体育赞助是为了树立企业或产品的形象,或者是为了维系这种形象,保持顾客的忠诚度。企业销售增长率的数据是很容易得到的,但是,企业形象的评价带有很大的主观性,非常难于量化。

四、体育赞助效果产生的时效性使评估的准确性降低

体育赞助效果的产生并不是立竿见影的。首先,人们的购买活动有一定的时滞,消费者不是今天看了广告,明天就去买产品,他会受到财务预算、时间预算、以前购买同类产品的折旧程度、信息干扰等多方面因素的制约;其次,赞助效果的产生往往具有循环累计性,也就是说消费者并不是因为一次赞助活动,一次广告就被打动了,而是在反复的信息刺激下,才对某种产品产生好感,进而发生购买行为。因此,当体育赞助的评估在某一时点上进行时,并不足以准确衡量某一赞助活动的实际效果。

五、作为评估对象的赞助商目标受众难以确定

体育赞助的目标受众与被赞助者的目标受众往往并不完全重合,因此需要我们在评估中将赞助企业想要沟通的对象从所有受到赞助活动影响的人里面分离出来。例如,一切冠名赞助的篮球比赛目标受众是现场观众和媒体受众的总和,他们加在一起可能有数

以百万乃至千万,这些人都是体育赞助的受众,但是他们当中可能只有一部分人是体育赞助的目标受众。只有那些接受了赞助商的真正赞助意图而成为其目标顾客的人,才是体育赞助的目标受众。在广阔的体育赞助受众中寻找目标受众进行统计,这对评估者又是一个难题。

第二节 体育赞助评估的发展

一、探索阶段

我国的体育赞助起步较晚,直到 20 世纪 80 年代初期才有球类项目的国家队开始接受外国著名体育用品公司的赞助,赞助形式也仅局限于服装等实物形式。从赞助商、体育中介组织以及赛事的举办方来看,大多都没有形成对体育赞助效果进行评估的意识。赞助商更看重的是赞助的营销过程,而对于赞助结果的评估显然不够重视。国内企业大多没有专门负责体育赞助事务的部门及人员,赞助商在签订合约时既没有提出对赞助效果进行评估的回报条件,体育中介组织和被赞助方(如赛事的举办方)在寻求赞助商的支持时,也都没有给赞助商以对赞助效果进行评估的回报条件,他们对合同的执行仅限于更有效的配合赞助商进行宣传等服务,并未对服务的效果如何进行检验。该时期内,我国对于体育赞助开展评估的比例很低,评估投入极其有限。

二、初步发展阶段

根据 IEG 2004 年 3 月的调查显示,全球平均超过 86%的赞助商在赞助效果评估方面的投入小于赞助投入的 1%或者根本没有资金投入。而在 IEG 2005 年 2 月的最近调查报告中显示赞助商在评估方面的投入有所提高,但在赞助效果评估方面的投入小于赞助投入的 1%或者根本没有资金投入的比例仍然高达 75%。我国赞助市场及其评估极为不成熟,体育赛事赞助商进行赞助评估分析的比例<30%~40%,而在进行量化分析评估的赞助商中,评估资金投入同样及其有限。例如某企业赞助 CBA 中国男子篮球联赛的费用超过 100 万美元(约合超过 800 万人民币),但是进行赛事评估的金额投入却低于 10 万元人民币,即赞助评估费用占赞助费用比例<1.25%。

进入到 20 世纪 90 年代,我国众多学者开始了对体育赞助评估的研究,但是早期的赞助评估研究主要还是建立在赞助为企业带来的曝光率和价值方面,主要采用统计法统计在某一段时间内相关比赛现场信息,在电视、报纸、杂志、广播、广告牌和网络等有关媒体出现的时间和次数。一是,监视从赞助事件中获得的媒体覆盖数量和性质;二是,估计直接和间接的观众的数量。随着研究的升入,带动了企业对体育赞助评估的认识,企业越来越认识到赞助作为一种营销沟通手段的性质的重要性,各种评估办法逐渐出现和产生。

三、加快发展阶段

随着我国市场经济的逐步完善,尤其是体育市场化的飞速发展和改善,在2001年北京申奥成功之后,我国体育赞助评估领域正朝着健康完善的方向平稳而快速的发展。具有丰富体育赞助经验的国际知名企业带来了完善的赞助相关知识和经验,带来了较为成熟和领先的赞助评估体系与方法。例如西门子手机赞助中国足球超级联赛时,在赞助合约执行情况,销售与市场占有率状况,消费者认识状况,媒体曝光与质量状况等几个方面进行了翔实细致的赞助效果评估,并且聘请Octagon作为项目整体控制、执行和监测伙伴,委托其长期合作伙伴国际足球信息数据调查公司进行相关调查,同时请上海文广集团统计收视率。通过一系列的评估举措并进行客观严谨的分析,发现该赞助行为无论是在销售还是企业、产品形象方面都产生了负面影响,而最终决定解除与中国足球协会签订的中国足球超级联赛赞助合约。

国内新兴市场调研机构也迅速发展并在我国体育赛事赞助评估市场担当起重要的角色,例如新生代市场监测机构,主要从媒体方面对赞助活动进行监测和效果评估。另外,我国本土企业国际化步伐的加快以及企业自身建设逐步完善,也为体育赞助效果评估带来积极影响和变化。中央电视台-索福瑞媒介研究公司CSM-TNS是中央电视台与国际著名市场调研机构TNS合资成立的专门从事电视市场和媒体调研中介公司,CSM从TNS Sport引进了一套体育赞助效果评估研究服务体系,能够有效地对体育赞助进行评估。此项服务包括媒体测量、市场调查、权利维护3个方面(表11-1)。

表11-1 CSM赞助效果评估表

测量类别	测量内容	测量问题
媒体测量	观众分析	你是否可以直接达到你的目标观众
		有多少人在观看你赞助的赛事
	传播分析	你的赞助获得了多少电视报道,其报道质量如何
		你的品牌曝光率有多少
	品牌分析	哪种品牌曝光方式更有效
		你的品牌标识及其设计是否达到清晰的曝光效果
		你的品牌获得的媒体报道的美金价值多少
	投资回报	你的预算和花费是否对等,你的支出是否物有所值
	新闻报道分析	你的赞助活动得到了多少媒体的报道
		哪些新闻媒体和(或)记者报道了(或没有报道)你的赞助活动
	媒体反馈	媒体如何看待你的赞助活动
		你的公关宣传活动是否达到了预期的目的
市场调查	消费者体育研究	公众最喜欢哪一种体育比赛
		谁在观看体育比赛
		各种体育比赛的特征及形象定位是什么
		哪种体育比赛越来越受到欢迎或是不受欢迎
		谁是最受欢迎的团队或是运动员

续 表

测量类别	测量内容	测量问题
	消费者对赞助活动的反映	你是否在众多活动的赞助活动中脱颖而出 你的品牌特征是否适合赞助活动的形象定位 你的品牌与消费者是否具有相关性，对他们是否有意义 你和被赞助方的合作关系传达出什么样的信息 你的赞助活动是否影响了消费者未来的品牌选择
权利维护	赞助权的执行、合同的维护、相对回报、现场监视等方面	

第三节 体育赞助评估的方法

国际上目前还没有一套成熟的、公认的评估方法，但在标准化的评估方法产生之前，一些单项的、根据自身诉求设计的评估方法也是可行的，而根据赞助效果的分类可以将体育赞助评估分为销售效果（经济效果）、传播效果和其他方面效果 3 种。

一、销售效果的评估

麦当劳市场总监 Teddi Domann 曾说过："如果赞助不能帮助我们推动销售，那么也就不值得我们去这么做。"从我国企业赞助行为现状来看，赞助对销售的影响是企业最关心的核心问题之一，对销售量变化的评估仍然是企业对赞助效果评估的核心之一。IEG 研究表明，企业决定继续或是放弃该赞助因素的权重中，销售仍然是赞助商最看重的问题之一。由此，从赞助商的角度来看，评估赞助对销售的影响是他们最偏爱的方式。可从 3 个方面进行：①各个零售点交易量的增加；②创造潜在销售机会数量；③与赞助有关的直接实际销售增长。

销售量增长统计直接以赞助期间和赞助后产品的销售量增长为指标。其假设是：如果销售量提高了，说明整个赞助活动是成功的。反之，如果销售量下降，则说明赞助活动是失败的。企业可以比较赞助前和赞助后的销售情况，具体的统计计算方法有销售量增加比率和赞助利率。

1. 销售量增加比率　即计算赞助活动前后销售量的增长程度。销售增长统计是一种非常简单的方法、操作简单而且成本低廉，但它缺乏效度，存在着下列几个严重的不足：①用销售量来检查赞助活动的效果没有排除其他因素的影响；②销售量测量的是某一时期的效果，但赞助的效果可能在其他时期更明显；③销售量反应可能是中间商（批发商、经销商等）的购买反应，并不是实际消费者的购买反应。

2. 赞助利率又称赞助费比率　即计算每投入 1 单位赞助费所获得的利润。这种计算方法可用于比较不同赞助活动的效益，企业还可以评估在赞助地区与非赞助地区的销售情况。

二、传播效果的评估

对于体育赞助传播效果的评价,是所有企业最希望知道的也是最头疼的事情之一,这就是评估他们投入该项运动的大笔金钱究竟有多少效果?除了调查销售数字是否增加外,分析赞助商标识在电视等媒体上的曝光频率也是普遍被采用的评估方式。只要被赞助对象的表现突出,曝光度必定远远超出其他对手,而赞助商对其的赞助偏好就不会消失。例如F1中同样都是广告标识放在前翼的赞助商,法拉利车队的赞助商沃达丰(Vodafone)的赞助费高达4 100万美元,比美洲虎车队的赞助商EDS的700万美元赞助费整整多出了近6倍。

对于媒体报道情况的评估可以根据数量、价值和质量三大方面进行具体的分析。

(一) 数量

数量是指媒体报道的数量和时间。包括多少家媒体参与报道;媒体的分布如何;广播、电视覆盖的时间长短及其收视人次的多少;报纸、杂志媒体报道的版面、覆盖面和发行量如何;网络的点击率如何等,从以上数据可以推断到底有多少人尤其是有多少目标消费者接触到了赞助企业的信息。

具体可以细分为两个方面,即曝光度和到达率。赞助曝光度的测定相对来说较为简单。由评估人员在一段时间内对媒体进行监测,统计各家媒体对企业或产品的报道次数(曝光率)以及报道的篇幅和时间的长短。关于赞助的到达率,是指在赞助时期内,至少与目标受众接触一次的赞助相关信息数量占所有信息曝光量的比重。一项赛事除了现场观众外,还有媒体受众。因此,到达率可以从两方面衡量,一是现场观众的数量,这个数据很容易得到,并且比较准确;二是媒体受众的数量,这一数据不可能十分精确,因此往往是用其他数据来代替的一个估计数。

(二) 价值

对媒体的评估不应停留在报道数量方面,应该用专业的评估方法对这些媒体报道的价值进行评价和分析。拿目前我国足球赞助投入的效果评估来举例,一次鲁能和实德的比赛,无论输赢,当地以及全国的部分媒体都会进行报道。那么,国内使用最多的办法是对所有曝光次数进行统计和测算,曝光测算方法就会用报纸的公开对外报价,记入媒体效果,相当于收获广告产出。

但是,对于曝光折现方法存在一些质疑,首先,媒体折扣不能用做效果折现。目前国内进行媒体测量的时候大多使用媒体报价作为折现价格,忽略媒体的折扣,不能直接进行折现回报计算。其次,就是比赛报道与赞助企业之间的背离。经历了1997、1998年的发展高潮,我国的足球关注正处在低谷,为了能够迎合球迷整体的消极情绪,媒体对于足球的报道,更多集中在对于足球的指责,造成的结果就是企业赛事赞助效果遭到削弱,媒体宣传与企业品牌、产品的契合度出现严重偏差。此外,在体育比赛转播中的电视曝光也不可能简单地折算成同等数量的媒体曝光价值,例如一场足球比赛的广告板在电视转播中出现了30秒,也很难与在电视上直接播出的30秒广告相比较,因为完整的电视广告除了企业LOGO出现之外,还伴随着品牌诉求和文化、产品特性展示以及关于企业的一些故事性情节。

(三) 质量

媒体质量的评估是指从定性的角度来评估媒体,是媒体不可计量的方面。一般包括以下3个方面。

1. 媒体

(1) 媒体的类型特征:这里的媒体类型主要是指专业型、大众型或行业型这三者而言,对于某些特殊商业的产品,在行业媒体上发布的信息成本会更低,收益会更高。比如运动类商品和体育类媒体,该类读者一般都是体育爱好者对运动类商品比较感兴趣,对该类信息的关注度也比较高。

(2) 媒体的形象、地位、风格:媒体本身的形象吸引具有相同心理倾向的受众,对具有类似形象的品牌或创意具有较高的媒体价值,如果一个高档品牌的信息出现在了低档媒体中,对其品牌形象将会产生负面影响。媒体的行业地位也对传播效果有影响,领导地位的媒体对受众的说服效果也较强;媒体工具的信誉好、社会地位高,有助于取得目标消费者的信任。此外,不同的媒体会有不同的属性和风格,或活跃轻松,或严肃刻板,媒体风格应与赞助商赞助信息及属性相一致或接近。例如LG赞助极限运动的信息刊登在人文类杂志上产生的积极影响不会很大。

(3) 媒体的地域特性:不同的媒体有其不同的发行地域范围,如全国性媒体和地方性媒体。在上海《新民晚报》具有压倒性的优势,具有多方面的消费群,读者一般习惯在晚上阅读报纸;在广州,《广州日报》具有较大优势,消费者常在早晨阅报;此外,如《南方周末》有自己独特的读者——知识分子。因此,媒体的地域影响及其受众构成与赞助商的侧重区域及目标受众是否相一致将直接影响着赞助效果的实现,况且,各地区受众购买力也有不同,对该类赞助的关注度也不同。各企业的资源都是有限的,不可能做到全面开花结果。

2. 信息本身

信息内容和质量决定着受众对该信息的关注程度和喜好程度。赞助信息的时间编排、版面设置也是影响因素之一,因为把握不好会导致一些干扰。如信息的排列位置影响受众对信息的接受。当一系列内容相似相关的信息被连续地传达给受众时,受众往往只对最前或最后的信息印象深刻,对于系列的中间部分则极易淡忘。因此赞助信息在编排时应避免内容相似的相关信息连续排列,以免记忆被干扰。

赞助信息周围的新闻、栏目(节目)、广告内容以及他们的时间编排、版面设置,构成了该赞助信息的媒介符号环境。媒介符号环境对于赞助信息的传播效果有着直接的影响,它之所以能影响受众的注意与接受,正是由于媒介符号的结构性因素通过影响受众心理的内部结构发挥着作用。

众多的信息在一定的时间里集中"轰炸"消费者,因此形成了各种信息强度彼此互相干扰和抵消的现象。其他信息所占的比率越大,干扰度就越大,记忆需要的时间越长,传播效果就越低。如在可口可乐赞助某项赛事的信息版面中,同时出现百事可乐的广告等其他信息,就会形成对于赞助源信息的干扰,影响消费者的准确认知。

3. 受众

此部分主要是了解该目标公众的人口统计特征:包括公众性别、年龄、收视的可能性、收视习惯、对待赞助商的态度等信息;了解赛事观众与赞助商的目标顾客的吻合程度;并对目标消费群体聚集程度进行分析,他们的分布情况怎样;对企业贡献度最大的顾客和贡献度最小的顾客以及一般贡献度的顾客会在什么场合参与赛事。媒体受众群的特性是否与赞助目标受众相一致决定了赞助传播效果的实现。众所周知,不同的消费者因价值观、性格特征、兴趣取向、生活习惯不同,对媒体的接受能力和接受习惯不尽相同。几乎所有的媒体工具都有其独有的受众群,每个媒体拟有不同层次的消费群众,有不同的传播对象,他们的心理特性不同,对赞助信息的接触选择也表现出相当大的差异,从而影响赞助效果。

目前,我国企业对媒体的评估大多数停留在对数量的评估方面,这种进行赞助评估的方法操作较为简单,评估所需费用较低,但它的缺点也是十分明显的。首先它忽略了媒体质的评估以及媒体价值的分析,其次,媒体评估的结果可能会令人非常满意,但这很容易给人误导。如今,无论是理论界还是赞助品牌,都有提出反对的声音,一方面认为这样的评估方式过分夸大了媒体曝光价值;另一方面也忽略了企业其他的营销目标,如提升企业美誉度等。

三、沟通效果的评估

国外学者 Pham 在 1991 年时提出了赞助沟通的心理机制模型。如图 11-1。

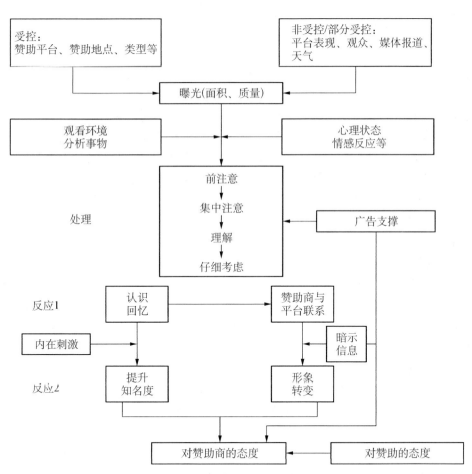

图 11-1　赞助沟通心理机制示意图

(一)感知度的测定

感知度通常也叫注意率,是指各种赞助措施和信息被受众接受并经过初步加工形成初步印象的程度,换言之也就是这些措施和信息被受众所注意的程度。感知度一方面取决于赞助信息的曝光度和到达率,只有曝光并且到达受众那里的信息才能被人们所感知;另一方面,又是曝光度和到达率的延伸。因为受众的主要注意力都放在比赛上,赞助信息不一定都能被他们所感知和接受,而只有当那些隐含于赛事中的、处于次要地位的赞助信息被受众所感知和接受之后,赞助才能产生效果。因此感知度对赞助效果来讲具有十分重要的意义。

人们对赞助信息的感知过程具有如下特点:①对信息的第一感觉将决定人们是否继续看或听下去;②由于对这些信息接触的时间很短、注意力比较分散,第一感觉都比较短暂、粗浅,只有当人们通过第一感觉对信息产生兴趣之后,才会继续有意识地看或听下去,并且进而形成印象。因此,要想提高感知度,就必须增强赞助信息的刺激力度,以便吸引人们的注意力,并使之产生继续感知下去的兴趣,直到对信息有所了解并形成印象为止。

(二) 记忆度的测定

记忆度是衡量知名度的最重要的指标。这是因为人们注意到了赞助者的名称、标识或产品商标之后,不一定就都能够记得住,而只有当人们不但注意到了而且还记住了他们之后,才能和赞助者之间产生沟通效果,最终促使受众去购买他所记住的厂商的产品。记忆度的测定可采用下列两种方法。

1. 回想法(recall test) 回忆度是指对看过的企业名称、标识或商标的记忆程度。一般采用问询或电话调查法。纯粹回想法(纯回忆度调查法),具体做法是在赛事结束后直接向现场观众和电视等媒体受众调查有关赞助者的名称、标识或商标的记忆程度。如"某企业赞助最近赞助了什么活动?""您记得看过或听过某赞助么? 还记得哪些内容?"等。

2. 辨识法(recognition method) 这是测定被调查者能否辨识出曾经看过的东西。辨识法是在信息发布后,通过向受访者提示最近的信息发布载体,询问其是否看过的测试方法。又称为辅助回想法(有提示回忆度调查法)。即在向现场观众和电视等媒体受众做上述同一内容调查时,发一张调查表,其中除了所要调查的内容外,还列举其他几个企业名称、标识或商标,让被调查者从中进行选择。

采用上述两种方法进行记忆度测定时,应设法在赛前和赛后各做一次,这样才能通过比较看出赞助的效果。

感知度和记忆度评估的优点主要是可以采用多种调查方式(现场、电话等),抽样量大,而且可以通过抽样的随机化来提高样本的代表性。此外,还可以作为长期的赞助活动评价方法。但是,他们的最大局限是研究结果难以解释,不能提供描述性信息来诊断整个赞助计划活动或个别细节在哪些方面存在问题。

(三) 态度的测定

态度测定法分美誉度测定法和形象转移测定法两种。

1. 美誉度 一般采用评分调查法直接就与企业及其产品形象和声誉有关的问题进行调查。测定方法有下列3种。

(1) 顺序测量法:将市场上主要的几种品牌列出来,让被访者排列出他们心中偏好的顺序,$A > B > C > D > E$,也可以采用打分的方法,将总分定位100分,给各个牌子打分。然后进行两两比较,或多个一起比较。

(2) 类别测量法:如果要测量被访消费者对产品的购买意愿,可以设计如下问题:您是否买过××产品?(A 是,B 不是),您是否将来打算购买××产品?(A 是,B 不是,C 有可能,D 不好说)。为了得到更为准确的态度量表,也可以用评比测量表将两种极端的态度置于线段的两端,中间用刻度表示态度的逐渐变化顺序。例如图11-2:

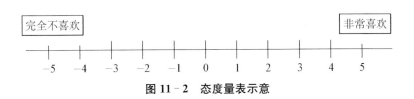

图 11-2 态度量表示意

单一的评比测量表往往不能反映企业或产品形象构成要素构成的全部,把一组评比测量表并列在一起时,就构成了语意差别测量表。如某服装品牌为了了解其在消费者心目中的形象,可以设计如表 11-2 的语意差别测量表。将调查得到的各点的值连接起来,就得到直观的形象图。当然,可以根据调查目的的需要,设计不同的问题。

表 11-2 语意差别测量表

-4	-3	-2	-1	0	1	2	3	4
高级								低级
明朗								阴暗
开放								封闭
高雅								低俗

(3) 实验调查法:在实验室内通过目光记录仪记录受试者在观看有赞助者信息的录像过程中,目光在这些信息的停留时间的轨迹,从中不但可以看出人们对这些信息的感知度,而且还可看出不同形式、内容、强度和位置的赞助信息受感知的情况。此外,还可通过各种仪器来测定这些信息在不同条件下受感知的情况。例如,将录像画面变小、变暗、变远、放映速度变快等,这样既可了解不同条件和位置的信息最容易被人们所接受,还可以进一步检验赞助信息的可感知度。通过有关仪器和测试手段还可测定某些体育赞助信息载体的抗干扰能力。例如,测试越野赛车上的赞助商广告的抗扭曲和抗污染能力。这些测试的目的是为了更好地发挥赞助的效果。

2. 形象转移 测定方法有下列 2 种。

(1) 评分法:即针对某一事物列举一些与之有联想关系的形象特征,让被调查者就这一事物与所列各个特征之间的相关性评分。评分一般分为 5~7 个等级。以每个特征的平均分为该特征的最终得分。然后以图表的形式将各个特征的得分联成一线,从中可以看出该事物的形象特征状况。用语意差别测量表,可以了解与其他竞争品牌的形象差别,也可以了解在赞助前后企业或产品的形象转移的情况。

(2) 联想法:即举出赞助商的名称或标识后,让被调查者通过自由联想说出其形象特征。也可以适当做些引导,比分只能用名词、形容词、动词或者限定在某一范畴内,以缩小联想的范围。

四、其他赞助效果的评估

根据前文对赞助目标与赞助效果的分类与分析,以上评估方法和理论只能分析评估一部分赞助效果,如运用销售效果的评估方法评估赞助销售效果,利用心理沟通效果评估方法来评估品牌和企业形象等效果。而事实上,企业赞助体育的目的非常多元化,有些是为了提升品牌形象,有些是为了招待和答谢重要客户,有些是为了维护和政府的良好关系,有些则是为了对企业员工进行激励并形成良好的内部文化和环境。针对以上这些赞助目标的效果评估,简单的感知度或者态度测定显然并不能满足赞助商的需求,这就需要赞助企业和赞助对象之间建立良性的合作关系,一起创造具有针对性的评估方案和指标。例如,针对赞助商的公共关系状态是否得到有效改善的评估,可以重点考察企业主要客户反馈的监控信息,了解企业主要客户对赞助体育赛事的态度是正面、负面或无所谓等内容。而对于招待礼遇目标达成情况的评估,可以通过客户对于招待活动的满意度,以及活动结束后一年内招待对象所在企业或组织,对于赞助商产品的采购量提升作为一个重要的指标等。

当然,不同企业有其自身的特点和不同的赞助目标,并没有统一的赞助效果评估尺度,根据目标的不同,赞助效果的评估也就有不同的方面和层次,评估方法也就不尽相同,企业需要针对其赞助目标到底什么,从而选择合适的评估方法体系进行赞助效果的评估。根据上文赞助效果以及各种评估方法,可简单总结如表11-3。

表11-3 赞助效果评估方法表

赞助效果	分类	评估方法
企业效果	是否增强/改变认识度和形象	消费者心理沟通效果评估
	是否有利于社会责任感与社会属性	依据政治观点、法律规范、伦理道德、文化艺术、传统习惯、宗教信仰和社会风尚的评估
	是否增加公众感知	消费者新略沟通效果评估
	是否加强客户、金融等商业关系	其他定量与定性分析
	是否加强股东、雇主雇员关系	其他定量与定性分析
	是否加强政府关系	其他定量与定性分析
品牌效果	是否增加认识度	消费者心理沟通效果评估
	是否提高美誉度	消费者心理沟通效果评估
	是否提高/改变形象	消费者心理沟通效果评估
	是否增加品牌忠诚度	消费者心理沟通效果评估
产品效果	是否增加认识度	消费者心理沟通效果评估
	是否有产品与服务展示	现场监督等
	是否促进销售	销售效果评估
	是否提高市场份额	定量分析
媒体效果	是否增加曝光度、可见性	媒体报道情况评估
个人效果	是否可以满足企业管理层个人兴趣、利益	个人评估

本章案例

某网球赛事赞助商评估报告

一、引言

作为该网球赛事的荣誉赞助商,A品牌成为该网球比赛成长道路上的重要参与者和见证者。

为了全面、公正、客观地评价A品牌在该项网球赛事中的价值回报,××机构接受委托,对其进行了评估。

二、赞助商赞助评估要点

(一)赞助商赞助回报价值具体构成

A品牌通过赞助赛事,获得了超过1.9亿人民币的赞助回报价值。

各类赞助回报价值中,国际电视转播为该赞助商带来了超过1.88亿元的最高赞助回报价值,占总赞助回报价值的96.56%(表11-4)。

表11-4 赞助商赞助回报价值(按回报类型)

序号	回报类型	赞助回报价值	
		万元	比重(%)
1	国际电视转播	18 822.93	96.56
2	赛场广告	243.03	1.25
3	实物回报	240.15	1.23
4	标志使用权	107.62	0.55
5	国内电视媒体广告	80.00	0.41
总计		19 493.73	100.00

(二)其他相关调查结果

1. 现场观众及电视观众认知度调查 现场调查结果表明:83.4%的现场观众能够识别A品牌(赞助商),认为其是该网球比赛的赞助商,该认知比例位列所有赞助商的第3位。

作为一个知名品牌,A品牌同样需要不断增加其品牌在目标人群中的知名度。从本次赞助对品牌认知度提升的角度看,在正确认知A品牌是此次赛事赞助商的现场观众中,69.6%的观众以前就知晓该品牌,30.4%的现场观众通过观看本次比赛知晓了该品牌,即该品牌在本次的赞助活动中在现场观众中获得了25.35%的新增认知度。

电视观众调查显示:27.6%的电视观众知道A品牌是该网球比赛的赞助商,认知比例位列所有赞助商的第4位。

2. 赞助商赞助对现场观众的影响 电视、官方网站和平面媒体是现场观众认知该项网球赛事赞助商的重要渠道,而A品牌在这些媒体中均有广告和新闻的露出,有良好的曝光效果。

36.5%的现场观众表示由于A品牌赞助某网球比赛,他们更倾向于购买该品牌的产品,该比例位列所有赞助商的第2位。

54.4%的现场观众认为通过赞助某网球比赛,A品牌提升了自身的品牌形象,该比例位列所有赞助商的第3位。

37.8%的现场观众认为A品牌的形象与某网球比赛的赛事形象相契合,该比例位列所有赞助商的第3位。

11.7%的现场观众认为A品牌是该项网球比赛最重要的赞助商,该比例位列所有赞助商的第4位。

3. 现场观众及电视观众基本特征及赛事信息获取渠道调查

(1)现场观众基本特征(表11-5~11-12)。

表 11-5　现场观众性别构成 ($n=3\,752$)

性别	比例(%)	累计比例(%)
男性	56.6	55.6
女性	44.4	100.0
合计	100.0	

表 11-6　现场观众性别构成 ($n=3\,752$)

国籍	比例(%)	累计比例(%)
中国籍	80.1	80.1
外国籍	19.9	100.0
合计	100.0	

表 11-7　现场观众国籍构成 ($n=3\,752$)

现居地	比例(%)	累计比例(%)
上海	73.7	73.7
中国其他城市	19.2	92.9
其他国家	7.1	100.0
合计	100.0	

表 11-8　现场观众年龄构成 ($n=864$)

年龄(岁)	比例(%)	累计比例(%)
24~30	26.8	26.8
19~23	25.9	52.7
31~40	20.9	73.6
41~50	14.6	88.2
12~18	4.4	92.6
51~60	4.3	92.6
>60	2.6	99.4
<12	0.6	100.0
合计	100.0	

表 11-9　现场观众职业构成 ($n=864$)

职业	比例(%)	累计比例(%)
学生	26.0	26.0
职员/销售人员	11.7	37.7
中层管理人员	10.1	47.8
私营公司老板、自由职业者、个体户	10.0	57.8
专业人士	8.7	66.5

续表

职业	比例(%)	累计比例(%)
公务员、教师、警察、护士等	7.4	73.9
行政人员	7.2	81.1
高层管理人员	5.6	86.7
其他	4.5	91.2
家庭主妇(夫)	3.2	94.4
退休	2.9	97.3
无业	1.6	98.8
体力劳动者	1.2	100.0
合计	100.0	

表 11-10 现场观众教育程度构成 ($n=864$)

学历	比例(%)	累计比例(%)
大专及本科	62.3	62.3
研究生及以上	23.8	86.1
高中及中专	12.3	98.4
初中及以下	1.6	100.0
合计	100.0	

表 11-11 现场观众家庭人均年收入构成 ($n=864$)

家庭人均年收入(万元)	比例(%)	累计比例(%)
8~12	21.4	21.4
3~5	18.5	39.9
5~8	16.3	56.2
12~20	14.7	70.9
<3	12.3	83.2
20~30	7.9	91.1
30~50	4.6	95.7
50~100	3.3	99.1
>100	0.9	100.0
合计	100.0	

表 11-12 现场观众打网球频率构成 ($n=864$)

打网球频率	比例(%)	累计比例(%)
偶尔	34.8	34.8
每周1次	22.4	57.2
从不	19.3	76.5
2天1次	14.8	91.3

续 表

打网球频率	比例(%)	累计比例(%)
每月1次	4.6	95.9
2周1次	4.1	100.0
合计	100.0	

(2) 现场观众希望获取赛事信息的渠道及提及率前3名的具体媒体名称(表11-13、11-14)。

表11-13 现场观众希望获取赛事信息的渠道

渠道	比例(%)	渠道	比例(%)
官方网站、官方微博	25.4	手机	8.3
电视媒体	21.3	其他	5.8
门户类网站	14.6	电台媒体	3.0
平面媒体	12.0	合计	100.0
社交类网站	9.7		

表11-14 提及率前3位的具体媒体名称

渠道	媒体	渠道	媒体
电视媒体	五星体育		网球天地
	中央电视台体育频道	社交类网站	开心网
门户类网站	新浪		人人网
	搜狐		脸谱网
平面媒体	新闻晨报	手机	手机报
	网球	电台媒体	FM101.7

(3) 电视观众基本特征(表11-15～11-20)。

表11-15 电视观众性别构成 ($n = 603$)

性别	比例%	累计比例%
男性	63.2	63.2
女性	36.8	100.0
合计	100.0	

表11-16 电视观众年龄构成 ($n = 603$)

年龄(岁)	比例(%)	累计比例(%)
19～23	21.6	21.6
24～30	21.2	42.8
31～40	18.2	61.0
41～50	15.8	76.8

续表

年龄(岁)	比例(%)	累计比例(%)
51～60	10.1	86.9
12～18	8.6	95.5
>60	3.0	98.5
<12	1.5	100.0
合计	100.0	

表 11-17　电视观众职业构成 ($n=603$)

职业	比例(%)	累计比例(%)
学生	25.0	25.0
职员、销售人员	17.9	43.0
私营公司老板、自由职业者、个体户	14.4	57.4
公务员、教师、警察、护士等	6.6	64.0
中层管理人员	6.3	70.3
退休	6.1	76.5
专业人士	5.6	82.1
行政人员	4.6	86.7
其他体力劳动者	3.6	90.4
家庭主妇(夫)	3.0	93.4
高层管理人员	2.8	96.2
无业	2.7	98.8
其他	1.2	100.0
合计	100.0	

表 11-18　电视观众教育程度构成 ($n=603$)

学历	比例(%)	累计比例(%)
大专及本科	51.2	51.2
高中及中专	29.0	80.2
初中及以下	10.3	90.5
研究生及以上	9.5	100.0
合计	100.0	

表 11-19　电视观众家庭人均年收入构成 ($n=603$)

家庭人均年收入(万元)	比例%	累计比例%
3～5	27.2	27.2
<3	23.4	50.6
5～8	21.2	71.8
8～12	9.8	81.7

续 表

家庭人均年收入(万元)	比例(%)	累计比例(%)
12～20	9.5	91.2
20～30	4.1	95.2
50～100	2.2	97.5
30～50	1.5	99.0
>100	1.0	100.0
合计	100.0	

表 11-20　电视观众打网球频率构成（$n=603$）

打网球频率	比例(%)	累计比例(%)
偶尔	38.5	38.5
从不	36.9	75.4
每周1次	13.1	88.5
每月1次	4.3	92.9
2天1次	3.8	96.7
2周1次	3.3	100.0
合计	100.0	

（4）电视观众希望获取赛事信息的渠道及提及率前三位的具体媒体名称（表 11-21、11-22）。

表 11-21　电视观众希望获取赛事信息的渠道

渠道	比例(%)	渠道	比例(%)
官电视媒体	36.1	新媒体	4.9
互联网	26.0	电台媒体	2.2
平面媒体	13.3	其他	0.8
手机	8.9	合计	100.0
户外媒体	7.9		

表 11-22　提及率前三位的具体媒体名称

渠道	媒体	渠道	媒体
电视媒体	五星体育		新闻晚报
	中央电视台体育频道		新民晚报
互联网	新浪	手机	手机报
	搜狐	户外媒体	户外 LED
	腾讯	新媒体	地铁广告
平面媒体	新闻晨报	电台媒体	FM101.7

三、赞助商赞助价值回报的具体构成

(一) 赞助商国际电视转播曝光价值

通过超过5 381小时的国际电视转播,该网球赛事共为A品牌带来超过1.88亿元的赞助商LOGO曝光价值。

从转播类型上,直播为赞助商LOGO带来的曝光价值最后超过1.25亿元,占总价值的66.41%(表11-23)。

表11-23 赞助商国际电视转播曝光价值(按转播类型)

序号	转播类型	转播时长 (小时:分钟:秒)	曝光时长 (小时:分钟:秒)	某赞助商曝光价值 万元	比重(%)
1	直播	3 477:50:05	813:31:25	12 501.11	66.41
2	重播	1 887:18:53	441:28:28	6 223.54	33.06
3	电视专栏	16:50:00	3:56:15	98.29	0.52
	总计	813:31:25	1 258:56:08	18 822.93	100.00

各类转播地区中,赞助商LOGO在欧洲地区获得的曝光价值最高为5 691.50万元,该曝光价值超过总比重的30%(表11-24)。

表11-24 赞助商国际电视转播曝光价值(按地区)

序号	转播地区	转播时长 (小时:分钟:秒)	曝光时长 (小时:分钟:秒)	某赞助商曝光价值 万元	比重(%)
1	欧洲	2 902:46:58	679:00:33	5 691.50	30.24
2	非洲和中东	684:11:00	160:02:31	4 380.15	23.27
3	亚太	1 103:32:00	258:08:05	4 307.58	22.88
4	中美和南美	431:59:00	101:02:53	3 025.38	16.07
5	北美	259:30:00	60:42:05	1 418.33	7.54
	总计	5 381:58:58	1 258:56:08	18 822.93	100.00

赞助商LOGO出现在司线座椅、官方服装、边线LED等位置,其中司线座椅位置的曝光价值最高为1亿元,占总价值的56.55%(表11-25)。

表11-25 赞助商国际电视转播曝光价值(按曝光位置)

序号	曝光位置	转播时长 (小时:分钟:秒)	曝光时长 (小时:分钟:秒)	某赞助商曝光价值 万元	比重(%)
1	司线座椅	5 381:58:58	677:52:05	10 644.08	56.55
2	官方服装	5 381:58:58	439:36:34	5 696.11	30.26
3	边线LED	5 381:58:58	133:10:59	2 335.01	12.41
4	场外广告	5 381:58:58	6:10:23	114.91	0.61
5	看台	5 381:58:58	2:06:05	32.82	0.17
	总计	—	1 258:56:08	18 822.93	100.00

(二)赞助商国内电视媒体广告曝光价值

某网球赛事通过上海电视台体育频道(五星体育)为某品牌赞助商进行了专题电视广告宣传,创造了80.00万元的国内电视媒体广告曝光价值(表11-26)。

表11-26 赞助商国内电视媒体广告曝光价值

媒体名称	赞助商专题广告曝光价值(万元)
上海电视台体育频道(五星体育)	80.00
总计	80.00

(三)赞助商赛场广告曝光价值

某网球比赛通过赛场广告的形式对某某品牌进行赛事现场宣传,经调查现场观众对某某品牌是赛事赞助商的认知率达到83.4%,其创造了243.03万元的赛场广告曝光价值(表11-27)。

表11-27 赞助商赛场广告曝光价值

媒体名称	现场观众认知度	赛场广告价值(万元)	人际传播价值(万元)
赛场广告	83.4%	16.20	226.83
总计			243.03

(四)赞助商实物回报价值

通过赞助某网球比赛,A品牌获得了240.15万元的实物回报,其中空中包厢的实物回报价值最高为120.37万元,占总价值的50.12%(表11-28)。

表11-28 赞助商实物回报价值

序号	回报内容	实物回报价值(万元)	比重%
1	空中包厢	120.37	50.12
2	贵宾招待区	80.00	33.31
3	贵宾包厢	32.60	13.57
4	套票	7.18	2.99
	总计	240.15	100.00

(五)赞助商其他赞助回报价值

除以上赞助回报价值外,本评估报告还对赞助商使用赛事标识及在赛事现场设置品牌展区等赞助回报内容进行了评估(表11-29)。

表11-29 赞助商其他赞助回报价值

标志使用权价值(万元)	现场品牌天地展区1人流量(人次)	现场品牌天地展区2人流量(人次)	现场舞台区人流量(人次)	现场冠军大道人流量(人次)
107.62	19 757	18 065	68 050	3 783

四、赞助商赞助合同实施情况分析

通过第3方调查和核实,赛事公司出对客户的个别要求进行局部调整外,全面履行了合同条款承诺的要求。

■ 案例思考题

1. 该项赛事对于A品牌的赞助效益进行了哪些方面的评估?
2. 从评估报告来看,A品牌赞助该项网球赛事取得了什么样的效果?
3. 该评估报告有哪些方面值得借鉴?还有哪些不足之处?

本章小结

体育赞助的评估一直是体育赞助过程中的重点,但是由于其难以量化,难以控制和预测等特点导致其一直被学者和企业忽略。随着体育赞助的发展、营销手段的创新,我们可以看到体育赞助评估越来越得到人们的重视,因为正确的评估可以对赞助产生十分有益的影响,有效的保证赞助的可持续性。现如今各种评估方法层出不穷,但大部分都集中在销售效果、传播效果和沟通效果3个方面。这3种方法侧重点不同,也各自有各自的优缺点,在评估的实践中要根据情况进行选择。

本章思考题

1. 体育赞助评估的难点有哪些?
2. 销售效果评估的不足之处主要体现在哪些方面?
3. 企业应如何评价体育赞助的传播效果?
4. 企业选择体育赞助评估方法的原则是怎样的?

推荐阅读

[1] Bjorn Walliser. An International Review of Sponsorship Research: Extension and Update [J]. International J Advertising, 2003, (22):5~40
[2] Beverley Thompson. Evaluating Sponsorship Effectiveness [M]. Queensland: Criffith University, 2005
[3] 钟秉枢译. 体育营销指南[M]. 北京:中信出版社,2003
[4] 风笑天. 现代社会调查方法[M]. 武汉:华中科技大学出版社,2000

图书在版编目(CIP)数据

体育赞助/沈佳编著. —上海：复旦大学出版社, 2012.11(2023.8 重印)
竞攀系列教材
ISBN 978-7-309-09272-1

Ⅰ. 体… Ⅱ. 沈… Ⅲ. 体育-赞助-教材 Ⅳ. G80-05

中国版本图书馆 CIP 数据核字(2012)第 234587 号

体育赞助
沈　佳　编著
责任编辑/傅淑娟

复旦大学出版社有限公司出版发行
上海市国权路 579 号　邮编：200433
网址：fupnet@fudanpress.com　http://www.fudanpress.com
门市零售：86-21-65102580　　团体订购：86-21-65104505
出版部电话：86-21-65642845
江苏凤凰数码印务有限公司

开本 787×1092　1/16　印张 13　字数 301 千
2023 年 8 月第 1 版第 8 次印刷

ISBN 978-7-309-09272-1/G·1130
定价：35.00 元

如有印装质量问题,请向复旦大学出版社有限公司出版部调换。
版权所有　侵权必究